Georg Enzor Vojer
Kriegerwallfahrt nach Vierzehnheiligen
Aus dem Leben des Welt-Kriegers Georg Vojer
erzählt von ihm selbst
(*Denk*Bar Bd. 4)

Jeweils am ersten Sonntag im Mai treffen sich die fränkischen Kriegervereine zur Wallfahrt nach Vierzehnheiligen. Unter den Teilnehmern ist Georg Vojer, Veteran des Ersten Weltkriegs. Angeregt durch die Gebete und Gesänge während der Wallfahrt, erlebt er die wesentlichen Stationen seines Lebens noch einmal: das Weißbluten vor Verdun und den Verlust des sinnstiftenden Glaubens an Kaiser und Vaterland; den „Schandfrieden" von Versailles und den Aufstieg und Untergang Hitlers; die Vernichtung der 6. Armee und so auch seines Sohnes im Kessel von Jassy-Kischinew; sein Leben als Kleinbauer und Korbmacher und den Tod seiner Tochter.

Georg Vojers Erinnerungen werfen Schlaglichter auf das 20. Jahrhundert. Seine Reflexionen über Krieg, Leid und Tod erhellen, dass der Mensch seinen Lebenssinn heute nicht mehr über eine kollektiv geteilte Weltanschauung finden kann. Er muss ihn individuell suchen und mit der Tapferkeit eines Kriegers die Schläge des Schicksals ertragen lernen.

*Denk*Mal Verlag
*Denk*Bar

GEORG ENZOR VOJER

Kriegerwallfahrt nach Vierzehnheiligen

Aus dem Leben des Welt-Kriegers
Georg Vojer
erzählt von ihm selbst

*Erinnern ist der Wille
zur Gestaltung der Zukunft!
Für Benti
15.5.2014*

DenkMal
Verlag

Bibliographische Information Der Deutschen Nationalbibliothek
Bibliographic information published by Die Deutsche Nationalbibliothek

Die Deutsche Bibliothek verzeichnet diese Publikation in der
Deutschen Nationalbibliografie; detaillierte bibliografische
Daten sind im Internet über http://dnb.d-nb.de abrufbar.
The Deutsche Nationalbibliothek lists this publication in the
Deutsche Nationalbibliografie; detailed bibliographic data are
available in the internet at http://dnb.d-nb.de.

ISBN 978-3-935404-50-1
© *Denk*Mal Verlag Bonn 2014
www.denkmal-verlag.de
Umschlaggestaltung: Kathrin Brecker
Satz: HINSETZEN! Bonn
Printed in Germany

INHALT

Betr.: 7

„Erzähl' mir nichts!" 9

Die Kriegerwallfahrt 15

Wir beginnen 23

Gericht Verdun 27

O Haupt voll Blut und Wunden 52

DAS GROSSE UMSONST 55

Litanei vom Leiden Christi 65

Die „geistigen Ursachen" 73

Ins Maintal grüßt hernieder 78

Der totale Krieg 79

O du hochheilig Kreuze, daran mein Herr gehangen 91

Nervenfrage und Willenssache, Versailles 93

Kommt her, ihr Christen insgemein 103

Hitler 107

Herr, allmächtiger und barmherziger Gott 123

Vater und Sohn, Litanei und Stoßgebet, statischer und dynamischer Krieg 124

Der Bewegungs- und Blitzkrieg 130

Wie mein Sohn fiel: der Kessel von Jassy-Kischinew 136

Der Verlauf der Schlacht 158

Tod und Vergehen waltet in allem 183

Meine Schuld 184

Aus dem Wehrstammbuch meines Sohnes   187

Lebenslauf aus meiner Familien-Chronik, niedergeschrieben im
    Illustrierten Hausbuch für christliche Familien   195

Wir betreten die Kirche: *„Wohin soll ich mich wenden?"*
    Wo, wo, wo ist der Ort?   201

Zum Gloria: *„Wir, die die Erde gebar."*
    Graben, Grab und Geburt   211

Zum Offertorium: *„Nur danken kann ich, mehr doch nicht."*
    Hat mich der Krieg zum Individuum gebildet?   220

Reservistenkrug und Reservistenbild   248

Maschine und Gas   255

Heiliger Dionysius   261

Leben im Frieden   262

Heiliger Georg   271

„Grei doch në, ich sterb doch në"   272

Heilige Katharina   280

mEin katholisches Weib   282

Heiliger Erasmus   294

Zum zweiten Male: Begegnung mit den Amerikanern   294

Schlussgesang: *„Herr, Du hast mein Fleh'n vernommen"*   304

I had a Comrade   306

Deutsch: tapfer, ernst, einsam   308

Wir essen   317

Zum Schluss   318

Ihr Suchantrag im Rahmen der Registrierung
der verschollenen Soldaten des 2. Weltkrieges nach
Max V o j e r , geb. 5.11.24

Sehr geehrter Herr Vojer!

Als Ergebnis unserer Nachforschungen nach Ihrem Angehörigen haben wir alle Daten und die inzwischen festgestellten
Fakten noch einmal sorgfältig überprüft; wir fühlen uns nunmehr verpflichtet, sie Ihnen im beiliegenden Gutachten zusammengestellt zu überlassen. Es schildert Ihnen ausführlich
alle Ermittlungen, die zur Aufklärung seines Schicksals angestellt worden sind, und gibt Einblick in die für ihn entscheidend gewordene Phase des Kriegsgeschehens.

Wenn am Ende dieser Darstellung auch der Schluß gezogen
wird, daß Ihr Angehöriger zu den Opfern des 2. Weltkrieges gezählt werden muß, die nicht mehr nach Hause zurückkehren
konnten, hoffen wir dennoch, Sie durch die Bekanntgabe des
Nachforschungsergebnisses von jahrelang ertragener Ungewißheit zu befreien.

Hochachtungsvoll
Deutsches Rotes Kreuz
Suchdienst München

Anlagen

*

Er hockte vielleicht in einem Erdloch und wartete, wartete erschöpft und angespannt. An Schlaf war ja nicht zu denken die
letzten 48 Stunden, da alles in Bewegung war. Er hört die russische Panzerkolonne sich leise nähern. Das Geräusch wird lauter

und lauter, es wächst an zum Dröhnen. Er sieht die Fahrzeuge. Er nimmt die Panzerfaust in den Anschlag. Hat ihn der Fahrer des Panzerkampfwagens bemerkt? Steuert er ohne Zögern über das Erdloch, um ihn, den Insassen, durch schnelles Um-die-Achse-Drehen zu erdrücken und ersticken? Und er, der Panzerfaustschütze, mein Junge: Wird er in dem Augenblick die Geistesgegenwart haben, um abzufeuern? Oder wird er bangen um sein Leben, in eine Schreckensstarre verfallen? Soll er denn den Abzug betätigen, oder soll er – gegen alle Wahrscheinlichkeit – hoffen, dass er überleben wird? Und wenn er abgefeuert haben sollte: Wurde er eins mit der Panzerbesatzung? Vereint im Tod? Sind Freund und Feind letztlich eins? – Einmal schoss ich, nur so zum Spaß, im Ersten Krieg mit meinem Infanteriegewehr in ein französisches Rotweinfass. Es schoss ein roter Strahl heraus. Es war des Feindes Blut. Und es war unser Blut. Und es war, wie ich heute weiß, auch meines Sohnes Blut. Und es war Dein Blut, Herr, das Du für uns vergossen. Für wen aber haben wir unseres vergossen?

„An Dir will ich erproben meine Herrlichkeit, und Du sollst gehen für mich durch den Tod. Die Auferstehung: dies wird sein Deine Aufgabe. Du wirst sie bestehen müssen, Du wirst Stärke gewinnen und dadurch erst werden zu dem, der Du nicht sein willst. Richte Du Dich nach dieser Aufgabe, sei ausgerichtet – sei gerecht! So wirst Du nicht mehr gerichtet. Denn es steht geschrieben: ‚Sei getreu, mein Sohn, getreu bis in den Tod! So will ich Dir geben die Krone des Lebens.‘"

*

„Erzähl mir nichts!"

Der Zug hielt.

Und dies ist kein Roman.

Damit, lieber Leser, ist alles gesagt: Bewegung und Stillstand; sowie: Nichts ist bloß erdacht. Aller Inhalt, alle Handlung ist heraus; und es geht nicht um Fiktionen. Du, lieber Leser, kannst Dich auf anderes konzentrieren.

Bewegung und Stillstand. Wir rücken vor und geraten ins Stocken. Wir stocken und rücken vor. Bisweilen – bisweilen? – taumeln wir. Oder wir laufen sogar zurück.

Aber was habe ich eigentlich gesagt? „Zug" – was bedeutet dies? Nichts Eindeutiges, geradezu viel, sehr viel, erschreckend viel. *Zug* – das ist im Kontext meines Lebens, von dem Du, lieber Leser, etwas erfahren sollst, wenn Du nur willst: ein Gespann, in meinem Fall ein Gespann von zwei Kühen, zum Ziehen eines Wagens oder eines Pfluges; dann ein Fortbewegungsmittel, eines, das uns soeben nach *Lichtenfels* gebracht hat, den Ausgangspunkt unserer Kriegerwallfahrt nach *Vierzehnheiligen*; aber doch auch die unter dem Kommando eines Zugführers stehende militärische Teileinheit von etwa 35 Soldaten, die wiederum in Trupps zerfällt und deren übergeordnete Einheit die Kompanie ist. „Zug" bezeichnet aber auch die gewundene Vertiefung im Lauf einer Feuerwaffe, um dem Projektil zur Stabilisierung der Flugbahn einen Drall zu verleihen. Aber auch die Bedeutung ‚Zug als Fortbewegungsmittel' ist komplex: Ein Zug in Friedenszeiten ist etwas anderes als ein Zug, der Soldaten an die Front fährt, ein Zug, der zur Kriegerwallfahrt fährt, etwas anderes als ein Zug, in dem man möglichst rasch eine Wegstrecke zurücklegen will. Und *stocken* und *vorrücken:* Wie viele Arten davon gibt es wohl?

Ich überblicke die Zeilen und bemerke, dass ich in eine Art merkwürdige philologisch-philosophische Reflexion geraten bin. Dabei wollte ich doch nur etwas verdeutlichen, wollte mich nur verständlich machen. Ich bin ein einfacher Mann. Weder studiert noch Facharbeiter oder dergleichen. Doch bin ich, das darf ich, muss ich sagen, empfänglich für das Andere, Höhere, über die bloße Arbeit Hinausgehende. Reflexionen über das Leben, über „Gott und die Welt", gehören zu mir, wie ich auch einen Bezug zur Musik habe. Zudem habe ich in letzter Zeit viel gelesen, vor allem auch Literatur über den Krieg, zum Krieg. Ja, ich habe mich gebildet: nicht aus Frivolität oder Langeweile, sondern weil es mir notwendig schien, das zu verstehen, was mir widerfuhr. Das, was ich gelesen und, wie ich glaube, auch verstanden habe, half mir und hilft mir noch, mein einfaches Leben reflexiv zu beleuchten, ihm nicht mehr bloß verhaftet zu sein. Steht man zu nah vor einer Sache, sieht man sie nicht mehr als Ganzes. Ich war mir selbst zu nah, daher musste ich Abstand gewinnen – um mich nicht zu verlieren. Ich habe mein naives Empfinden, das Empfinden eines Menschen ohne höhere Schulbildung, dadurch auf eine andere Stufe gestellt. Zunächst erzeugte dieses Vorgehen ein großes Chaos. Ich konnte beides nicht zusammenbringen: das Ganzheitlich-Naive meines Lebens (und ich meine das gar nicht abfällig) und das reflexive Durchdringen (das ja nicht selten rein destruktiv verfährt). Aber nach und nach, ich rede hier nicht von Wochen, auch nicht von Monaten, sondern von Jahren, nach und nach, sage ich, konnte ich etwas „anfangen" mit dem, was ich las: Ich konnte es einordnen, konnte es beurteilen und bewerten, war dem Gelesenen nicht einfach ausgeliefert. Und nach und nach fanden sich mein naives Leben und mein reflexives Durchdringen zusammen. Sie haben sich zusammengeschlossen, zusammengebildet. Mit der reflexiven Durchdringung, mit der Arbeit des Begriffs, wie die Philosophen sagen, habe ich mein naives Dasein bewerten und verstehen gelernt – soweit man es eben verstehen kann. Denn dunkel ist – und bleibt! – das Leben, bleibt der – Tod. Die Reflexion nimmt die Dunkelheit nicht in dem Sinne weg, wie man, darf ich es sagen?, einem gefallenen Kameraden die Erkennungsmarke wegnimmt oder den Mantel, wenn der eigene zerschlissen ist. Ja, in einem Sinn, den ich hier, auf den ersten Seiten, nicht sogleich darlegen will, steigert die reflexive Durchdringung die Dunkelheit sogar. Durch die Reflexion wachsen beide: Klarheit und Dunkelheit. Wie sollte ich heute nicht froh sein, dass ich mich gebildet habe!

Dennoch glaube ich, mein Wesen als einfacher Mann behalten zu haben. Ja, manchmal kommt es mir sogar vor, dass ich erst durch dieses „Studium" recht eigentlich einfach geworden bin, da ich erst jetzt das Einfache und seinen Zusammenhang mit dem Abgeleiteten und Komplexen zu bewerten weiß. Was wir einfachen Leute den anderen voraushaben, ja voraushaben, ist dies: Wir nehmen die Dinge schwer; wir nehmen die Dinge schwer, ohne es zu wissen; „schwer" heißt: für sich, nicht nur und sogleich in Relation zu anderem. Wir kennen nicht schon tausend Gründe, warum es so ist und nicht anders, warum es aber auch hätte anders kommen können, wenn nur das oder jenes eingetroffen wäre. Erzähler, zumal die, die sich allwissend gebärden, gehören zu den Leuten, die die tausend Gründe kennen oder vielmehr so tun, als würden sie diese kennen. Ich will nichts erzählen. Ich bin kein Erzähler, geschweige denn ein „Romancier". Ich verachte sie alle, die Erzähler und „Romanciers": Sie erfinden, anstatt zu erleben. „Erzähl' mir nichts!" sagt unwillig und leicht erzürnt bisweilen ein Bekannter oder Freund zu mir, wenn ich ihm etwas zunächst Unglaubwürdiges mitteile. „Erzähl' mir nichts!" – das sollte man heute allen Erzählern entgegenrufen. Wenn ich hier, auf diesen Seiten, von mir berichte, so kann ich versichern, dass ich keine „Figur" bin in einem fiktiven Geschehen, sondern ein Mensch, ein Mensch durchaus. Es gibt somit auch keine „Figuren-Konstellationen", denn alle Personen, die hier vorkommen, sind wirkliche Menschen oder waren wirkliche Menschen. Ich habe erlebt – zu viel, zu Großes. Sind diese Erfahrungen überhaupt mitteilbar? Erzählen kann ich sie jedenfalls nicht, hätte ich das Erzählen auch erlernt gleich einem professionellen Erzähler. Und Du, lieber Leser, spendetest mir ein großes Lob, könntest Du sagen – ist es denn schon einmal gesagt worden in der langen Geschichte des Erzählens? –: Man glaubt, einen Geschichtenerzähler vor sich zu haben, und man erkennt – einfach nur einen Menschen, einen einfachen Menschen.

Aber vielleicht, lieber Leser, zweifelst Du auch daran, dass ein so einfacher Mensch wie ich das nun Folgende niederschreiben kann. Das wäre einerseits ein großes Lob für mich, fast schon das größtmögliche, andererseits aber auch betrüblich, denn Glaubwürdigkeit und Wahrhaftigkeit sind ja für ein Buch wie dieses sehr, sehr hohe Werte. Ich gebe hier für alle Zweifelnden zu bedenken: Wer sagt, es sei unmöglich, dass ein Mensch mit Volksschulbildung all das, was nun im Folgenden behandelt wird, sich aneignen und für den Leser verständlich niederschreiben kann, der, möchte *ich* mit der Erfahrung des Kriegers sagen, weiß nichts davon, dass ein von einer Sache geführter und von ihr eingenommener Mensch wahrlich mehr als nur Gewöhnliches und Erwartbares vollbringen kann.

Ich gebe aber auch zu – doch eigentlich ist da gar nichts „zuzugeben" –, dass ich in einigen Angelegenheiten und Problemen meinen Enkel, von ihm wird noch die Rede sein, oftmals um Rat gefragt habe, um den Rat dessen, der an der Akademie jahrelang Philosophie und andere Dinge studiert hat. Und ich gebe auch zu – wenn, wie gesagt, „zugeben" hier das rechte Wort ist –, dass einige Stellen des nun Vorliegenden in Zusammenarbeit oder im Gespräch mit ihm entstanden sind. Bei einigen Passagen wird dies offensichtlich sein, etwa wenn es gegen Ende dieser Ausführungen um die Übersetzung und das Verständnis einer griechischen und lateinischen Sentenz geht. Dieses gemeinsam Erörterte und Verhandelte habe ich unmittelbar nach dem Gespräch aus dem Gedächtnis niedergeschrieben. Es ist aber unmöglich, jetzt zu sagen, welcher Satz nun von mir und welcher von ihm, welcher von uns beiden ist.

Gar manches von dem, was ich hier schriftlich vortrage, habe ich schon Bekannten und Freunden vorgelesen. Und diese waren nicht selten überrascht ob der Thesen und der Ausführungen, die ich ihnen vortrug. Sie sagten dann gelegentlich: Das ist ja gar nicht von dir, das hast du von deinem studierten Enkel, und jetzt erzählst du das einfach nach. Ich gebe zu: Man kann so denken und es so sagen, und ich habe mich in diesen Fällen auch nicht weiter verteidigt. Ich hätte natürlich manches anführen können: meine eigenen Studien, die Gespräche mit meinem Enkel, die Diskussionen, auch die Einwände und Kritikpunkte, die ich ihm gegenüber aufgrund meiner reichen Kriegs- und Lebenserfahrungen machen und zu bedenken geben konnte. Aber ich ließ es bei diesen Vorwürfen. Einmal war bei solch einer Vorlesung zufällig mein Enkel dabei und musste sich diese Einwände anhören, also etwa, dass das alles „geklautes Zeug" und nicht von mir selbst sei. Da sagte mein Enkel, dass gerade in diesen Dingen nicht der kleinste Spalt zwischen ihm und mir sei. Wörtlich sagte er, und ich erinnere mich genau: „Ich und der Großvater sind eins." Aber niemand merkte, dass, was mein Enkel da vortrug, fast schon einen blasphemischen Touch hatte, denn es steht ja bei Johannes geschrieben: „Ich und der Vater sind eins."

Apropos Anspielungen: Oft haben wir, also mein Enkel und ich, uns gefragt, ob denn der Leser, der zukünftige Leser, all das verstehen wird, was wir da in gemeinsamen Diskussionen erdacht und erörtert haben. Ich bezweifle es. Obgleich ich, obgleich wir Spitzfindigkeiten und Abseitiges zu vermeiden suchten – das Vorliegende sollte ja schließlich von allen gelesen und verstanden werden –, obgleich wir also weit davon entfernt waren, die Kenntnisse und die Sprachen von Spezialisten in dieses Buch einzulassen, so sind doch hier und da Anspielungen zu lesen, die womöglich nicht jeder sogleich verstehen wird. Ich werde später, gegen das Ende hin, z. B. vom „führenden Vegetarier Deutschlands" reden, und es ist mir doch tatsächlich vorgekommen, als ich eine kleine Probelesung vor nicht einmal ungebildeten Menschen hielt, dass diese nicht wussten, wer das ist oder war, dieser „führende Vegetarier Deutschlands". So geschichtsvergessen sind wir mittlerweile geworden. Es wird Zeit, dies wieder in Erinnerung zu rufen. Es wird Zeit für dieses Buch.

Mein Geist ist trotz aller Bewegtheit ruhig. Durchstößt man die Oberfläche, so sind Welle und Wasser, Geformtes und Gestaltlos-Unendliches, eins. Ich musste lernen, die Oberfläche zu durchstoßen, wie ich lernen musste, mit dem Seitengewehr zuzustoßen. Und vielleicht gelingt es mir, etwas von dieser Ruhe in die Sprache zu bringen, und alle Bewegung aus dieser Ruhe ihren Ursprung nehmen zu lassen, wohin sie auch wieder zurückfinden soll. Oft ist unser Geist, ist unser Herz ja bloß unruhig, unruhig auch in Dir, Herr. Das immer wieder neue Aufreißen der alten Wunde, die nie ganz vernarbte, gehört zu dieser Unruhe. Aber ein Dasein ist möglich, in dem Ruhe und Unruhe, Wund-Sein und Gesund-Sein eins sind, so wie Welle und Wasser eins sind, wenn man die Oberfläche durchstoßen hat.

Die Kriegerwallfahrt

Was habe ich erlernt? Ich habe gelernt, ein Land zu bebauen und Weidenkörbe zu flechten. Und ich habe gelernt, die Waffe zu führen. Ich bearbeitete das Land und die Weiden. Und ich ging den Weg des Kriegers.

Doch der Reihe nach: Wer bin ich, wo befinde ich mich? Ich heiße Georg Vojer und bin hier, zusammen mit meinem Enkel und Mitgliedern der Sodatenkameradschaft (ehemals Kriegerverein) Marktgraitz, auf der Kriegerwallfahrt nach Vierzehnheiligen. Hier ein Bild von mir. Was soll ich mich mit Worten beschreiben, wenn Du, lieber Leser, mich sehen kannst? Ich amüsiere mich geradezu über die „Romanciers", die verzweifelt-gequält versuchen, die Erscheinung eines Menschen in Worte zu fassen, wenn doch ein Bild – so man sehen gelernt hat (das wohl!) – mehr sagt als tausend Worte! Solche Versuche scheinen mir antiquiert, nicht zeitgemäß. Das hängt bei den „Romanciers" natürlich mit dem fiktiven Charakter ihres Machwerks zusammen: Sie könnten ja gar nichts vorweisen, selbst wenn sie wollten! Sind ihre „Figuren" doch alle erfunden – und sie müssten dann ja auch die Bilder erfinden. Eines Tages wird auch das geschehen! Das vorauszusehen ist nicht schwer.

Abb. 1 und 2 Ein Krieger –
etliche Jahre nach dem Krieg

Hier also mein Bild, bestimmt nicht erfunden. Auf den Bildern siehst Du eine eher leptosome denn eine athletische Gestalt, oder sagen wir vielleicht etwas positiver: eine leptosom-athletische Gestalt. Aber täusche Dich nicht! Es ist die ideale Kriegergestalt. 1,72 m groß, 67 kg schwer, muskulös und sehnig, kein überflüssiges Fett; und mit „nerviger Faust", wie Hölderlin einst schrieb. Hunger, Durst und Strapazen konnte und kann ich ohne Jammern ertragen, lange ertragen – wenn andere längst schon zusammengebrochen sind. Diese Gestalt, dieser Mensch, dem die Gestalt zugehört, der die Gestalt ist, war – und auch das, wohlgemerkt!, eine ideale Bedingung für einen Krieger – nicht frei von Todesfurcht, konnte diese aber im entscheidenden Augenblick immer wieder überwinden, ja sie diente ihm, wenn ich es recht bedenke, als Stachel zu weit überdurchschnittlichen Leistungen.

Wenn wir hier schon bei Bildern sind: Hier noch mein offizielles Soldaten-Bild aus dem Jahre 1912, kurz vor Entlassung aus meiner zweijährigen Dienstzeit aufgenommen.

Abb. 3 und 4 Der Krieger als junger Mann, aufgenommen gegen Ende meiner Militärdienstzeit von 1910–1912

Stimmt es, dass Bilder mehr als tausend Worte sagen, so sind wir schon recht weit fortgeschritten in dem, was ich zu sagen habe und was keine Erzählung, kein Roman ist.

Zurück zu unserer Wallfahrt. Vierzehnheiligen wirst Du kennen. Es ist weit über die Grenzen meiner Heimat hinaus bekannt, eine kunsthistorische Kostbarkeit, wie man sagt. Aber darum geht es heute nicht – oder vielmehr: darum geht es heute nicht nur. Denn natürlich nehme auch ich die Kirche wahr in ihrer Schönheit, Erhabenheit. Das, was wir hier erleben, hat mit dieser Schönheit und Erhabenheit zu tun, aber es geht beileibe nicht in ihr auf.

Aber was ist eine Kriegerwallfahrt? Der Name stammt nicht von mir. Er ist offiziell – oder vielmehr: Er war offiziell. Denn seit einiger Zeit nennt man sie, sucht sie wenigstens so zu nennen: „Friedenswallfahrt". Dieser neue Name ist töricht, zumindest gedankenlos. Denn auch auf der Kriegerwallfahrt haben wir niemals zu er-beten versucht, dass es wieder einmal einen Krieg gibt; und die geführten Kriege wurden niemals glorifiziert. Wer in dem Krieg war, in dem ich war, glorifiziert den Krieg nicht, auch nicht im Nachhinein. Mag sein, dass man das, was mit dem Krieg einhergeht, wie etwa die Kameradschaft der Kämpfer, bewundert; aber damit verherrlicht man doch niemals den Krieg als solchen. Darüber wird noch zu sprechen sein. Bei einer Kriegerwallfahrt – ich bleibe bei diesem Namen –, wie sie einmal jährlich nach Vierzehnheiligen stattfindet, immer am ersten Maiensonntag, treffen sich die Mitglieder der Kriegervereine oder eben jetzt „Soldatenkameradschaften" (warum nicht „Friedensvereine"?) der näheren und weiteren Umgebung, um gemeinsam nach Vierzehnheiligen zu wallfahren. Welchen Zweck diese Wallfahrt hat? Sie ist, im Gedenken an den Krieg und das Soldatentum, zu Ehren Gottes, sie ist zu seinem Lobpreis. Aber was haben die Kriegervereine, was hat der Soldat mit dem „lieben" und „friedfertigen" Gott zu tun? Nun, darüber redet man nicht gerne, offiziell wenigstens nicht. Inoffiziell gesprochen, und damit offen und wahrhaftig, der Wahrheit verpflichtet, haben Gott und Krieg viel, sehr viel miteinander zu tun. War es nicht unsere Religion, die das Bild des Feindes im grundlegenden Sinne, des „Ur-" und „Erz-Feindes", erst geschaffen hat? Denn der Teufel als Widersacher Gottes (ein gestürzter Engel) ist ja geradezu das Musterbild des Feindes. Vor ihm, so die offizielle Lehre, muss man ständig auf der Hut sein. Denn ein für allemal besiegen kann man ihn nicht. Er steht immer wieder auf! Dann ist ja speziell unser Gott, der Gott des Christentums, ein Gott des Leidens, der Schmerzen und des Blutes, ein Gott, der gedemütigt wird mit dem schändlichsten aller Tode, dem Kreuzestod. Freilich ist unsere Religion auch eine Religion der Auferstehung. Doch die ist eine Sache des Glaubens, während Leid und Tod real, erfahrbar sind. Zu unserer Religion gehört eine Mutter, die ihren Sohn verliert, vor der Zeit und durch gewaltsame Eingriffe. Erzfeind, Tod, Schmerz, Leid, Blut, verlorene Söhne, trauernde Mütter und Väter: das alles gibt es im Krieg im Überfluss. Sie sind der Krieg. Mir zerreißt es noch heute das Herz, wenn ich daran denke, dass mein Sohn aus dem Zweiten Krieg nicht zurückgekehrt ist. Er gilt als vermisst. Aber das kann heute nur heißen: Niemand weiß, wo und auf welche Weise er gefallen ist. Da wird mein Herz noch schwerer. Offiziell, laut amtlicher Mitteilung des Englischen Roten Kreuzes an meine Frau, bin auch ich gefallen, und zwar – dieser Mitteilung zufolge – bei Ypern.

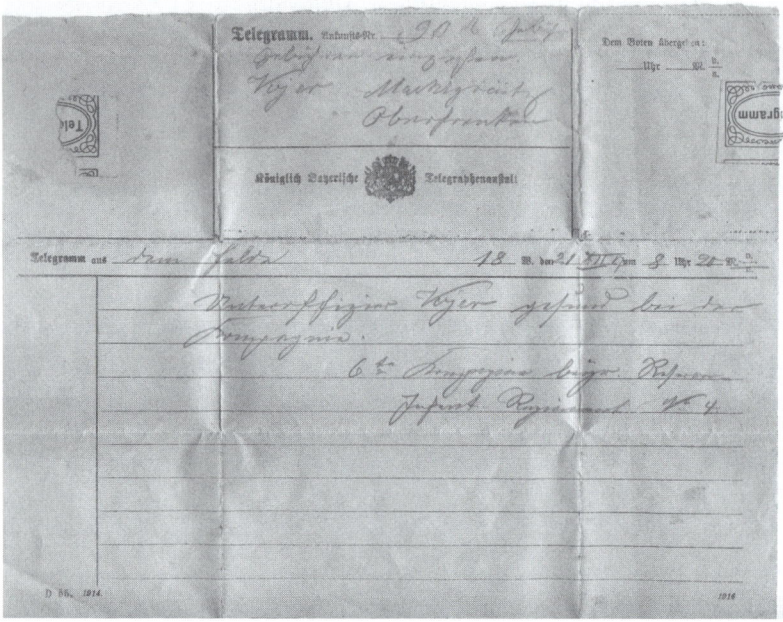

Abb. 5   Telegramm aus dem Felde vom 21 XII 17, das meinen „Tod" revidierte: „Unteroffizier Vojer gesund bei der Kompanie"

Wohl kämpfte ich bei Ypern, aber es handelte sich um eine Verwechslung. Wäre doch auch bei meinem Sohn dergleichen noch möglich. Aber das zu hoffen ist gegen alle Wahrscheinlichkeit, gegen alle Vernunft. Meine Frau, ein wenig schlichter noch als ich und mit allen Vor- und Nachteilen sehr katholisch erzogen (darüber wird noch zu sprechen sein), wartet aber noch immer auf die Heimkunft unseres Sohnes aus dem Zweiten Weltkrieg. Wartet noch immer. Und jedes Mal, wenn sie diesen Schlager „Junge, komm bald wieder, bald wieder nach Haus!"

hört, entweicht ein Seufzer, der aus dem Herzen kommt, ihrem Mund. Dann sagt sie bisweilen, dass sie wartet auf den vermissten, den – verlorenen Sohn. Auch mir wird dann schwer ums Herz, ja mir stehen die Tränen in den Augen. Doch muss ich Haltung bewahren, damit das Elend nicht überhandnimmt.

Was also soll die Frage nach dem Zweck der Kriegerwallfahrt? Es gehört zur Unbekümmertheit, ja Verworrenheit dieser Zeit, die beinahe alles ins Gegenteil von dem verdreht, was es wirklich ist, dass man die Frage nach dem Zweck der Kriegerwallfahrt stellt, bei Wallfahrten, die Kegelclubs, Gemütlichkeitsvereine und dergleichen unternehmen, aber nicht. Was hat, diese Frage ist doch wohl eher angebracht, der Gemütlichkeitsverein auf einer Wallfahrt verloren, was hat die „Gemütlichkeit" mit unserer Religion gemein? Sogar die Pfarrer auf der Kanzel, die unsere alte Religion „zeitgemäß" machen wollen, kämen da ins Stottern.

Auf einer Kriegerwallfahrt versammeln sich die Mitglieder der Kriegervereine, also Männer, die im Ersten und Zweiten Weltkrieg gekämpft haben, zusammen mit ihren Angehörigen, so sie dabei sein wollen, morgens um 8.15 Uhr am *Seubelsdorfer Kreuz,* und das ist am Fuße des Berges oder besser der Anhöhe, auf der die Kirche Vierzehnheiligen steht, um gemeinsam zur Kirche zu wallfahren, um in der Kirche Gottesdienst zu feiern, um am Ehrenmal für die Gefallenen einen Kranz niederzulegen, während das Lied „Ich hatt' einen Kameraden" unter dem Abfeuern von drei Böllerschüssen erklingt. Und nicht erst diese Böllerschüsse rufen zurück die Detonationen ungeheuren Ausmaßes, denen ich als Infanterist im Ersten Weltkrieg an der Westfront ausgesetzt war.

Dies ist der äußerliche und gleichsam protokollarische Ablauf der Wallfahrt. Innerlich können sich andere und wesentlichere Szenen abspielen. Dann kann es vorkommen, dass, angeregt durch die wesentlichen Merkmale unserer Religion – Erzfeind, Leid, Kreuz, Blut, Verlust des Sohnes, Schmerz der Mutter –, der Krieg noch einmal ersteht, noch einmal, sage ich, aufsteht und fürchterlich dasteht: als wäre er auch heute noch.

*

Meine Stimme, mein Körper soll beben, soll werden zum Resonanzboden meiner Gedanken, meiner Stimmungen. Und nicht möge der Leser, der Hörer weglaufen, weil er solche Schwingung nicht mehr erträgt!

*

Wir beginnen

Wie in jedem Jahr verlassen wir den Zug in *Lichtenfels* und laufen zum *Seubelsdorfer Kreuz*, dem Treffpunkt aller Vereine. Hier stellen wir uns zur Wallfahrt auf.

Abb. 6 Wir stellen uns auf, am 1. Sonntag im Mai, viertel neun

Insgesamt nehmen etwa 200 Vereine mit je eigener Fahne teil; die Zahl der Personen beläuft sich auf etwa 3 000 bis 4 000. Das Wetter ist sehr schön, ein wunderbarer Maientag, sonnig, doch nicht zu warm. Begleitet werden wir von einigen Musikkapellen, vorwiegend Blechbläsern. Neben uns Kriegsveteranen aus dem Ersten und Zweiten Krieg sieht man auch junge Soldaten und Reservisten der Bundeswehr. Sie sind noch nie heimgekehrt wie wir, wissen also auch nicht, was Krieg ist. Der große

Zug setzt sich in Bewegung. Die Musik setzt ein, wir singen ein Lied:

Freundlich grüßt ins Maintal nieder vom Berg dies herrlich Gotteshaus. Manchem wird hier Tröstung wieder, der Hilfe sucht vom Himmel aus. Ihr Vierzehn Heiligen, groß bei Gott, o helfet uns in Not und Tod! Ihr Vierzehn Heiligen, groß bei Gott, o helfet uns in Not und Tod!

Jesus stand in eurer Mitte als lieblich Kind an diesem Ort. Seitdem schallt der Pilger Bitte aus wunden Herzen immerfort: Ihr Vierzehn Heiligen, groß bei Gott, o helfet uns in Not und Tod! Ihr Vierzehn Heiligen, groß bei Gott, o helfet uns in Not und Tod!

Euren Glaubensmut verkünden die Siegespalmen in der Hand. Guter Kampf lässt uns auch finden die Himmelskron als ew'ges Pfand. Ihr Vierzehn Heiligen, groß bei Gott, o helfet uns in Not und Tod! Ihr Vierzehn Heiligen, groß bei Gott, o helfet uns in Not und Tod!

Ihr besonders seid verehret, Georgius, Sankt Blasius! – Alles Übel von uns wehret, o hört die Bitte, unsern Gruß. Ihr Vierzehn Heiligen, groß bei Gott, o helfet uns in Not und Tod! Ihr Vierzehn Heiligen, groß bei Gott, o helfet uns in Not und Tod!

Martertod die meisten zieret, nur Sankt Aegid geht Büßerbahn. Weltverachtung demnach führet zum Himmel glücklich uns hinan. Ihr Vierzehn Heiligen, groß bei Gott, o helfet uns in Not und

Tod! Ihr Vierzehn Heiligen, groß bei Gott, o helfet uns in Not und Tod!

Schön zum Vorbild für die Jugend, inmitten der Nothelfer Schar, strahlt des Knaben Vitus Tugend im Kampf für Gott, so hell und klar. Ihr Vierzehn Heiligen, groß bei Gott, o helfet uns in Not und Tod! Ihr Vierzehn Heiligen, groß bei Gott, o helfet uns in Not und Tod!

Zarte Jungfraun auch nicht fehlen im tapfern Streit für Christi Lehr; Jesum sie sich auserwählen, ihr Name glänzt so licht und hehr. Ihr Vierzehn Heiligen, groß bei Gott, o helfet uns in Not und Tod! Ihr Vierzehn Heiligen, groß bei Gott, o helfet uns in Not und Tod!

Dich auch wollen wir noch grüßen, der Christen treue Helferin. Mög' durch dich uns Gnad' zufließen, Maria, Himmelskönigin. Ihr Vierzehn Heiligen, groß bei Gott, o helfet uns in Not und Tod! Ihr Vierzehn Heiligen, groß bei Gott, o helfet uns in Not und Tod!

So beginnen wir. Und Singen und Beten – sie haben eine beruhigende Wirkung auf mich, ja ich fühle mich nicht selten glücklich bei diesem Hersagen und Hersingen, glücklich aufgehoben im gleichmäßig-rhythmischen Fluss, versunken und geborgen im Umfassenden, Umgreifenden. Ein Gefühl der Dankbarkeit und des Dazugehörens umfängt mich. Ich bin ganz Empfindung, erregt und entspannt zugleich. Auch die erwachende und blühende Natur des Obermaintals gehört zur

Kriegerwallfahrt nach Vierzehnheiligen. Dieses Gehen in der wieder zum Leben erwachenden Natur stimmt mein Herz ein auf den heiligen Ort, die Kirche. Mein Herz ist froh, hoffnungsfroh gestimmt. Doch dieses Frohsein kann mich nicht abhalten, an das Geschehen, an die Schrecken des Krieges zu denken. Unser Gott ist wohl ein Gott der Zuversicht, ein Gott, der Zuversicht gibt. Er gab uns diese Zuversicht ja auch, als wir in den Krieg zogen, sogar noch, als wir in die Erste Linie des Grabensystems vorrückten. Gott mit uns, Gott ist mit uns: Das lasen wir oft, lasen wir uns oft laut vor, das stand auf vielen Koppelschlössern, und es stand noch auf dem Koppelschloss meines Sohnes im Zweiten Krieg. Im Krieg, den ich geführt, wurde der Feldgottesdienst mit Militärpriestern regelmäßig abgehalten. Und auch im Krieg meines Sohnes gab es, wie er mir berichtete, noch den Divisionspfarrer, obgleich er den Scharfmachern aus der Partei ein Dorn im Auge war. Aber mir scheint, dass auch die Wehrmacht, der mein Sohn ab '42 angehörte, traditionell ausgerichtet und damit prinzipiell kirchenfreundlich war. Die Pfarrer, die ich im Ersten Krieg gehört habe, sagten zu uns, dass dieser Krieg gerecht sei, dass er im Namen Gottes geführt werde, dass er heilig sei. „Vorwärts mit Gott, der mit uns sein wird, wie er mit den Vätern war" – das proklamierte unser Kaiser in seinem Aufruf an das deutsche Volk vom 6. August 1914. Das Weihnachtsfest – welche Zuversicht! – wollten wir entweder in Paris oder zuhause feiern. Als daraus nichts wurde, gab es Weihnachtskarten, auf denen zu lesen war: „Mit Gott für Kaiser und Reich". Und doch dämmerte mir schon damals, dass es nicht so einfach ist mit diesem

„Gott mit uns". Denn unser Gott war ja auch der Gott des Feindes. Auch der Feind hatte diese Zuversicht des „Gott mit uns". Und warum sollten wir mehr Gottesbeistand haben als der Feind? Weil wir tiefer glaubten, inbrünstiger fühlten? *Was hat uns der Franzos' getan, dass so viel müssen's Leben lan, ist's wahr, dass sie verraten han Herrn Jesum Christum? So müssen's mit dem Leben geben.* Nein, sie haben ihn nicht verraten, das haben andere getan. Darauf komme ich noch zurück. Es ist nicht leicht, darauf nicht zurückzukommen. Wir werden ja gleichsam gezwungen, immer wieder darauf zurückzukommen. Gezwungen von wem?

Meine Gedanken schweifen ab, schweifen selbst auf dieser Wallfahrt ab. Aber was kann ich dafür? Sind wir doch nicht die Herren unserer Gedanken und Gefühle. Sie kommen und gehen, wie und wann sie wollen.

*

Gericht Verdun

Ich kämpfte in schwersten Schlachten den über vier Jahre dauernden Krieg an Frankreichs Front entlang bis hinauf nach Flandern, von Gottes Segen reich beschenkt und also beschützt. Am 18. August, mittags 2 Uhr, kam ich zum ersten Mal ins Gefecht, erhielt ich die Feuertaufe. Es war in den Vogesen bei Weiler. Mein Name „Vojer" hat übrigens nichts mit Feuer zu tun, obgleich ich ihn so ausspreche. Zunächst war meine Vermutung – und das hätte die Angelegenheit noch brisanter gemacht –, dass mein Familienname französischen Ursprungs ist und auf eingewanderte Hugenotten zurückgeht. Es ist belegt, dass in Erlangen (Fürstentum Ansbach) und Bayreuth (Fürstentum Bayreuth), unweit meines Heimatdorfs, Hugenotten aufgenommen wurden. Hätte sich meine Vermutung bewahrheitet, dann hätte ich in Frankreich gar auf meine Herkunft geschossen. Aber diesen Gedanken musste – durfte ich wieder verwerfen, denn der Name „Vojer" ist, geschrieben noch als „Fohÿer", in der Nachbargemeinde Schwürbitz seit 1660 belegt. Der große Hugenotten-Strom nach Deutschland setzte aber erst um das Jahr 1685 ein. Es ist also sehr unwahrscheinlich, dass französisches Blut in meinen Adern fließt. Aber ganz ausschließen kann man es nicht.

War ich tapfer, war ich ein guter Krieger? Ich denke doch. Ich erwähne hier meine zwei Orden: das Eiserne Kreuz 2. Klasse und das bayerische Militärverdienstkreuz 3. Klasse mit Schwertern. Da diese Orden sehr oft, millionenfach, vergeben wurden, sagt das nicht viel, ich weiß. Aber ich will hier versichern, dass es bisweilen, und nicht nur bisweilen, so war, dass wir unter Einsatz unseres Lebens Heldenhaftes vollbrachten und unsere Offiziere, oft gar nicht am eigentlich gefährlichen Geschehen beteiligt, dafür die Orden kassiert haben. Nun ja. Vielleicht mehr als meine beiden Orden sagt folgende Begebenheit aus: Bei einem Sturmangriff auf die französischen Stellungen zerschoss man mir, wohl ein Streifschuss oder ein Granatsplitter, den Befestigungsriemen meines Stahlhelms. Noch heute ist davon eine kleine Narbe an meinem Kinn zu sehen. Wie habe ich damals reagiert? Nun, ich war, einfach und ohne Pathos gesagt, verblüfft – und später dann auch dankbar dafür, dass ich mit dem Leben davongekommen bin. Zeit zum Ausruhen und Zittern hatte ich während dieses Sturmangriffes nicht. Das hätte mich wohl das Leben gekostet. Deine Überlebenschancen vermindern sich rapide, wenn Du während eines Angriffs zu lange an einem Ort verharrst.

Ich nenne zunächst nur einen Namen: „Verdun". Ich war dabei. Ich wurde verlegt zur Offensive. Die Tage und Wochen vor der Offensive, ich betone: vor der Offensive, waren, nun ja, ich kann es nicht anders sagen: schön. Wir hatten genug zu essen und zu trinken, gutes Essen, auch Alkohol, keine Feindberührung, wohl aber Kontakt zu französischen Mädchen, die uns gar nicht feindlich gesinnt waren. Es entwickelte sich in der Tat das, was man heute einen „Flirt" nennt. Sogar einige Brocken Französisch haben wir von unseren Offizieren gelernt, um mit den Mädchen, hübschen Mädchen übrigens, in Kontakt treten zu können. „Mademoiselles, vous êtes jolie ... Revenir demain ...? Bien? Très bien!" Meist lächelten sie dann, die Mädchen. „Konkretes" hat sich nicht ergeben, in unserem Zug wenigstens nicht; nicht, dass ich wüsste. Aber gehört hat man immer wieder davon, dass sich etwas ergeben hätte. Bei den Offizieren vielleicht. „Krieg" ist im Französischen übrigens weiblichen Geschlechts. „La Grande Guerre" oder – seltener – „La Première Guerre mondiale" sagen die Franzosen zum Ersten Krieg.

Aber dann ging es los. Die Schönen waren nichts als des Schrecklichen Anfang. Von diesem Schrecklichen kann man sich keine Vorstellung machen, wenn man nicht dabei war. Man kann einige Zahlen nennen, aber was heißt das schon. Den ersten Schuss gab die Artillerie mit dem „Langen Max" ab, einem 38-cm-Kampfgeschütz. Das Geschoss schlug in der Innenstadt von Verdun ein. Darauf eröffneten 1 225 Geschütze das Feuer: auf die französischen Frontlinien, auf rückwärtige Stellungen, auf Straßen, Bahnhöfe und die Stadt Verdun. Der Angriffsplan hatte übrigens den Decknamen „Gericht". Geschossen wurde den ganzen Tag. Gegen 16.00 Uhr ging man zum Trommelfeuer über. Die Geschütze werden dann nicht mehr punktuell ausgerichtet, sondern so schnell wie möglich für den nächsten Schuss geladen. Das Bombardement ist flächendeckend. Das hat, ich habe es umgekehrt ja selbst erlebt, eine ungeheure Wirkung auf das Gemüt des Infanteristen. Es ist schlicht demoralisierend – und wenn das Wort, im grundlegenden Sinne verstanden, angebracht ist, dann hier –, es ist schlicht demoralisierend, stundenlang in seinem Unterstand beschossen zu werden – bevor man auch nur einen Schuss aus dem eigenen Gewehr abgeben kann. Kennt der Leser die Sekunden oder auch nur Zehntelsekunden, die vergehen vom ersten Hören eines leichten Sirrens, das das Fliegen des Geschosses in der Luft versursacht, bis zum Einschlagen und zur Detonation? Es ist die spannendste, die Nerven anspannendste Zeit, die man sich denken kann. In diesen Bruchteilen von Sekunden konzentriert sich die Zeit: sie ist erfüllt, das Gericht ist nahe, man schließt ab – wenn man denn die psychische Kraft hierzu noch hat. Und wenn das Bombardement zum Trommelfeuer übergeht, dann kann man noch nicht einmal mehr dieses Geräusch als ein einzelnes vernehmen, dann ergibt sich das weiße Rauschen des allgegenwärtigen, in der Luft liegenden Todes. Nah ist dann der Tod, allgegenwärtig und nicht zu fassen.

Nach diesem Trommelfeuer auf die Franzosen mussten wir dann auf Befehl losstürmen: Mit dem Gewehr und mit Handgranaten versehen, mussten wir das Niemandsland, schrecklich zugerichtet durch die vielen Granaten, überqueren und die französischen Gräben stürmen. Es gab, wenigstens bei meinem Trupp und meiner Kompanie, massiven Widerstand der Franzosen. Wir hatten geglaubt, die Artillerie habe schon alles „erledigt", „vernichtet", wie es offiziell heißt: „den Feind vernichten". Aber dem war nicht so. Es war ein Nahkampf, Mann gegen Mann, geführt mit Feuer- und Stichwaffen. Wir obsiegten und setzten uns in den vorderen französischen Gräben fest.

Auch in der Nacht ließen die Kämpfe nicht nach. Immerhin durften wir uns etwas ausruhen, indem wir von der vorderen Frontlinie zurückgenommen und durch andere Einheiten ersetzt wurden. Aber an Schlaf war nicht oder kaum zu denken. Aller Lärm des Krieges blieb ja: der Einschlag der Granaten, das Maschinengewehrfeuer, der helle, weithin sichtbare Schein der Flammenwerfer – eine schrecklich-wirkungsvolle Waffe, die Menschen zu brennenden Fackeln macht oder sogleich verkohlt. Und dann war es ja auch kalt, sehr kalt, zu kalt zum Schlafen. Höchstens kurz einnicken konnte man bisweilen. Aber im Grunde waren Erschöpfung und Anspannung auch zu groß, um Schlaf zu finden. Der Körper rebelliert auf seine Weise; er rebelliert gegen die Erschöpfung mit Erregtheit und falscher Wachheit. Jedenfalls war an Ruhe nicht zu denken. Und dann hatte man ja immer das Jammern und Stöhnen der Sterbenden im Ohr, die Hilferufe der Verletzten, die schnell behandelt, wenigstens aus der unmittelbaren Kampfzone getragen werden wollten. Oft wusste man im Halbschlaf nicht, ob man die Geräusche und Schreie vom letzten Angriff noch hörte oder ob wirklich einer jammerte und nach den Sanitätern schrie.

Und das war nur der erste Tag, der erste Tag von 300 Tagen dieser furchtbaren Schlacht. Dauerte in früheren Kriegen eine Schlacht einige Stunden, höchstens einmal wenige Tage, so waren es nun 300; und diese Schlacht war nur eine von vielen in diesem unseligen Krieg. Wie kam es, dass sich der Krieg so verändern konnte? Wo lagen die Ursachen?

Immerhin konnten wir zunächst Geländegewinne machen und auch zwei Forts einnehmen – Geländegewinne, die am Ende der Offensive aber größtenteils wieder zunichte gemacht wurden, da der Feind standhielt und sogar zum Gegenangriff übergehen konnte.

Verdun war, wie es unser (ich setze das „unser" wohl eher in Anführungszeichen), wie es „unser" General Falkenhayn gesagt und auch gewollt hatte, eine Blutmühle, freilich auch für uns, nicht allein für die Franzosen. Die Kämpfe wurden im Verlauf immer erbitterter geführt, man wollte mit unüberbietbarer Entschlossenheit, Willensstärke und Gewalt den Feind zur Aufgabe seiner Stellungen zwingen. Hierfür wurden immer neue Konzepte entwickelt, teuflische Konzepte, wie etwa das der Unterminierung der feindlichen Stellungen: Es wurden unterirdische Gänge hin zu den feindlichen Stellungen gegraben, lange Stollen, oft kilometerlang, um unter den französischen Stellungen große Mengen Sprengstoffs deponieren zu können, die den Franzmännern „Feuer unter dem Arsch" machen sollten. Ich habe erlebt, wie bei solchen Grab- und Schachtarbeiten die eigenen Leute verschüttet wurden und dadurch zu Tode kamen.

Das Nervenaufreibende begann aber schon vor dem eigentlichen Angriff. Wir waren für den 12. Februar 1916 zum Losschlagen gerüstet und bereit. Doch an diesem Tag war dichter Nebel. Schlecht für die Artillerie, die ihre Geschütze nicht ausrichten kann. Der Angriff wird verschoben. Am 13.2. wird das Wetter noch schlechter, es kommen Orkane mit schweren Regengüssen. Unsere Gräben laufen voll mit Wasser, und unsere Kleidung wird durchnässt. Wir müssen sie – bei Minusgraden! – am Leibe mit unserer Körperwärme trocknen. Soweit eben möglich. Noch heute leide ich schubweise an Gliederreißen. Erst am 21.2. – soll man sagen: endlich? – begann die Offensive.

Es ging voran, wenngleich langsamer als erwartet. Erst am vierten Tag konnten wir nennenswerte Geländegewinne machen, und am fünften Tag hatten wir, ich selbst war nicht beteiligt, einen spektakulären Erfolg zu verzeichnen: Wir nahmen das Fort Douaumont ein, das modernste und größte Fort, das die Franzosen besaßen. Das Fort war kaum besetzt, so dass nur 60 Gefangene gemacht werden konnten. Im Grunde hatte die Besatzung nur das Geschütz des Panzerturms bedient. Die Eroberung war so ein Leichtes, und sie hatte für uns, die Kämpfenden, den großen Vorteil, dass wir uns nun unter dem meterdicken Beton vom Gefecht ausruhen und in Sicherheit glauben konnten, wenigstens für einige Stunden. Leider war das Geschütz für uns nicht von Bedeutung, da es nur nach Westen und Norden auszurichten war. Aber immerhin hatten wir mit dem Turm einen guten Aussichts- und Überblickspunkt für die folgenden Operationen gewonnen. Doch so schnell, ich greife jetzt vor, wir das Fort genommen hatten, so schnell musste es auch verlassen werden, und zwar im Oktober 1916. Die Franzosen hatten ein neues 40-cm-Geschütz entwickelt, das den Beton der Forts zu durchschlagen vermochte. Der sechste Treffer traf das Munitionsdepot, die MG-Munition sowie die Leuchtgeschosse explodierten, und die Handgranaten lagerten im Nebenraum! Da das Feuer nicht mehr zu löschen war, entschloss sich der Kommandant, das Fort zu räumen. Welch ein Hohn! Es waren die Franzosen, die das Geschütz entwickelten, mit dem sie den von ihnen selbst gegossenen und für die nächste Ewigkeit als undurchdringbar geltenden Beton durchschlugen.

Am sechsten Tag, glaube es nur!, standen wir kurz vor dem endgültigen Durchbruch. Wir waren zwar selbst sehr erschöpft, und persönlich war ich sogar ein wenig verwirrt. Mir war wirr im Kopf. Denn oft war es nicht ich, der da kämpfte, sondern Unteroffizier Vojer. Ich sah ihm dabei zu. Und war gelegentlich stolz auf ihn. Aber das ist der Kampf im Höhepunkt, wo nicht „ich" kämpfe, sondern wo „es" kämpft, wo man tut, was zu tun ist: das Notwendige, nicht das Beliebige; wo man das Notwendige unmittelbar-instinktiv, reflexhaft tut, durch Reflexion nicht verzögert. Es ist ein mehr als persönlicher Kampf – mechanisch, transzendent, geradezu mystisch und unheimlich. Gelegentlich kann dann das Gefühl der Unverwundbarkeit aufkommen; oder die Vorstellung, dass der Tod eine Erlösung, dass er nur ein Tor ist, durch das man geht, um in einer lichteren Welt anzukommen. Das Leben nehmen und das Leben hingeben – das wird in solchen Augenblicken die selbstverständlichste Sache der Welt, nicht weiter von Bedeutung, eine anthropologische Konstante, wie man gelehrterweise auch zu sagen pflegt; eine Konstante, die in Zeiten des Friedens schlummert: potentiell da ist, aber nicht aktualisiert wird.

Ich sprach vom Kampf in seiner Hochform und dass diese erst entsteht, wenn Bewusstsein und kalkulierendes Denken eingeschränkt, zurückgedämmt sind. In solchen Augenblicken kann dann eine Einstellung aufkommen, wie ich sie verbalisiert erst Jahrzehnte später fand, nämlich in folgenden Gedichtversen: „Leben – niederer Wahn! / Traum für Knaben und Knechte". Ja, diese Vorstellung konnte in einem erwachen in den Hochformen des Kampfes. Leben war dann etwas für Knaben und Knechte; aber der Freie, der Mann, der freie Mann, der war bereit, den Trug des Lebens zu durchschauen, das Leben hinzugeben für etwas anderes, für etwas, das zu beschreiben schwer ist und für das in unserer Zeit Kaiser, Vaterland und Gott standen. „Leben – niederer Wahn! / Traum für Knaben und Knechte." Man war in den Augenblicken, in denen solche Gedanken aufkamen, kein Knecht mehr; in solchen Augenblicken fasste man ins Unendliche, berührte das Unendliche, konnte über den Tod das Tor durchschreiten, das ins Unendliche führte. Aber solche Augenblicke waren die Ausnahme. In der Regel ängstigte man sich vor dem Geschehen. Man sah diese Angst auch noch denen an, die aus dem Trommelfeuer zurückkehrten und die wir, die ausgeruhten Kämpfer, abzulösen hatten: Dieser Blick der Zurückkehrenden war leer, gänzlich ohne Ausdruck, es war der Blick von Abwesenden, fast Entrückten; der Blick fixierte nichts mehr, es war kein Präsenzblick, er hielt nichts mehr, war noch nicht einmal mehr verstört, in diesem Augenblick noch nicht einmal mehr ängstlich zu nennen. Der Blick hatte sich ent-ängstigt: durch allumfassende Angst die Angst hinter sich gelassen. Dann wussten wir, was uns die nächsten Stunden und Tage bevorstehen würde. Und es ist ja beinahe ein Wunder zu nennen, dass wir die Trommelfeuer, sie wurden auch „Vernichtungsfeuer" genannt, so lange ertragen konnten, ein Wunder, dass man psychisch das alles verkraftete. Denn es ist eine ungeheure Belastung, wenn Du im Graben stehst und der Gegner das Artilleriefeuer eröffnet. Ein Volltreffer mitten in den Graben – da nutzt auch die Brust-, Rücken- und Seitenwehr nichts. Dann ist es aus. Selbst wenn Du im Unterstand stehst oder liegst, ist die Chance, dass Du bei einem Volltreffer lebend davonkommst, ziemlich gering. Diese Anspannung, diese Erwartung des nächsten Einschlages – es kostet einige Überwindung, nicht loszubrüllen aus Verzweiflung, nicht loszuheulen. Ich leistete diese Überwindung. Freilich schlug sich bei mir die Nervosität beim fortwährenden Beschuss feindlicher Artillerie auf den Magen. Warum sollte ich es nicht gestehen? Die Seele, der Geist: Sie suchen sich ein Ventil, um Luft, um Spannung abzulassen. Bei mir war es der Magen, warum sollte ich es nicht gestehen. Der Geist hielt stand, aber der Magen nicht. Mein Magen war, lange Zeit noch nach dem Krieg, ständig überreizt. Man kann durchaus sagen: Ich war krank. Einen Arzt habe ich deswegen nicht aufgesucht. Jahre nach dem Krieg noch hatte ich Probleme, ein Bier zu behalten, so ich mir eines gönnte. Wenn es mir heute besser geht, so waren es vor allem zwei in freier Natur wachsende Pflanzen, die das ermöglichten: die Schafgarbe und die Preiselbeere. Bei beiden waren es wohl vor allem die in ihnen enthaltenen Bitterstoffe, die mich heilten. Die Schafgarbe wird als Tee zubereitet; die Preiselbeeren werden mit nur wenig Zucker eingekocht und als eine Art Juice als Beilage gegessen. Ich habe diesen beiden Pflanzen, die in meiner Heimat zu Genüge zu finden, also unentgeltlich zu haben sind, sehr, sehr viel zu verdanken. Ich behandelte mich selbst, einen Arzt hätte man damals nicht behelligt mit diesen Angelegenheiten. Eher durch Zufall bemerkte ich, dass mir diese beiden „Medikamente" halfen. Noch heute nehme ich sie zu mir und bin dankbar wie damals. Die Natur heilt, der Arzt, in dem Falle ich selbst, sorgt, besorgt nur.

Zurück zum Schlachtverlauf. Die französischen Einheiten waren nach den ersten sechs Tagen sehr geschwächt, sie konnten nicht sogleich durch neue Kämpfer abgelöst werden. In den Reihen des Feindes wuchs das Chaos. Und wir standen fünf Kilometer vor Verdun! Die französischen Führer waren geneigt, sich vom rechten Maas-Ufer zurückzuziehen. Doch dann kam dieser General Pétain! Zum Oberbefehlshaber der Verdun-Front ernannt, konnte er seine Kämpfer zu einer letzten Kraftanstrengung aufrütteln, nicht zuletzt auch durch die Androhung des Kriegsgerichts beim geringsten Rückzug. Vier Tage lang ging es noch hoch her unter unsäglichen Strapazen und Willensermahnungen. Dann waren auch wir erschöpft, völlig erschöpft. Es lässt sich nicht beschreiben, auch nicht nachempfinden, was es heißt, zehn Tage und zehn Nächte in höchster

Anspannung zu sein: zu frieren, zu töten, den Tod, das Krepieren zu sehen, zu hören, zu riechen, über verletzte, tote oder auch nur halbtote Körper hinwegspringen, auf Körper treten zu müssen, in aufgerissene und mit Erde vermischte Körper, in verwesendes Fleisch, aufgeplatztes Gedärm und Exkremente hineingreifen zu müssen, Körperteile aus der Erde herausragen zu sehen, Stiefel zu sehen, in denen der abgerissene Unterschenkel steckt – vermengt alles mit Schnee, Dreck, Steinen, Wasser, Schlamm, Holz und Eisen. Ich sah so viele sterben, sah so viele Tote: zerschossen und zerfetzt. Aber am unheimlichsten, gespenstischsten war mir ein Toter, dem man keinerlei äußere Verletzungen ansah: Der Luftdruck einer explodierenden Granate hatte seine inneren Organe zerstört – ohne dass er durch Granatsplitter äußerlich verletzt worden wäre.

Von unserer Kompanie war am Ende dieser Tage mehr als die Hälfte gefallen, mein Zug bestand nur noch aus 12 Mann – wie sollten wir da noch geordnet kämpfen?

Auf dem Höhepunkt dieser langen Schlacht hatten wir Verdun zwar zu drei Vierteln eingekesselt, aber es gab noch einen Verbindungsweg ins Hinterland, auf dem die Franzosen mit frischen Kämpfern und neuem Material, vor allem auch mit schweren Geschützen, versorgt werden konnten. Jeden Tag, jede Stunde. Zweifellos eine logistische Glanzleistung, wie wir sie vor und während der Schlacht ja auch selbst erbringen mussten. Die sogenannten rückwärtigen Dienste waren in diesem Krieg ja so wichtig wie die Frontkämpfe selbst. Denn ohne sie hätte man an der Front nur sehr kurze Zeit kämpfen können. 1916 benötigte eine Infanteriedivision pro Tag annähernd 150

Tonnen Material – Baumaterial, Munition, Lebensmittel. Pétain hatte sofort erkannt, dass Mobilität gefordert ist und nun an erster Stelle zu stehen hätte: Er entwickelte zunächst und mit aller Dringlichkeit ein Straßeninstandsetzungsprogramm! Eine Million Tonnen Schotter wurden für die Instandhaltung der Departementstraße von Bar-le-Duc nach Verdun verbraucht. Die Straße wurde zur „Heiligen Straße", zum „Heiligen Weg" – „Voie Sacrée". „Voie Sacrée": Ist es nicht merkwürdig, dass in meinem Namen Vojer (Voier, Voyer) auch „Voie" steckt? Auf diesem Heiligen Weg, um nicht zu sagen: Wallfahrtsweg, wurden mit 3 500 Lastwagen wöchentlich 90 000 Mann und 50 000 Tonnen Material befördert. Wäre es uns gelungen, diese Straße zu zerstören, so wäre den Franzosen bald der Nachschub in allen Bereichen ausgegangen.

Aber so bekamen die Franzosen ihr Chaos, ihre Panik in den Griff und stabilisierten die Front. Es gab für uns keine nennenswerten Geländegewinne mehr. Nun wurde um jeden Granattrichter, fast jedes Maulwurfsloch gekämpft. Der Boden war zerwühlt und zerpflügt, ein einziges Trichterfeld, die Gräben waren längst zugeschüttet von den durch Bomben und Granaten herumgewirbelten Erdmassen, und der Wald, von der Artillerie schrecklich zugerichtet, war schon lange kein Wald mehr.

Die Franzosen hatten in meinem Kampfgebiet einen Geländevorteil, weil sie sich auf einer Höhe hatten einnisten können. Sie konnten fast alles überblicken – und mit Maschinengewehrfeuer bestreichen. Der ganze Nachschub musste nun in der Nacht herangebracht werden – und selbst da war es gefährlich, denn Leuchtkugeln erhellten oft die Landschaft. Die Nacht zum Tag machen: eine Erfindung des Krieges. Wir hatten große Versorgungsprobleme, vor allem an frischem Wasser mangelte es. Ein Teich war zwar in der Nähe, aber voller Leichen. Der Durst, zumal an heißen Tagen, war bisweilen so unerträglich, dass wir unseren Urin tranken. War es sehr warm, so gruben wir eine Blechbüchse mit Urin in die Erde ein; heruntergekühlt erregte das „Getränk" etwas weniger Ekel. Und im Sommer die Ratten! Zunächst sah man sie nur vereinzelt, dann kamen sie zu Hunderten, schließlich waren es Tausende. Sie behelligten uns schon am Tag. Und in der Nacht liefen sie oft über uns hinweg. Überall die Ratten, die fraßen, was wir wegwarfen, die aber auch all das zurichteten, was sich an toten Körpern in und auf der Erde befand. Sie zerfleischten noch kenntliche Gesichter, fraßen die Augen heraus, so dass einen die Augenhöhlen anstarrten. Am schlimmsten aber, doch Steigerungen haben hier etwas Willkürliches, ja Lächerliches, war der Verwesungsgeruch, der im Sommer unerträglich war. Als ob wir noch eine Mahnung an den Tod gebraucht hätten! Der ganze Krieg war ja ein Memento Mori, selbst an den Tagen, wo man sich im Ruheort, also außerhalb der Reichweite der feindlichen Artillerie, ausruhen konnte.

Öfters wurde ich für den nächtlichen Transport ausgewählt. Wir mussten Munition und Verpflegung in das vordere Grabensystem schaffen. Dabei hatte man sich äußerst ruhig und unauffällig zu bewegen, da die Franzosen den Weg von ihrem höheren Platz aus einsehen konnten. Und einmal gerieten wir tatsächlich unter Feuer. Die Franzosen mochten trotz der Dunkelheit wohl etwas bemerkt oder auch nur erahnt haben und erhellten die Gegend mit mehreren Leuchtkugeln. Schnell musste man Deckung suchen, was zwei Kameraden nicht gelang: Einer fiel, der andere wurde verwundet. Dennoch ging ich, nachdem ich den am Bein verwundeten Kameraden verbunden hatte, weiter nach vorne. Wieder zurückzugehen wäre nicht weniger gefährlich gewesen – und ich hätte dann unseren Auftrag nicht ausführen können. Mein Eisernes Kreuz bekam ich übrigens für diesen Einsatz, den ich trotz heftigen Beschusses ordnungsgemäß durchgeführt hatte. Ich bekam, damals schon Unteroffizier, den Orden Zweiter Klasse, mein Kompanieführer, ein Leutnant, der für das Unternehmen den Befehl gab, aber nicht unmittelbar beteiligt war, die Erste Klasse.

Mitte Juni, ich glaube, es war der 20. Juni, eröffneten wir eine neue Offensive, um den elenden Stellungskrieg zu beenden. Diesmal begann das Vorbereitungsfeuer der Artillerie bereits in der Nacht. Geschossen wurden auch Gasgranaten. Die Franzosen wurden überrascht. Wir zogen die Masken auf. Selbst Pferde habe ich gesehen, die Masken trugen. Erneut bricht bei den Franzosen Panik aus, und wir können uns bis auf vier Kilometer an die Vororte Verduns herankämpfen. Aber dem Gegner gelingt es wiederum, die Linien zu schließen. Weiß Gott, woher er die Energie nahm. Aber woher nahmen wir unsere? Doch was heißt „die Linien schließen"? Was stellst Du Dir darunter vor, mein Leser? Welches Bild entsteht in Deinem Kopf? „Die Linien schließen" – das heißt: schrecklicher Nahkampf, barbarisch, hart, Mann gegen Mann. Zögerst Du, bist Du nicht schnell genug, hast Du schon verloren. Tatsächlich hatte diese Art von Kampf viel mit Schnelligkeit, Reaktionsschnelligkeit, zu tun. Vielleicht habe ich deshalb überlebt. Denn schon während meines Militärdienstes von 1910–1912 war ich einer der Schnellsten, Beweglichsten.

Manche Orte, Stellen, Flecken waren besonders heftig umkämpft. Sie wurden immer wieder verloren; so mussten sie immer wieder zurückerobert werden. Das war wie im absurden Theater. (Ich kenne den Begriff „absurdes Theater" von meinem Enkel, nicht aus eigener Anschauung und Erfahrung. Der Begriff hat meine Abneigung gegen jegliche Form der bloßen Schriftstellerei bestärkt.)

Am 11. Juli kam es dann zur nächsten und letzten Offensive – und erneut hatten wir zunächst Erfolg und kamen bis auf 2,5 km an die Stadt heran, konnten aber das Fort Souville, das letzte Hindernis vor Verdun, nicht nehmen – trotz einer allerletzten Entschlossenheit mit entsprechend schrecklichen Verlusten. Die Schlacht um Verdun war endgültig verloren. Nein, nicht verloren. Aber sie war auch nicht erfolgreich, denn das wäre sie nur gewesen, hätten wir Verdun erobern und Richtung Paris marschieren können.

Im Rückblick, das heißt auch mit den Erfahrungen des Zweiten Krieges im Rücken, fehlte dem Angriff auf Verdun die Dynamik. Es gelang uns nicht, mit aller Wucht vorwärtszustürmen, so wie es die Oberbefehlshaber, allen voran der Kronprinz von Preußen, angedacht hatten. In den ersten Tagen der Schlacht, also vom 21.–25.2., konnten wir im Durchschnitt nur zwei km pro Tag vorrücken. Und wo ein Vormarsch von 10–12 km in zwei Tagen geplant war, eroberten wir manchmal nur wenige hundert Meter. Es waren vor allem die nicht ausgeschalteten MG-Nester der Franzosen, die ein schnelleres Vorrücken verhinderten. Mit einem MG, geschützt und gut postiert, so dass man mit ihm das Terrain, auf dem sich der Feind bewegt, auf ganzer Fläche zu bestreichen fähig ist, kann man ja Hunderte von Angreifern, die ihre Deckung verlassen müssen, niedermachen. Die Verlustrate des Angreifers beim Springen von Granatloch zu Granatloch ist enorm. Nach allem, was ich gesehen und erfahren habe, dürfte sie bei mehr als 50 Prozent liegen. Auch wenn Einheiten nachrücken, bleibt diese Verlustquote. Man kann im freien Feld dann Deckungen aus Leichen bauen. Du kannst nur darauf hoffen, dass das MG einmal Ladehemmung hat oder der Lauf zu heiß wird; oder dass irgendwann die Munition ausgehen wird! Die MG-Nester hätten zerstört, vernichtet werden müssen! Dafür war unsere Artillerie zuständig. Und tatsächlich setzte sich im Ersten Krieg mehr und mehr die Doktrin durch: „Die Artillerie erobert, die Infanterie besetzt." Wäre es doch so gewesen! Dann wäre der Krieg für uns Infanteristen tatsächlich der „Spaziergang" geworden, für den man ihn anfangs anpries. Die Artillerie konnte viele, aber nicht alle MGs ausschalten. Man hätte diese Nester zielgenau aus der Luft bombardieren müssen, aber die Einheiten der Armee waren noch nicht so verzahnt, wie es dann im Zweiten Krieg der Fall war. Oder man hätte sie vom Boden aus mit vorrückenden Panzerfahrzeugen ausschalten müssen. Doch auch diese Taktik wurde letztlich erst nach dem Ersten Krieg erdacht und umgesetzt. Es war der deutsche Offizier von Manstein, der, im Ausgang von seinen Erfahrungen im Ersten Krieg, die Artillerie mobil machte: mit der Erfindung des Sturmgeschützes.

Dieses ist nichts anderes als eine mitgeführte, also bewegliche Artillerie: Das Geschütz wird auf ein gepanzertes Kettenfahrzeug montiert; näher am Gegner, kann es gezielter schießen als die immobile, weit hinter der vorrückenden Infanterie stehende Artillerie. So ist für uns im Ersten Krieg nur eines geblieben, um ein MG, das das Artilleriefeuer überstanden hatte, auszuschalten: Man musste immer wieder neue Infanteristen vorrücken lassen – bei einer Verlustquote von 50%. Dies haben die führenden Befehlshaber bisweilen versucht, aber nicht bis zum Exzess getrieben. Im Nachhinein habe ich meine eigene Erfahrung bei einem französischen Kombattanten und Beobachter der Schlacht um Verdun bestätigt gesehen: „Sie [er meint uns Deutsche] haben das Prinzip, ihre Infanterie zu schonen, noch nicht aufgegeben und vermeiden es, auf Kosten eines Blutbades vorzurücken.“ Ja, der Kronprinz als Oberbefehlshaber der Verdun-Front wollte auf keinen Fall der „Metzger von Verdun“ werden. Der französische Oberst Marchal schrieb nach dem Krieg: „Der großartige Überraschungsangriff der Deutschen hat ihnen nur Teilerfolge eingebracht. ... Andererseits kann man sich fragen, ob sie nicht beim ersten Vorstoß bis Verdun gekommen wären: 1. Wenn sie über stärkere Kräfte verfügt und auf zwei Frontabschnitten gleichzeitig angegriffen hätten, auf dem rechten und auf dem linken Ufer; 2. Wenn sie weniger planmäßig vorgegangen wären, ihre täglichen Erfolge mehr ausgenützt und ihre Infanterie weniger geschont hätten ...“

Trotz alledem wäre die Verdun-Schlacht womöglich günstig für uns ausgegangen, wenn, ja wenn die Gegner nicht selbst eine Großoffensive eröffnet hätten: die Schlacht an der Somme.

Die deutschen Truppen an der Somme mussten nun verstärkt werden, mit Kämpfern und mit Material. Darunter aber hatte die Schlacht um Verdun zu „leiden" (ein vielfach komisches Wort in diesem Zusammenhang, ich weiß). Es konnte nicht mehr alle Energie auf Verdun gelenkt werden. Wir waren schließlich zufrieden, die Stellungen zu halten.

Die Somme-Schlacht, darüber nichts weiter, war übrigens noch gigantischer, wurde mit noch mehr Opfern bezahlt als die Schlacht vor Verdun. Der Gegner hatte von uns gelernt. Nur dies eine will ich sagen: Das Artillerie-Feuer, das bei Verdun am Beginn der Schlacht von unserer Seite ausging, dauerte einen Tag; das einleitende Gewitter an der Somme, vor allem von den Engländern arrangiert und in Szene gesetzt, dauerte eine ganze Woche! Etwa eine Millionen Granaten feuerten die Briten vom 24. bis zum 30. Juni 1916 ab. Wie wäre der Krieg verlaufen, wenn die Engländer – die 1914 in letzter Minute den Entschluss gefasst hatten, am Krieg teilzunehmen – nicht gegen uns gekämpft hätten? Was wäre geschehen, wenn wir an der Marne 1914 obsiegt hätten, was, wenn wir, statt großer Schlachtschiffe mehr U-Boote produziert hätten, mit denen es uns gelungen wäre, Großbritannien auszuhungern? Fragen dieser Art darf man nicht stellen. Man wird sonst irre an der Geschichte. Aber wird man es nicht auch ohne diese Fragen?

Heute stellt sich für mich, wie vielleicht auch für Dich, lieber Leser, die Frage: Wie nur konnten wir das Gemetzel ertragen? Warum konnten wir so lange durchhalten – unter Strapazen, die für Außenstehende nicht vorstellbar sind, die auch für uns nicht vorstellbar waren vor dieser Schlacht?

Oberflächlich betrachtet, sehr oberflächlich betrachtet, könnte man meinen, unser Kampf wäre vergleichbar gewesen dem Kampf der Ameisen und Termiten: dumpf und bewusstlos. Aber das wäre wirklich sehr oberflächlich betrachtet, von jemandem, der wenig Ahnung von dem hat, was in solch einem Kampfgeschehen vor sich geht und wie es vor sich geht. Auch wenn man eingesteht, dass der Kampf instinktiv, bisweilen *auch* instinktiv gewesen war: Diese Art von Instinktivität ist doch etwas gänzlich anderes als die der Tiere. Unsere Instinktivität war eine auf höherer Ebene: eine aus Bewusstheit geborene Instinktivität. Man könnte auch von einer zweiten Instinktivität reden. Denn jedenfalls wussten wir genau, was wir taten und wie wir es taten und zu tun hatten. *Unser Kampf war aus dem Willen geboren.* Aus einer ständigen Ermahnung, einer Selbst-Ermahnung, aber auch einer Ermahnung durch die Kameraden und Offiziere. Ohne Ermahnung und Willen wäre nichts möglich gewesen, nach dem ersten Tag schon hätten wir aufgegeben. Wir konnten dieses ungeheure Geschehen ertragen, weil wir wussten oder mindestens glaubten, dass eine ungeheure Verantwortung auf uns gelegt ist und dass wir dieser Verantwortung unter allen Umständen, unter allen Umständen!, gerecht werden müssten. Man lese den Tagesbefehl, der die Schlacht um Verdun für uns eröffnete.

Nach langer, zäher Abwehr ruft uns der Befehl Seiner Majestät des Kaisers und Königs zum Angriff.

*Seien wir von dem Bewusstsein durchdrungen, dass das Vater-
land Großes von uns erwartet.*

*Es gilt, unseren Feinden zu zeigen, dass der eiserne Wille zum
Siege Deutschlands Söhnen lebendig geblieben ist und dass das
deutsche Heer, wo es zum Angriff schreitet, jeden Widerstand
überwindet.*

*In fester Zuversicht, dass jeder an seiner Stelle sein höchstes
dransetzen wird, gebe ich den Befehl zum Angriff! – Gott mit
uns!*

*Wilhelm
Kronprinz des Deutschen Reiches
und von Preußen*

Noch heute überkommt mich ein Schauder, wenn ich das lese
oder höre. Das sind für mich keine bloßen Worte. Und damals
waren sie es erst recht nicht. Worte solcher Art waren für uns
Realität, Präsenz, höchste Präsenz, gegenwärtigste Gegenwart,
sie repräsentierten nicht allein das, was sie bezeichneten, nein:
Sie riefen das Bezeichnete mitten unter uns, sie machten es anwesend. Seine Majestät der Kaiser, das Vaterland, der eiserne
Wille, Deutschlands Söhne, Gott – sie waren stets unter uns in
diesen Tagen, wirklich unter uns. Wir dachten nicht: Das alles
sind bloße Worte, und Worte sind Schall und Rauch. Nein,
unmittelbar waren sie unter uns: der Kaiser, der Gott, das Vaterland, die Familie. Wir wollten, wir mussten unter ihrer Ägide
tapfer fechten. Wir hätten uns zu Tode geschämt, wenn wir

versagt hätten beim ersten kleinen oder auch größeren Widerstand. Kurz: Wir sogen Sinn und Kraft und Ermahnung aus diesen Worten, die eben nicht bloße Worte waren – ich wiederhole es gerne, da man heute so schnell von „Ideologie" und „Ideologiekritik" redet. Ohne Kaiser, Gott und Vaterland wäre uns ja das Leben unmöglich gewesen – sie allein gaben uns die Richtung vor, den Glauben an das Leben, den Sinn des Lebens und nun eben auch des Kampfes vor Verdun. Warum also sollten wir nicht mit allen Mitteln bestehen wollen! Im Grunde waren wir fromm, fromm im Kampfe, bereit zu frommem Kampf, gläubig. Ich erschrak zwar, als ich, zweieinhalb Jahrzehnte später, Goebbels hörte – Stalingrad war an die Russen zurückgefallen, und die Mentalität, der Wille zum Sieg, musste nun noch fiebriger werden –, Goebbels, der erklärte, dass die Deutschen in den Kampf nun „wie in einen Gottesdienst" ziehen würden: dass sie keine Rücksichten mehr nehmen würden, dass der Krieg das Absolute nun wäre, kein Endliches nur. Aber keineswegs war der Kampf im Zweiten Krieg fromm! Was Goebbels sagte war Gerede, Schauspielerei. Ausgesprochen, dass der Kampf ein Gottesdienst und fromm sein soll, ist er nicht mehr fromm, sondern das Fromme, die Frömmigkeit, wird funktionalisiert für etwas anderes, Fremdes. Ich habe es doch an meinem Sohn erlebt: Die Mentalität im Zweiten Krieg war, zumindest in dieser Hinsicht, eine andere als im Ersten Krieg. Wenigstens kann ich das für meine und meines Sohnes Einstellung behaupten: Mein Sohn hat nie und nimmer in dem Sinne an Hitler und Gott geglaubt, wie ich an den Kaiser und Gott geglaubt habe. So war es. Und fern stehe es mir, das moralisch zu beurteilen, es emotional zu bewerten. Es war der Fall. Und wenn Goebbels von Gottesdienst sprach, so war es das beste Zeichen dafür, dass der Krieg kein Gottesdienst mehr war! Eine Sache ausgesprochen, ist sie erkannt. Und damit durchschaut! Die Tür zur Funktionalisierung ist geöffnet.

Man vergleiche doch nur den soeben zitierten Tagesbefehl des Kronprinzen zur Schlacht von Verdun mit der Geheimen Kommandosache des Oberbefehlshabers der Heeresgruppe Südukraine kurz vor dem russischen Angriff, der zum Kessel von Kischinew führte, in dem mein Sohn aller Wahrscheinlichkeit nach gefallen ist.

Geheime Kommandosache   *H.-Q., 18.8.1944*
                                          110 Ausfertigungen.

An alle deutschen und rumänischen Kommandeure (bis einschl. Div.)

1. *In den kommenden Tagen ist auch an unserer Front mit Beginn von Großangriffen zu rechnen, die an einzelnen Abschnitten von zahlreichen Täuschungs- und Fesselungsangriffen begleitet sein werden.*
    Wir können, Schulter an Schulter mit unseren bewährten rumänischen Waffenkameraden, im Vertrauen auf unsere Ausbildung, unsere Bewaffnung und unseren gut fortgeschrittenen Stellungsbau diesen Angriffen mit entschlossener Zuversicht entgegensehen.
    Der Auftrag bleibt bestehen: Verteidigen der befohlenen Großkampf-HKL mit allen zur Verfügung stehenden Mit-

teln. Vom verantwortlichen Truppenführer bis zum letzten
Mann muß jeder durchdrungen sein von dem verbissenen
Willen, seine Stellung bis zum Letzten zu verteidigen. In
die HKL eingebrochener Feind ist im Gegenstoß oder Ge-
genangriff zu zerschlagen.

2. *Es kommt in den nächsten Tagen darauf an, durch ständi-*
   ge erhöhte Beobachtung, Aufklärungs- und Stoßtruppun-
   ternehmen immer wieder festzustellen, wo der Schwerpunkt
   der feindlichen Angriffsabsichten liegt. An diesen Stellen
   müssen wir uns stark machen unter rücksichtsloser Schwä-
   chung der Kräfte an nicht angegriffenen Abschnitten.
   Ich mache in diesem Zusammenhang alle Befehlshaber und
   Truppenführer für sachliche, ungeschminkte und laufende
   Meldungen verantwortlich. Zweckmeldungen verfälschen
   die Lagebeurteilung der Führung. Hierdurch werden den
   wahren Schwerpunkten Kräfte entzogen dort, wo es auf je-
   den einzelnen Mann ankommt.

   Gez. F r i e ß n e r
   Generaloberst

Die Geheime Kommandosache spricht zwar noch von Entschlossenheit, entschlossener Zuversicht und verbissenem Willen. Doch Ton und Atmosphäre des Schreibens sind gänzlich
anders als beim Kronprinzen. Es ist der Ton der Militärbüro-
kratie. Der magisch-mystische Klang, der den Verdun-Befehl
bestimmt, fehlt gänzlich. Und: Frießner war nicht der Kron-

prinz des deutschen Reiches. Selbst wenn Hitler erwähnt worden wäre (mit gutem Grund wohl ist er nicht erwähnt worden!), hätte er in diesem Befehl nicht die Funktion ausüben können, die der Kaiser innehatte. Von Gott ist gar nicht mehr die Rede. Der Tagesbefehl vor Verdun war für alle gedacht, er sollte in allen die feierlich-religiöse Stimmung erzeugen, aus der heraus gekämpft und der Kampf zu einem Höchsten gemacht werden sollte – die Geheime Kommandosache aber war nur für die Kommandeure in den obersten Rängen bis zur Divisionsführung bestimmt; diese hatten dann für die sachgerechte Durchführung bis in die untersten Ränge Sorge zu tragen.

Er war absolut, dieser Zweite Krieg, ja, das wohl; aber er war absolut nicht mehr in irgendeinem transzendenten Sinn. Er war absolut im rein säkularen Sinn, säkular-absolut. Erst dadurch war die absolute Barbarei möglich, die Barbarei auf beiden Seiten, nicht allein auf der unseren, die Barbarei, die auf rein säkularen Weltanschauungen beruhte. Die armen russischen Teufel konnten nach der Niederlage von Tannenberg im Ersten Krieg noch das um den Hals getragene Kreuz vorzeigen, als sie nach tagelangem Umherirren in den Wäldern auf den Bauernhöfen um einen Bissen Brot baten; im Zweiten Krieg wäre das nicht mehr möglich gewesen. Der Nationalsozialismus und der Bolschewismus und der Liberalismus hatten im fundamentalen Sinn kein Verbindungsstück mehr, nichts Gemeinsames, es sei denn im negativen Sinne: Das Transzendente hatte seine konstituierende Bedeutung verloren.

Doch wie haben wir es verkraftet, als der Kampf zu Ende war, nicht nur der vor Verdun, sondern der Kampf überhaupt, der Kaiser bedeutungslos, im Exil, die ökonomische Lebensgrundlage zerstört, im Stich gelassen von Gott und den Politikern? Oft im Kriege habe ich erlebt, dass bei schwerstem Bombardement der Boden unter meinen Füßen bebte. Aber was nun kam, das war: Man zog mir den Boden unter den Füßen weg!

*

Wir singen nun, nach einigen Gebeten, wieder ein Lied:

O Haupt voll Blut und Wunden,
voll Schmerz und voller Hohn,
o Haupt, zum Spott gebunden
mit einer Dornenkron',
o Haupt, sonst schön gekrönet
mit höchster Ehr' und Zier,
jetzt aber frech verhöhnet:
gegrüßet sei'st du mir.

Du edles Angesichte,
vor dem sonst alle Welt
erzittert im Gerichte,
wie bist du so entstellt.
Wie bist du so erbleichet,
wer hat dein Augenlicht,
dem sonst ein Licht nicht gleichet,
so schändlich zugericht't?

Die Farbe deiner Wangen,
der roten Lippen Pracht
ist hin und ganz vergangen;
des blassen Todes Macht
hat alles hingenommen,
hat alles hingerafft,
und so bist du gekommen
von deines Leibes Kraft.

Was du, Herr, hast erduldet,
ist alles meine Last;
ich hab' es selbst verschuldet,
was du getragen hast.
Schau her, hier steh' ich Armer,
der Zorn verdienet hat;
gib mir, o mein Erbarmer,
den Anblick deiner Gnad'!

Ich danke dir von Herzen,
o Jesu, liebster Freund,
für deines Todes Schmerzen,
da du's so gut gemeint.
Ach gib, dass ich mich halte
zu dir und deiner Treu
und, wenn ich einst erkalte,
in dir mein Ende sei.

Wenn ich einmal soll scheiden,
so scheide nicht von mir.
Wenn ich den Tod soll leiden,

so tritt du dann herfür.
Wenn mir am allerbängsten
Wird um das Herze sein,
so reiß mich aus den Ängsten
Kraft deiner Angst und Pein.

Erscheine mir zum Schilde,
zum Trost in meinem Tod,
und lass mich sehn dein Bilde
in deiner Kreuzesnot.
Da will ich nach dir blicken,
da will ich glaubensvoll
dich fest an mein Herz drücken.
Wer so stirbt, der stirbt wohl.

*

DAS GROSSE UMSONST

Vernehmen, ohne zu begreifen.

Vernehmen, ohne zu begreifen: So fing mein Leben an. Mein bewusstes, mein geistiges Leben. Vernehmen, ohne zu begreifen: Es war mein Erwachen. Und Erwachen ist schrecklich.

Der Krieg war zu Ende. Das war gut. Der Krieg war ein Ende – und das zu bewerten fehlte mir jeder Maßstab. Der Krieg war ein Äußerstes. Wir gingen bis zum Äußersten. Nun, da wir das Äußerste nicht einholen konnten in unser Vaterland, unsere Familien, in unser Gemüt, stellte sich die Frage: Wie weiter? Gibt es ein Weiter?

Das Unsägliche, unsäglich Traurige, auf schwerste Weise Niederdrückende, das mich auch heute noch überkommt, war: dass alles umsonst sollte gewesen sein, was wir in diesem furchtbaren Ersten Krieg getan und erlitten hatten. All das Leid, all die Schmerzen, all dieses furchtbare Gewimmel und Geschrei, all das Grauen, all die Toten – umsonst! Vier lange Jahre – umsonst! Wie ist das zu fassen? Wie sollte ich da nicht die Worte verlieren? Es war unfassbar. Und es ist unfassbar. Wenn man dann auch noch glaubt, dass dieses Umsonst von der Heimat selbst ausging, dann konnte man sich kaum noch eine Steigerung denken: der Sinnlosigkeit, des Zynismus, der totalen Menschenverachtung. Und ging es nicht von der Heimat aus? Zwar waren wir des Kämpfens müde – aber nicht müder als der Gegner. Zwar hatte unsere Generalität Fehler begangen – aber nicht mehr als die des Gegners. Ging es also von der Heimat aus, DAS GROSSE UMSONST? Hatte nicht selbst der Sozialdemokrat Ebert den heimkehrenden Soldaten in Berlin zugerufen, sie seien von keinem Feind überwunden worden? Und aus dem Mund seines Parteigenossen Alwin Saenger hörte man, als wäre es die Stimme des Kaisers selbst: „Nun kehrt ihr heim in ein Vaterland, das zusammenbrach, ihr, die ihr nicht besiegt seid ... Willkommen, deutsche Soldaten, Sieger von gestern, Sieger von heute, Sieger von morgen." Wie sollten wir das fassen? Unbesiegt, weit noch im Feindesland stehend, nach jahrelangem Kampf. Und siegreich und sehr erfolgreich im Osten! Und jetzt alles umsonst? Sieger von morgen? Wie war das gemeint?

Die „Niederlage" – sie kam ja so plötzlich, sie war unerklärlich, nicht zu verstehen. Mit den Russen hatten wir erst vor wenigen Monaten in Brest-Litowsk einen Siegfrieden geschlossen; und wir waren überzeugt, dass es uns bald auch im Westen gelingen würde, den Sieg zu erringen. Standen wir doch in Frankreich, hatten fast ganz Belgien besetzt sowie überaus große Gebiete in Osteuropa, hier insbesondere Polens, der baltischen Länder und der Ukraine. Und plötzlich sollten wir am Ende sein, wir sollten verloren und der Gegner sollte gewonnen haben? Warum, aus welchem Grund? Das war unfassbar! Wäre es eine Agonie von längerer Dauer gewesen, dann hätten wir es psychisch verarbeiten können. Aber so war es ja nicht! Wir waren im Grunde unbesiegt. Und die sogenannte Niederlage kam wie ein Donnerschlag. Wie bin ich damals damit nur fertig geworden? Ich musste damit fertig geworden sein, sonst hätte ich es ja nicht überlebt, wäre somit auch nicht auf dieser Kriegerwallfahrt. Es muss eine Kraft in mir gewesen sein, die das alles überstand und mit der ich das alles ertragen konnte: dass man mir nicht nur alle Stützen wegnahm, alle Sicherheiten, mit denen und aus denen ich lebte, sondern dass man mir den Grund unter den Füßen wegzog.

Spät erst, Anfang der siebziger Jahre, gab mir mein Enkel ein interessantes Gedicht in die Hand, ein Gedicht, das ich zuerst nicht verstand: eine schwierige Sprache und für mich zunächst doch arg abgehoben. Aber ich las es immer wieder und musste erkennen, dass hier nicht bloß etwas kompliziert, schön-kompliziert, dahergesagt war. Es war vielmehr interessant und lehrreich und verblüffend, gerade für meine Frage nach dem Sinn dieser vier Jahre und dem Leben danach. Hier ist es, dieses Gedicht, es trägt den Titel: „Einem jungen Führer im Ersten Weltkrieg". Bitte, lieber Leser, lies es genau und mehrmals, begehe nicht den Fehler des Überlesens, wenn Du etwas nicht sofort verstehst. Zunächst die beiden ersten Strophen:

> Wenn in die heimat du kamst   aus dem zerstampften gefild
> Heil aus dem prasselnden guss   höhlen von berstendem schutt
> Keusch fast die rede dir floss   wie von notwendigem dienst
> Von dem verwegensten ritt   von den gespanntesten mühn ..
> Freier die schulter sich hob   drauf man als bürde schon lud
> Hunderter schicksal:

> Lag noch im ruck deines arms   zugriff und schneller befehl
> In dem sanft-sinnenden aug   obacht der steten gefahr
> Drang eine kraft von dir her   sichrer gelassenheit
> Dass der weit ältre geheim   seine erschüttrung bekämpft
> Als sich die knabengestalt   hochaufragend und leicht
> Schwang aus dem sattel.

Es ist für mich erstaunlich, dass jemand, der, nach dem Inhalt des Gedichts zu schließen, ganz offensichtlich nicht am Ersten Krieg als Frontsoldat teilgenommen hatte, das Geschehen so in Worte fassen, in ein Gedicht bannen kann: das „zerstampfte

Gefild", der „prasselnde Guss" (gemeint sind wohl all die Geschosse, die, vermengt mit Erde, Geäst und Gestein, über uns hinweg- und auf uns heruntergingen), die „Höhlen von berstendem Schutt" (ich denke hier vor allem an Erdlöcher und Unterstände, die, von Granaten getroffen, einfielen). Damit ist knapp, aber exakt erfasst, womit wir leben mussten, was uns zu schaffen machte. Erstaunlich auch, dass der Dichter erkennt, dass es für uns ein „notwendiger Dienst" war, dass wir diesen Dienst so verstanden, so verstehen mussten, nicht anders verstehen konnten – wie hätten wir ihn sonst ausführen können, diesen Dienst. Bemerkenswert, wie der Dichter dann in der Bewegung des Arms, verbunden vielleicht mit einem begrüßenden Handschlag, den „Zugriff und schnellen Befehl" erkennt, der überlebensnotwendig war; wie der Dichter im Auge seines Besuchers die Beobachtung der immerwährenden Gefahr wahrnimmt, die Kraft der „sicheren Gelassenheit" der jugendlich-schlanken Knabengestalt, so dass der ältere Dichter, die Person, die das niederschrieb, seine „erschüttrung" über so viel Mannestum im noch jugendlichen Körper bekämpfen muss. Diese vier Jahre hatten uns ja bis in die Eingeweide verändert, nicht allein geistig. Der Krieg hatte uns Verhaltensweisen aufgeprägt, ohne die wir schwerlich hätten überleben können.

Nachdem die Situation und Problematik in den ersten beiden Strophen dargelegt ist, folgt in der nächsten Strophe die entscheidende Sinnfrage, unter der auch ich jahrelang und im Grunde bis heute und nun auch wieder hier, auf der Kriegerwallfahrt Vierzehnheiligen, zu leiden hatte und mit der ich noch immer, ich scheue mich nicht, das Wort zu gebrauchen, zu kämpfen habe:

Anders als ihr euch geträumt   fielen die würfel des streits ..
Da das zerrüttete heer   sich seiner waffen begab
Standest du traurig vor mir   wie wenn nach prunkendem fest
Nüchterne woche beginnt   schmückender ehren beraubt ..
Tränen brachen dir aus   um den vergeudeten schatz
Wichtigster jahre.

Die Tränen im Auge des Kriegers: Das ist real, das gibt es, ich selbst habe es ja an mir erlebt, der Krieger ist nicht selten ein besinnlicher, ja im Grunde ein emotional hoch sensibler Mensch. Vielleicht ist es sogar so, dass Tapferkeit und Sensibilität zusammengehören. Alles mussten wir hingeben. Vier unserer wichtigsten Jahre, die wir nur mit seelischen und körperlichen Defekten überstanden, waren ja, politisch gesehen, umsonst, der Schatz, der geglaubte Schatz, für den wir gekämpft, war weg, verschwunden, vergeudet – nicht von uns, sondern von, ja von wem denn ... Und wie sollte man damit leben – vier Jahre umsonst, aller Ehren beraubt, nicht nur der Ehren, sondern aller Bilder, des Weltbildes zuletzt. Kaiser und Gott waren verschwunden, der Kaiser im Exil, der Gott war nicht mit uns, wie wir zu Beginn des Krieges und noch während des Krieges bis zum bitteren Ende glaubten, sondern mit dem Feind, wenn er sich denn überhaupt um uns, um unseren Wahnsinn gekümmert haben sollte. Der Dichter sieht hier, wiederum erstaunlich für mich, denn er war ja nicht im Krieg, die ganze Problematik und „Sinnkrise". Das Wort wird heute oft missbraucht, wird schon dann verwendet, wenn einer Kopfweh hat oder wenn ihm das Fernsehprogramm nicht gefällt. Aber für uns ist es, dieses Wort, der Sache nach korrekt verwendet, denn es war eine wirkliche und fundamentale Krise, eine Krise, die durchaus hätte zum freiwilligen Tod führen können, nachdem wir die Kugeln und Granaten des Feindes überlebt hatten. So war es, ich bezeuge es.

> Du aber tu es nicht gleich   unbedachtsamem schwarm
> Der was er gestern bejauchzt   heute zum kehricht bestimmt
> Der einen markstein zerhaut   dran er strauchelnd sich stiess ..
> Jähe erhebung und zug   bis an die pforte des siegs
> Sturz unter drückendes joch   bergen in sich einen sinn
> Sinn in dir selber.

Der Dichter, ganz offensichtlich sehr weise, sagt zum jugendlichen Krieger, dass er es nicht den Schwärmern gleichtun soll, die die Sachlage verkennen: Was man gestern noch bejauchzt, könne man heute nicht zum Abfall zählen; der Markstein, der weh tat, weil man sich daran stieß – ihn darf man nicht zerstören. Selbst der Sturz unter dieses drückende Joch, Joch des Schand- oder Zwangsfriedens, wie wir ihn damals nannten (und nannten wir ihn nicht zu Recht so?) – das alles berge in sich einen Sinn. Aber wo sollte der Sinn zu finden sein, wo? „In dir selber" – so heißt es da. Das ist einfach gesagt. Und doch ist hier das Entscheidende getroffen: Ich musste lernen, lernen in einem mühseligen Prozess, einem Prozess mit vielen Rückschlägen und einem fundamentalen Rückschlag (ich meine Hitler, darauf komme ich noch zurück), dass der Sinn nicht mehr „von außen" gegeben wurde, also sagen wir: vom Kaiser und vom Pfarrer, sondern dass er allein von mir gegeben werden musste, dass er, der Sinn, in mir lag, nirgendwo sonst. Das bisherige Vertrauen auf Gott und den Kaiser war dahin – man musste sich selbst vertrauen, musste neu leben lernen, sonst wären nur Sinnlosigkeit und Tod geblieben. Das war das Entscheidende – ein Geschehen, das letztlich gefährlicher noch war als dieser verdammte Krieg selbst mit seinen in physischer Hinsicht todbringenden Gefahren.

Man kann sich heute kaum noch vorstellen, welch große Unsicherheit uns befiel. Denn auch in politischer und großpolitischer Hinsicht herrschte das Chaos. Nicht allein das deutsche Kaiserreich war durch die Revolution zusammengebrochen; auch die anderen alten Mächte waren ihrer bisherigen politischen Form beraubt: Russland bereits 1917, dann Österreich-Ungarn und das Osmanische Reich. Diese Unsicherheit und Sinnlosigkeit zu bestehen, zu verarbeiten, zu verkraften war schwierig – und ganz haben wir, habe ich es wohl nicht geschafft, weil ich ja immer noch wehmütig an Kaiser und Vaterland denke. Sie waren unser Mittelpunkt, sie waren die Sinn-Stifter, sie haben unser Bild von der Welt geprägt. Unser „Zustand danach" aber hatte kein Zentrum mehr, er war beliebig im abscheulichen Sinne: Fast alles war möglich, doch alles war ohne Wert, ohne Sinn, ohne Notwendigkeit.

Aber der Dichter spricht Trost zu: nichts sei verloren. Und er – unglaublich fast auch das –, er verleiht dem Individuum in

der letzten Strophe die Insignien des Heiligen und Herrschers:
den Ring aus Strahlen – eine Art Heiligenschein –, die Krone,
die ehemals allein König und Kaiser zukam (und der Mutter
Maria). Das ist erstaunlich und des Nachdenkens wert:

Alles wozu du gediehst   rühmliches ringen hindurch
Bleibt dir untilgbar bewahrt   stärkt dich für künftig getös ..
Sieh · als aufschauend um rat   langsam du neben mir schrittst
Wurde vom abend der sank   um dein aufflatterndes haar
Um deinen scheitel der schein   erst von strahlen ein ring
Dann eine krone.

Den „Sinn in dir selber" suchen – das also war die Anweisung,
die leicht auszusprechen, schwierig zu befolgen und von Situation zu Situation konkret und mühevoll umzusetzen war. Waren Rückfälle nicht vorprogrammiert? Und ist nach solchen –
katastrophalen – Rückfällen die sogenannte Sinnsuche nicht
noch schwieriger, ja schier unmöglich? Wie war es dann nach
dem Zweiten Weltkrieg? Was hätte der weise Dichter nun empfohlen? Hätte er überhaupt noch etwas empfohlen? Wäre er
nicht gänzlich verstummt? Wie und wo sollte ich nach dem
Zweiten Krieg nun Sinn suchen – immer noch in mir selbst?
Sah es zunächst so aus, als könnten wir mit Hitler und der Bewegung dem Vertrag von Versailles und dem gesamten Ersten
Weltkrieg doch noch einen Sinn abgewinnen, so mussten wir ja
in der Folge einen noch schlimmeren Zusammenbruch erleben
als nach dem Ersten Krieg. Einen Zusammenbruch, bei dem
mein Sohn im Felde blieb und ich mit am Haus gehisster weißer Fahne, einem Bettlaken, waffenlos die amerikanischen Pan-

zer im Dorf empfing, damit es verschont würde. Wie konnte man, wie konnte ich damit leben?

Und doch ist es uns, ist es mir gelungen, gelingt es uns, gelingt es mir noch immer. Und man sage nicht: mehr schlecht als recht! Nach all dem, was wir erlebt, sage man nicht: mehr schlecht als recht! Denn Überleben in diesem Sinne, unter diesen Umständen – das war viel, beinahe schon alles.

Aber hatte ER es uns nicht vor-gelebt, vor-gelitten? Ihn verlangte nach Wasser – und man gab ihm Essig. Er wollte, dass der Kelch des Leidens und Sterbens vorüberging – aber nicht sein Wille, sondern der seines Vaters sollte geschehen. Er forderte den Beistand des Vaters bei seinem schmerzlichen Kreuzestod – und musste ganz am Ende feststellen – herausschreien –, dass ihn der Vater verlassen hatte.

Abb. 7 Auf dem Weg „nach oben“, nicht „nach vorn“

*

Der Krieg ging am 11. November 1918 zu Ende, und zwar, wie uns die Militärhistoriker sagen, um 11.00 Uhr. Und es fehlte nur noch, dass es um 11.11 Uhr gewesen wäre.

*

Vielleicht war die größte Leistung von uns überlebenden Kriegern die: dass wir in diesen unsäglichen vier Jahren mitansehen mussten, wie Menschen und Kameraden, von Granaten zerfetzt, von Maschinengewehrkugeln durchlöchert oder durch Bauchschuss schwer verwundet, elend zugrunde gingen; dass wir Menschen und Kameraden sahen, die durch gewaltige Detonationen verschüttet wurden, die nach Hilfe riefen, aber nicht mehr gerettet werden konnten – und dass wir dennoch nicht die Nerven verloren, dass wir dennoch neben den Toten und dem Tod weiterkämpften, Seite an Seite, um dann, nach dem Krieg, in die alten Verhältnisse zurückzukehren, dass wir wieder „normal", zumindest im äußerlichen Sinne normal leben konnten. Das scheint mir fast wie ein Wunder. Denn wir waren ja ganz andere Menschen als vor Ausbruch des Krieges.

*

Gott legt uns eine Last auf; aber hilft er uns auch, sie zu tragen?

*

Litanei vom Leiden Christi

Der halbe Weg zur Kirche Vierzehnheiligen liegt hinter uns. Der Weg steigt sanft an, Atem und Puls beschleunigen sich etwas – aber das ist nichts im Vergleich zum Laufen beim Sturmangriff, beim Laufen auf zerpflügter und trockener Erde oder gar beim Laufen auf zerpflügter und lehmig-sumpfiger Erde, wenn die Füße und Beine dem Willen nicht mehr gehorchen wollten, weil sie im Lehm stecken blieben, während die Kugeln an uns vorbeipfiffen und die Granaten heulend einschlugen.

Mein Geist, so mein Eindruck, wird durch die leichte körperliche Beanspruchung umfassender und durchdringender, er fügt zusammen und empfindet bis auf den Grund.

Wir beten die *Litanei vom Leiden Christi*:

Herr, erbarme dich unser

Christus, erbarme dich unser

Herr, erbarme dich unser

Erbarmen – für uns? Wer, wer hat es? Davongekommen, ja ... noch alle Gliedmaßen, heil auch Gesicht ... man kann mir sehen ins Gesicht ... Die Seele nahm wohl Schaden, doch „Psychotherapeuten" ... verlacht hätten wir sie ... Wallfahrt ... Frieden ... Frieden mit uns selbst?

Christus, höre uns

Christus, erhöre uns

Erhört? ... In gewissem Sinne, vielleicht ... als wir riefen nach Hilfe, nach Gott ... zu überleben ... das nackte Leben retten, nur dies ...

Gott Vater vom Himmel

Erbarme dich unser

Gott Sohn, Erlöser der Welt

Gott Heiliger Geist

Heilige Dreifaltigkeit, ein einiger Gott

Einigkeit ... ja, Voraussetzung von allem. Noch nie überwunden, wenn wir einig ... Solange wir einig – Deutsche, keine Parteien – solange unbesiegt – eigentlich ja bis zum Schluss ... im Feindesland waren wir, nicht umgekehrt! Nicht umgekehrt! ... Unfassbar war ... ist es, unbesiegt, vergraben im Feindesland – und die Bedingungen wurden diktiert – uns diktiert. Möglich das alles, weil keine Einheit mehr war ... viele Abweichler, Vaterlandsverräter sogar ...

Jesus, Mann der Schmerzen

Opferlamm für die Sünden der Welt

Hoherpriester des Neuen Bundes

König des Friedens

Im Ölgarten bis zum Tode betrübt

Mit blutigem Schweiß bedeckt

Erlebten auch wir, den blutigen Schweiß ... an unseren Körpern ... wir wissen, wie ihm zumute ... Er elender gefühlt als wir – als ich? Er: Gottes Sohn ... und ich??

In den Willen des Vaters ergeben

Ja, ergeben Leutnant ... Kronprinz ... Kaiser ... selbstverständlich war es ... nach vier Jahren müde ... unendlich müde ... doch ergeben, immer noch ... anderes nicht, nicht vorstellbar ...

Von Judas verraten

Verraten, am Ende verraten, von Politik ... unfassbar ... Gründe, wo ...

Wie ein Verbrecher gefesselt

Von den Jüngern verlassen

Von Petrus verleugnet

Von falschen Zeugen angeklagt

Vom Hohen Rat verworfen

Vor Pilatus die Wahrheit bezeugend

Von Geißeln zerschlagen

Mit Dornen gekrönt

Im Purpurmantel verspottet

Verspottet? Vielleicht von Stubenhockern ... ohne Fronterfahrung –
Heldentod anpreisend, um nicht selbst vorne sein zu müssen ...
gegeißelt, ja gegeißelt auch wir ... von Granatsplittern der fremden
Artillerie – auch der eigenen, bitter das, zu kurz geschossen – ins
eigene Regiment – freundliches Feuer, komischer Begriff

Zum Tode verurteilt

Alle verurteilt – zum Tode, die, die in vorderster Linie ... Sturm-
lauf vor – und zurück – und vor ... Dann Versorgungsgänge
nachts ... Plötzlich: der Tag in der Nacht, taghell: Leuchtraketen
... verhasstes Licht – Präsentation dem Feind ... nah an die Erde
sich schmiegen! Da: eine kleine Erhebung – Du Retterin in höchster
Not – Schutz vor Feindeskugeln

Mit dem Kreuz beladen

Wie ein Lamm zur Schlachtbank geführt

Schlachtbank ... auch ich habe erfahren die Bedeutung, erfahren!
Ich kenn es ... Wenn auch nicht tot, so abgeschlossen mit Leben,
man musste abschließen ... jede Handlung sonst unmöglich ... im
Geiste sterben – wie oft, wie oft musste ich es – immer wieder – das

ist kriegshandeln: sterben für höheres Ziel, wie geglaubt ... für Leben der Heimat, der Familie, des Vaterlands ...

Der Kleider beraubt

Ans Kreuz genagelt

Unter Mörder und Verbrecher gezählt

Vom Durst gequält

Mit Galle und Essig getränkt

Für die Feinde betend

Betend für Feinde? ... nein, keine Heiligen wir, keine Halbgötter ... unser Geist und Horizont anders ... wohl es gab Minuten, Stunden, wo man gedacht: Was hat der Franzos' uns getan, dass so viele sollen ihr Leben lan? Er ebenso arm dran wie wir ... Doch: nicht zulassen solches, alles sonst zerstört, unseren Glauben ... an Gott, an Kaiser, an König

Dem Schächer zur Rechten verzeihend

In Verlassenheit gestoßen

Gehorsam bis zum Tode

Ja, ja, ja, gehorsam bis in den Tod – das waren wir, Er: Vorbild; Wir: Nachahmer; nur der Zufall, vielleicht ein wenig Instinkt hat bewahrt vor Tod; gehorsam ...

Das Haupt im Sterben neigend

Das Haupt –: Kameraden ich sah: das Haupt kein Haupt mehr, so auch: es konnte sich nicht neigen, nicht mehr ...! Oft auch kein Sterben mehr, vielmehr: Verlöschen, Auslöschen, Zuschütten, Vernichten. Lächerlich zu sagen: kein schöner Tod ...

Von der Lanze durchbohrt

Unsere Lanze: das Seitengewehr, Stoßwaffe – ein halber Meter lang! Wirkt wie Lanze ... noch näher, noch direkter – kostet

Überwindung, das Zustoßen … musste geübt werden … mechani-
siert, musste träumen davon, sollte normal, alltäglich werden …
nur so möglich … Wichtig: man darf nicht ins Auge sehen, nicht
dem Blick begegnen, der bricht … Keine Ruhe sonst, tagelang nicht
… Grausam, eklig, der Befehl: Seitengewehr pflanzt auf! … Aber
noch schlimmer – der Grabendolch … für Grabenkämpfe, für die
Seitengewehr zu unhandlich … zu uneffizient … Nicht vorgesehen
er, der Grabendolch … von Heeresleitung nicht vorgesehen … wie
auch: keine Grabenkämpfe vorgesehen, nicht als Dauerzustand
wenigstens … Erfunden vom einfachen Soldaten, der Dolch …
Krieg wurde zum Grabenkrieg – brutalste Kampfhandlung, aber
doch Mann gegen Mann – ohne Technik, mit Nahwaffen … Gra-
bendolch: handlichste, effizienteste Waffe … gehärteter Stahl,
nichts sonst, nichts sonst …

In das Grab gelegt
Keine Zeit hierfür – oder nur in seltensten Fällen … weiter muss-
ten wir – vor, zurück, egal; Grab ist Friede …

Abgestiegen zu den Toten
Darübersteigen mussten wir … bahnen Weg durch die Toten –
vorwärts, zurück … durch die Toten, lagen ungeschützt auf nack-
ter Erde … Und bisweilen sie waren ihrer Kleider beraubt … Oft
auch nicht mehr kenntlich, nicht alle Gliedmaßen, keine Gesichts-
züge mehr …

Auferstanden in Herrlichkeit
Jedes Überleben: Auferstehung für uns … aber nicht in Herrlich-
keit … zu nah: der nächste Befehl vorzurücken … Auferstehung in
Herrlichkeit: erst mit großem, heldenhaftem Sieg … uns verwehrt –
nicht durch Feind, durch – „Freund" …

Wir armen Sünder – wir bitten dich, erhöre uns

Sünder wohl … vielleicht … denn was hat uns der Franzos getan, dass er musste sein Leben lan?

Lass uns dein Leiden und Sterben zu Herzen gehen

Führe uns zu Umkehr und Buße

Reinige uns von Schuld und Sünde

Zeige uns den Weg des Kreuzes

Du hast gewiesen diesen Weg … zu deutlich! Gingen ihn, den Kreuz- und Sterbensweg … lagen auf Erde unter Hagel von Granaten, Schrapnells, Verhau von Stacheldraht … Dir gleich, unterm Kreuz … mit Dornen gekrönt – auch wir Blut und Wasser schwitzten, abgeschlossen mit Leben – wir lagen – die Zeit wurde uns Ewigkeit … dann das Wunder – standen auf, konnten zurück, fühlten uns wie drei Tage gelegen – und nun auferstanden, neu das Leben, geschenkt … aber … morgen schon: wieder leiden, wieder liegen … kein Trost, kein Trost mit Deinem Leiden … hättest Du gelitten für uns: ein für allemal gelitten für uns … gelitten für uns … dann erspart uns, dieses Leiden … Aber Du, Du sagtest: Jeder soll Kreuz nehmen auf sich … nachfolgen Dir …

Hilf uns, dein Kreuz zu tragen

Erschließe uns die im Kreuz verborgene Herrlichkeit

Uns verwehrt: diese Herrlichkeit … erreichbar nur mit dem großen letzten Sieg … aber uns verwehrt …

Lass uns in deinen Wunden geborgen sein

In Wunden geborgen sein … wie ist das?

Gib uns im Leid Geduld und Hoffnung

Lass die Gemeinschaft mit deinem Leiden der Welt zum Segen werden

Wir hatten Gemeinschaft ... aber wo Segen ...?

Lehre uns Vergebung und Versöhnung

Zeige uns dein Antlitz in den Armen und Geschlagenen

Geschlagen ... wohl ... in mancher Hinsicht ... doch nicht im Felde ... hielten aus ... zurückgerufen wurden wir ... von wem?

Stärke uns in der Stunde des Todes

Ja, absurd, aber wohl wahr: Stunde des normalen, bürgerlichen Todes, Todes im Bett: vielleicht auch hier Beistand nötig ... wer weiß schon? Auch Bett-Tod könnte grässlich sein ... Wenn auch komisch für uns, Erfahrene der Front ... der bürgerliche Tod ... Sterben bleibt Sterben, vielleicht Differenz klein ... viel kleiner als gemeint ... vielleicht Sterben im Bett – schmerzlicher, schwerer als Tod im Felde – schwerer, weil banal ... so unendlich banal ... schmerzlicher, weil vielleicht lang sich hinziehend ... so unendlich langweilig – auch wenn es ein „Ringen" sollte sein, das langweiligste Ringen vielleicht ... auf verlorenem Posten ... dieser „Feind" nicht zu fassen ... mal da, mal dort, überall ... mächtiger, weil ohne Waffe, weil mit d e r Waffe kämpfend ...

Führe uns durch dein Kreuz zur Herrlichkeit

Lass die Verstorbenen bei dir im Paradiese sein

Führe die Welt durch deinen Tod und deine Auferstehung zur Vollendung

Lamm Gottes, du nimmst hinweg die Sünden der Welt –

Verschone uns, o Herr

Lamm Gottes, du nimmst hinweg die Sünden der Welt –

Erhöre uns, o Herr

Lamm Gottes, du nimmst hinweg die Sünden der Welt –

Erbarme dich unser.

Wir beten dich an, Herr Jesus Christus, und preisen dich.
Denn durch dein heiliges Kreuz hast du die Welt erlöst.

Lasst uns beten: Wir bitten dich, Herr, sieh gnädig herab auf
diese deine Familie, für die du die Qual des Kreuzes auf dich
genommen hast. Gib uns die Kraft, dir jederzeit nachzufolgen
und der Frucht deiner Erlösung teilhaft zu werden. Der du lebst
und herrschst mit Gott dem Vater in der Einheit des Heiligen
Geistes von Ewigkeit zu Ewigkeit.
Amen.

*

Und so war am Ende des Krieges der Sinn des Krieges aufge-
braucht, aufgezehrt, wir wussten nicht mehr so recht, was das
alles soll. Man hatte *sich* verzehrt, man war zwar gewöhnt an
den Krieg, aber eben diese Gewöhnung war der Tod oder die
Ermattung unseres Willens, kurz: wir waren müde, im körperlichen und – mehr und entscheidender noch – im geistigen Sinne.

*

Die „geistigen Ursachen"

Es ist viel von den „geistigen Ursachen" des Krieges die Rede gewesen – vor allem nach dem Krieg, aber auch schon während des Krieges. Damals, als ich in den Krieg zog, wusste ich noch nichts von solchen Ursachen, wusste ich noch nicht, dass es so etwas wie „geistige Ursachen" gibt. Doch die Aufarbeitung der Sinnlosigkeit und Unfassbarkeit unseres vierjährigen Treibens hat mich viele Dokumente des Bildungsbürgertums, der Gelehrten und Intellektuellen studieren lassen, Stimmen, die den Krieg nicht selten feierten als das Neue, als den Ausbruch aus der stinkend-dekadenten Kultur. „Wir kannten sie ja, diese Welt des Friedens und der cancanierenden Gesittung. ... Gräßliche Welt, die nun nicht mehr ist – oder doch nicht mehr sein wird, wenn das große Wetter vorüberzog! Wimmelte sie nicht von dem Ungeziefer des Geistes wie von Maden? Gor und stank sie nicht von den Zersetzungsstoffen der Zivilisation? ... Wie hätte der Künstler nicht Gott loben sollen für den Zusammenbruch einer Friedenswelt, die er so satt, so überaus satt hatte! Krieg! Es war Reinigung, Befreiung, was wir empfanden, und eine ungeheure Hoffnung. ... Was die Dichter begeisterte, war der Krieg an sich selbst, als Heimsuchung, als sittliche Not." Das, was Thomas Mann als „Gedanken im Kriege" 1914 niederschrieb, kann ich heute durchaus nachempfinden. Mit meinen eigenen Worten und sicherlich einfacher gesagt: Es stimmte etwas nicht an den friedlichen Zeiten. Etwas drängte über sie hinaus, wollte es anders. Wir, die einfachen Kämpfer, empfanden bei Kriegsbeginn auch Befreiung, Reinigung und religiöse

Ehrfurcht – wenn auch nicht auf so hohem stilistischem Niveau, wenn auch nicht mit dem absoluten Nachdruck, der sich in Manns Schrift äußert. Befreiung bedeutete für mich nicht, dass ich den Krieg als Ausbruch aus der das substantielle Leben zersetzenden und damit dekadenten „Zivilisation" verstand. Als Bauer lebte man ja noch im Schweiße seines Angesichts, hatte noch nie einen Cancan gesehen und hätte somit die Kühnheit des Begriffs „cancanierende Gesittung" gar nicht verstehen und würdigen können. Befreiung war der Krieg für uns einfachen Leute zunächst und vor allem im individuellen und äußeren Sinne: Wir erlebten etwas Neues, etwas atemberaubend Neues sogar. Die kleinen Verhältnisse, in denen ich lebte und arbeitete: drei Hektar Land, bearbeitet mit zwei Kühen, dazu Hausarbeit mit Weidenkörben – das war ja nicht das Große und Schöne und Ganze, von dem man auch auf dem Lande in einem kleinen Dorf hörte und manchmal auch träumte. Wäre ich ohne Krieg jemals nach Frankreich, nach Flandern gekommen? Der Krieg fing für mich zunächst mit einer Reise an, heute würde man vielleicht sogar sagen: einer Urlaubsreise. Reise, Kost und Logis frei. Die Finanzierung übernahm der Staat. Und gab sogar noch ein Taschengeld. Freilich forderte er dann eine Gegenleistung von jedem einzelnen von uns, eine übertrieben hohe Gegenleistung, die in keiner Relation zu den von ihm bezahlten Reise- und Aufenthaltskosten stand. Doch zunächst stellte sich bei mir tatsächlich das Gefühl ein, jetzt endlich einmal etwas von der Welt zu sehen, etwas anderes zu sehen und zu erleben als den einfachen ländlichen Alltag. Was dann ich aber sah und hörte, war freilich bald von der Art, dass mir Hören und Sehen vergehen sollten. Ich wollte das Neue, das ist wahr; ich wollte das Neue, weil mir das Alte nicht mehr so recht gefiel, zumindest nicht in jeder Hinsicht gefiel, weil mir ein wenig langweilig war.

Und auch in der gesamtkulturellen und politischen Welt war, wie ich heute weiß, ein unbestimmt-suchendes Streben am Werk, das seinen eigentlichen Grund in der Unzufriedenheit mit dem status quo hatte. Aus meiner heutigen Sicht möchte ich sagen: Man suchte die große Herausforderung, man suchte nach einer großen Aufgabe, um das Klein-Klein, das den politischen Alltag im Getümmel und Chaos der widerstrebenden Interessen bestimmte, mit einem gewaltigen Paukenschlag zu überwinden. Solch ein gewaltiger Paukenschlag war der Krieg, der Krieg als Überwinder, als Überwinder all der Gegensätze. Und tatsächlich trat dann 1914 plötzlich dieses neue Gefühl der Zusammengehörigkeit und Einheit des ganzen deutschen Volkes in die Welt! „Deutschlands ganze Tugend und Schönheit – wir sahen es jetzt – entfaltet sich erst im Kriege", schrieb Thomas Mann kurz nach Ausbruch des Krieges. Selbst die Sozialdemokraten waren ja, wahrlich keine übertriebenen Freunde des Vaterlands („Vaterlandsverräter" will ich sie an dieser Stelle aber nicht nennen), selbst die Sozialdemokraten, sage ich, waren ja dabei, als es galt, den Krieg zu rechtfertigen und, konkreter noch, die Kriegsanleihen zu bewilligen: „In der Stunde der Not lassen wir das Vaterland nicht im Stich", deklamierte Hugo Haase, ein Sozialdemokrat vom linken Flügel der Partei. Der „Burgfrieden", den der Kaiser vorschlug – ich kenne nur noch Deutsche, keine Parteien –, war zunächst eine Erlösung aus der

Zerrissenheit und Feindseligkeit innerhalb Deutschlands. Dieser innere Friede hielt lange. Er vereinte Groß und Klein, Arm und Reich, Gebildete und einfache Leute. Der Schriftsteller Stefan Zweig verspürte, dass in dem „Aufbruch der Massen etwas Großartiges, Hinreißendes und sogar Verführerisches lag, dem man sich schwer entziehen konnte". Und Carl Zuckmeyer schrieb in seinen Memoiren über die Stimmung im August 1914: „Befreiung! Befreiung von bürgerlicher Enge und Kleinlichkeit, von Schulzwang und Büffelei, von den Zweifeln der Berufsentscheidung und von alledem, was wir – bewußt oder unbewußt – als Saturiertheit, Stickluft, Erstarrung unserer Welt empfunden, wogegen wir schon im ‚Wandervogel' rebelliert hatten. Jetzt hatte das die Beschränkung auf Wochenende und Feriensport verloren, es war Ernst geworden, blutiger, heiliger Ernst, und zugleich ein gewaltiges, berauschendes Abenteuer, für das man das bißchen Zucht und Kommißkram gern in Kauf nahm. Wir schrien ‚Freiheit', als wir uns in die Zwangsjacke der preußischen Uniform stürzten." Auch ich empfand es durchaus so: heraus aus der Enge meiner kleinen Verhältnisse, der „Bauerei", der Korbmacherei bis in die Abendstunden, bis zum Schlafengehen, mühselig und eintönig. Es gab diese Sehnsucht nach dem Großen, Unbekannten, vielleicht sogar Gefährlichen. Ja, auch bei mir.

Dennoch ging ich mit Wehmut von zu Hause weg, wissend, dass es keine Wiederkehr, kein Wiedersehen geben könnte: mit meinem Vater, meinen Geschwistern, meiner Heimat. Anfang August, ich bekam am 2. August meinen Einberufungsbefehl, stand aber auch die Ernte bevor, und ich musste meinen Vater, damals schon kränklich, mit der Arbeit alleinlassen. Kriegsbegeistert oder gar berauscht, rauschhaft gepackt vom Krieg – das war ich nicht, jedenfalls nicht so begeistert und gepackt, wie man es heute immer wieder lesen kann. In den Städten mag es ja anders gewesen sein, aber ich komme vom Lande. Am 1. August hatte sich eine tausendköpfige Menge vor dem Berliner Schloss eingefunden und sang auf die Nachricht von der Mobilmachung spontan „Nun danket alle Gott!". Das wurde mir von einem Berliner Kameraden berichtet. Und Hitler will vor der Münchner Feldherrnhalle das Ende der Sinnleere seines Lebens gefeiert haben. Ob wirklich der Wahrheit entspricht, was er in „Mein Kampf" schrieb: dass er in die Knie gesunken sein will – „überwältigt von stürmischer Begeisterung" –, um dem Himmel von Herzen zu danken, zu danken für das Glück, in diesen Zeiten leben zu dürfen?

Wenn ich also auch selbst ein Gefühl der Befreiung im August 1914 empfinden konnte, so war ich doch nicht in Jubelstimmung. Im grundlegenden und letzten Sinne war es für mich eine Pflicht, die zu erfüllen war: die Pflicht, für Kaiser und Vaterland zu kämpfen und, falls nötig, auch zu fallen. Ich habe mir damals nie die Frage gestellt, aber wenn ich heute darüber sinniere, so hätte ich sie damals wohl bejaht, bejahen müssen: Bist Du bereit, für das Vaterland zu sterben? Ja, ich habe an das Vaterland geglaubt, an Gott und den Kaiser. Ich war fromm. Anfänglich habe ich sogar an des Kaisers Einschätzung geglaubt: „Ehe die Blätter der Linden fallen, seid ihr wieder zu Hause."

*

Wir beten nun den Hymnus:

Ins Maintal grüßt hernieder

Ins Maintal grüßt hernieder
Ein leuchtend' Heiligtum,
Den vierzehn heil'gen Zeugen,
Erbaut zu Preis und Ruhm.

Sie, die dem Leibe Christi
Verbunden durch ihr Leid,
Erglänzen nun als Sieger
Mit ihm in Herrlichkeit.

Im Paradies der Freunde
Bei dem dreiheil'gen Gott
Erbitte ihre Stimme
Uns Hilfe in der Not.

Wer in Gefahr sich ängstigt,
Vertrau sich ihnen an
Und glaube, dass er Helfer
In Sorgen finden kann.

Im wunderbaren Leibe
Ist keiner ganz allein,
Der Heiligen Gemeinde
Wird Trost und Halt ihm sein.

So zieht zum Heiligtume
Der Franken mit Gebet!

Ihr heil'gen Himmelsbürger,
Uns Ziel und Sieg erfleht!

Lobpreis dem einen Gotte,
Dem Vater, Sohn und Geist,
Der uns durch seine Zeugen
Den Weg des Lebens weist. Amen.

*

Der totale Krieg

Ein Wort auch zum „totalen Krieg". Bewusst vernahm ich den
Begriff erst im Zweiten Krieg, nämlich in Goebbels' Sportpa-
lastrede vom 18. Februar 1943, in der er ihn nicht nur einmal,
sondern oftmals gebrauchte, ihn wie mit einem Repetiergewehr
in die Zuhörermenge schoss, letztlich in das gesamte deutsche
Volk, ja in die ganze feindliche Welt, die er mit diesem Begriff
heiserer und fiebriger Entschlossenheit Furcht und Zittern lehren wollte. Aber der totale Krieg erlebte seine Geburt bereits im
Ersten Krieg, und bezeichnenderweise wurde der Begriff von
einem, von *dem* maßgeblichen General dieses Weltkrieges gebildet, nämlich von Ludendorff („Erster Generalquartiermeis-
ter"), wenngleich erst 1935. Nicht allein die Streitkräfte, so
Ludendorff, seien für einen zukünftigen Krieg wichtig; entscheidend werde vielmehr der totale Einsatz aller Ressourcen
sein. Der nächste Krieg werde sich zu einem Kampf auf Leben

und Tod steigern und die Politik als funktionalen Bestandteil vereinnahmen. Es war aber wohl ein Franzose, der den Begriff „totaler Krieg" zum ersten Male verwendete oder doch zumindest zum ersten Mal mit Nachdruck und in einer offiziellen Rede vortrug, nämlich Clemenceau, Premierminister seit 1917. Er hatte in seiner Antrittsrede am 20.11.1917 von der „guerre intégrale" gesprochen, also vom ganzheitlichen, vom umfassenden, vom – totalen Krieg. Doch sprach bereits Clausewitz, wie ich las, von einer „absoluten Gestalt" des Krieges: dass der Krieg dann am kürzesten sein werde, wenn er nicht halbherzig, sondern mit vollem Einsatz geführt werde. Goebbels' „Totaler Krieg – kürzester Krieg!" ist eine rhetorisch geschickte, eine einhämmernde Verknappung dieser Clausewitz'schen Einsicht und Forderung.

Total ist der Krieg, so denke ich es mir, wenn er „aufs Ganze" geht: wenn die Trennung zwischen Militär und Zivil aufgehoben ist, wenn tendenziell alles und alle auf den Krieg ausgerichtet werden, wenn die Militarisierung keine Grenze mehr kennt, absolut wird. Schon der Erste Weltkrieg, sage ich, war total. Und doch war der Zweite nochmals eine nicht für möglich gehaltene Steigerung dieser Totalität. Wir, als Soldaten und Kämpfer, machten im Ersten Krieg grundsätzlich noch einen Unterschied zwischen einem Zivilisten und einem Soldaten, einen Unterschied zwischen dem Schlachtfeld und dem übrigen Land. Diesen Unterschied gab es im Zweiten Krieg dagegen kaum noch. Dies gilt zumindest für die politisierten, für die Weltanschauungssoldaten auf deutscher und russischer Seite, gar nicht erst zu reden von den parteipolitischen Diensten Hitlers und Stalins, die im Hinterland der Front wüteten. Aber auch die flächendeckende Bombardierung ziviler Wohngebiete gehört zu dieser barbarischen Totalisierung des Krieges. Der Gedanke, dass man auf Zivilisten Bomben werden darf, auch Atombomben!, musste erst geboren werden. Waren im Ersten Krieg fünf Prozent Zivilisten unter den Opfern, so waren es im Zweiten fünfzig!

Es war freilich schon eine der ersten Handlungen der Pioniere des Ersten Krieges, ich selbst habe es in einigen Fällen erlebt, den Kirchturm nach der Besetzung eines Dorfes zu sprengen. Aber es war eben ein militärischer Grund, der dies ernötigte, kein weltanschaulicher. Denn auf diese Weise wurde dem Feind der Zielpunkt genommen, an dem er seine Geschütze hätte ausrichten können. Auch bei unserem Rückzug in die Siegfriedstellung nach der Somme-Schlacht hatten wir Befehl, alles, was für den Feind militärisch von Belang sein könnte, zu zerstören, jede Straße, jeden Weg, jeden Flusslauf, jeden Brunnen, jedes Eisenbahngleis, ja jedes Haus und jeden Keller. Bisweilen zerstörten unsere Pioniere sogar mit Zeitzündern: Die Explosion des Sprengstoffes, versteckt vor allem in den repräsentativen Gebäuden eines Dorfes oder einer Stadt wie etwa dem Rathaus, erfolgte erst, als die Bewohner zurückgekehrt waren, sich vielleicht bei einer kleinen Feier versammelt hatten, die sie anlässlich der Rückeroberung veranstalteten. Dies mit militärischen Gründen zu rechtfertigen fällt freilich schwer.

Bereits im Ersten Krieg bemühte man sich um die Ausrichtung des ganzen Volkes auf den Krieg, nicht allein mehr der Streitkräfte. Es galt, die „Heimatfront" zu errichten, es galt, das

Kriegsbewusstsein in jeden Haushalt zu tragen. Unser Innenminister, von Loebel, schrieb im Januar 1915 in einem offenen Brief, veröffentlicht in beinahe allen deutschen Zeitungen: „Jeder Deutsche, vor allem jede Frau sei Soldat in diesem wirtschaftlichen Krieg, was Todesmut und Tapferkeit vor dem Feind ist, das ist Sparsamkeit und Entsagung daheim. ... Wer nicht willig und pünktlich alle die Maßnahmen durchführt ...,die zur Sicherstellung unserer Volksernährung erlassen sind ...,versündigt sich am Vaterlande wie ein Soldat, der nicht seine Pflicht und Schuldigkeit bis zum letzten Atemzug tun würde." Man sprach aber auch, um möglichst viele zur Zeichnung der Kriegsanleihen zu überreden, von der „finanziellen Wehrpflicht, der man nachzukommen habe, wie der Soldat an der Front der seinen". Für diese Art von Wehrpflicht wurde umfassend geworben. Mit dieser Werbung, so Ludendorff, solle „der Gedanke der finanziellen Wehrpflicht hunderttausendfältig in die Köpfe eingehämmert" werden. „Gold gab ich für Eisen", so der Propagandaspruch. Für 50 Pfennig konnte man Ringe aus Eisen erwerben, in die „Vaterlandsdank" oder „Treu wie Gold" eingraviert war. Es sei, so las man damals in den Aufrufen der Regierung – meine Schwester erzählte es mir bei meinem Heimaturlaub –, „Ehrensache des deutschen Volkes, durch umfangreiche Zeichnungen die weiteren Mittel aufzubringen, deren Heer und Flotte zur Vollendung ihrer schweren Aufgabe in dem um Leben und Zukunft des Vaterlandes geführten Krieg unbedingt bedürfen". Sehr zu meinem Verdruss, ich gestehe es, hat meine Schwester meine wenigen Goldmark, die ich damals besaß, geopfert, wohl auch in dem Glauben, dass sie irgendwann zurückgezahlt würden. Was freilich nie der Fall war: Die Anleihen waren bei Kriegsende nichts mehr wert, denn der Staat war ja gleichsam bankrott und musste zudem horrende Reparationen an die Feinde entrichten.

„Das zweite Heer des Kaisers" wurden die Kinder genannt, die in der Heimat als Erntehelfer tätig waren und Metallgegenstände sammelten. „Eisen" und „eisern" – ein Schlagwort dieser Zeit, der „Eisernen Zeit". Und was anders als „total" sollte es sein, wenn man Kirchenglocken einschmilzt, um Kriegsgeräte daraus herzustellen! Schier alles war kriegsrelevant! Und Jungen und Mädchen mit 16 Jahren ließ man in der Munitionsindustrie arbeiten, bisweilen sogar in 24-Stunden-Schichten und mit nur wenigen und kurzen Pausen. Durch Übermüdung und Hunger waren Arbeitsunfälle an der Tagesordnung – Unfälle mit Verätzungen und Lungenkrankheiten vor allem. Was anders denn „totaler Krieg" sollte es sein, wenn, wie in Deutschland von 1914–1918, 700 000 Zivilisten an den Folgen des Krieges (Hunger, Krankheit, Unfälle etc.) sterben, wenn man, zunächst nur ein Witz, der im Volk grassierte, dann aber Realität, Ratten in die Wurst verarbeitet? Total, und damit Moral und Menschlichkeit verachtend, ist der Krieg aber auch, wenn es heißt: „Right or wrong, my country", wie es bei den Engländern der Fall war; und die Italiener sprachen vom „sacro egoismo".

Total ist der Krieg, wenn er sich nicht an die Regeln hält, die sich die Völker vorher gegeben haben. So geschehen, auf unserer Seite, mit dem „uneingeschränkten U-Boot-Krieg". Nach den Regeln der Seekriegsführung aus dem Jahr 1899 war es erst dann erlaubt, ein feindliches Handelsschiff zu versenken, wenn man vorher Passagiere und Besatzung in Sicherheit gebracht hatte; neutrale Schiffe mussten zunächst gestoppt und auf Schmuggelware durchsucht werden. Daran hielt man sich nicht. Im U-Boot-Krieg konnte man sich eigentlich auch gar nicht daran halten. Denn U-Boote können, einmal aufgetaucht, leicht gerammt und versenkt werden. Auch wäre ja die Besatzung eines U-Bootes nicht ausreichend gewesen, um ein großes Handelsschiff zu durchsuchen. So wurde der uneingeschränkte U-Boot-Krieg erklärt – aber immerhin noch erklärt: Jedes Schiff, das in bestimmte Gewässer fuhr, wurde ohne Warnung versenkt.

Total ist der Krieg paradoxerweise auch dann, wenn Soldaten vom Kriegsdienst freigestellt werden, weil sie an der Heimatfront, sprich: in der Produktion kriegswichtiger Güter, noch dringender gebraucht werden. Niemand rechnete ja damit, dass der Krieg vier Jahre dauern würde und dass also permanent Waffen und anderes Kriegsmaterial nachproduziert werden mussten, um die Verluste wieder ausgleichen zu können. Im totalen Krieg werden nicht bloß Schlachten geschlagen, im totalen Krieg wird schier alles kriegsrelevant, hat alles dem Krieg zu dienen. Produktionspläne und Lebensmittelkarten – sie sind Teil des Krieges.

Als wir uns (zugleich mit dem Frühjahrsbeginn!) im März 1918 zur „Michaelsoffensive" anschickten – sie sollte wieder einmal die letzte entscheidende Schlacht zur Beendigung des Krieges sein (tatsächlich hatten wir Erfolge wie seit 1914 nicht mehr, und durch unser „Paris-Geschütz" mit einer Reichweite von 130 Kilometern waren wir für die Stadt eine wirkliche Bedrohung) –, wurde Ludendorff gefragt, was denn geschehe, wenn man auch diesmal nicht den endgültigen Erfolg erzielen würde: „Dann muss Deutschland eben zugrunde gehen." Das nimmt Hitlers Aussagen im Berliner Bunker gegen Ende seines Lebens vorweg, dass das deutsche Volk das unterlegene und schwächere und eben daher zum Untergang verurteilt sei.

Der Krieg, sagte ich, war schon 14/18 total. „Konnt' ich auch nicht Waffen tragen, half ich doch die Feinde schlagen." Das ist ein Satz des totalen Krieges. Für jede gewonnene Schlacht gab es schulfrei, und der Frontverlauf wurde in den Schulen auf Karten nachgestellt. Auch wurde das entsprechende „Liedgut" gelehrt.

Flieg, Kugel, flieg,
Du hilfst uns gut im Krieg,
Du hilfst uns gut im Belgierland,
Antwerpen ist bald überrannt,
Flieg, Kugel, flieg.

Gebete wie das folgende wurden gelernt:

Ich bitte dich, du lieber Gott,
Schon unser Volk in Kriegesnot.
Send deine lieben Engelscharen,
Dass sie die Heimat uns bewahren,
Und heiße sie die Flügel breiten
Über alle Soldaten, die tapfer streiten.

Gib auch auf unsern Vater acht,
Denn er kämpft treu für Deutschlands Macht.
Siehst du am Himmel Zeppelin fliegen,
So hilf ihm doch, damit wir siegen.
Zum Schlusse nimm meinen Dank noch hin,
Dass ich ein deutsches Mädchen bin!

Total ist der Krieg auch dann, wenn noch halbe Kinder an der Front eingesetzt werden, wie ich es bereits im Ersten Krieg erlebt habe. Waren sie hier immerhin schon achtzehn oder neunzehn Jahre alt, so waren sie im Zweiten Krieg dann auf deutscher Seite nochmals zwei Jahre jünger. Weltweit wurden im Ersten Krieg über 60 Millionen Soldaten eingesetzt – eine Zahl, die weit über das Vorstellungsvermögen hinausgeht; in Frankreich wie in Deutschland standen 80% der Männer im wehrfähigen Alter unter Waffen, 13% von ihnen fanden den Tod.

Total im grundlegenden Sinne ist der Krieg, wenn er nicht mehr durch die Tapferkeit der Soldaten, nicht mehr durch gewonnene oder verlorene Schlachten entschieden wird, sondern durch die größeren demographischen und ökonomischen Ressourcen. Der totale Krieg, der der Theorie nach die Zeit der Kriegsführung verkürzen sollte, wurde zum lang andauernden Zermürbungs- und Abnutzungskrieg, wurde ein bis zum bitteren Ende gehender Ermüdungs- und Vernichtungskrieg.

Total, sagte ich, waren die beiden Kriege, die ich erlebt habe. Es war dann freilich nochmals eine Steigerung und Verrohung in jeglichem Bereich, als der Zweite Krieg aus unterschiedlichen und inkompatiblen Weltanschauungen heraus geführt wurde.

Der Erste Krieg, kann man sagen, wurde aus derselben – christlichen – Weltanschauung geführt. Eine letzte Menschlichkeit wurde bei aller Barbarei doch noch gewahrt, denn unser Gott war auch der Gott des Feindes. Die Verbrüderungen an Weihnachten vor allem an der Westfront 1914 mögen ein Symbol dafür sein. Und die armen russischen Hunde, die nach der Niederlage bei Tannenberg tagelang hungers durch die Wälder schweiften – fast wahnsinnig vor Hunger –, zeigten, wenn sie auf einem Bauernhof um einen Bissen mit der offenen rechten Hand baten, mit der linken das Kreuz, das sie um den Hals trugen: als Zeichen, dass sie mit dem Feind doch in einem grundlegenderen Sinne verbunden seien. Das war im Zweiten Krieg prinzipiell nicht mehr möglich. Das gemeinsame Fundament Christentum wurde von den obersten Weltanschauungskriegern bewusst und radikal zerstört. Wäre es nicht zerstört oder unterdrückt worden, hätte sich der Zweite Krieg nicht nochmals radikalisieren können. Als die 11. Armee im Juni 1942 die Festung Sewastopol auf der Krim unter heftiger Gegenwehr der Roten Armee eroberte, musste sie auch das Werk *Maxim Gorki I* nehmen. In aussichtsloser Lage kämpften die Russen weiter und unternahmen einen Ausbruchsversuch, wobei der befehligende Politkommissar fiel. Sofort darauf ergaben sich die völlig erschöpften und verängstigten russischen Kämpfer mit dem an den Gegner appellierenden Ausruf: „Christus!"

Oberste deutsche Befehlshaber des Zweiten Weltkrieges verweigerten sich der Radikalisierung dann, wenn sie traditionell („ritterlich") und christlich ausgerichtet waren (wie etwa die Generale von Manstein und Guderian). Bei ihnen fand auch keine Aushungerungspolitik der Kriegsgefangenen statt. Von Manstein hat bei der Eroberung der Krim z. T. sogar die Verpflegung der eigenen Truppen gekürzt, um die Kriegsgefangenen einigermaßen versorgen zu können. Deren Sterblichkeitsrate lag, die Verwundeten eingerechnet, unter zwei Prozent. Als sich im Winter 1941 abzeichnete, dass aus dem „Blitzkrieg" gegen Russland ein sich lange hinziehender Abnutzungskrieg werden würde und die Kräfte des deutschen Heeres hierzu nicht ausreichten, musste auf Befehl Hitlers die Luftwaffe alle nicht notwendig unabkömmlichen Soldaten freimachen. Es waren 170 000. Sinnvoll wäre es nun gewesen, sie dem Heer zuzuführen, um die Verluste auszugleichen. Statt dessen aber wurden sie für den Erdkampf in luftwaffeneigenen 22 Divisionen zusammengefasst. Dieses augenscheinlich unsinnige Geschehen hatte Göring bei Hitler mit folgender Argumentation erreicht: Die ihm unterstehenden und nationalsozialistisch erzogenen Luftwaffensoldaten könne er unmöglich einem Heer übergeben, in dem Pastoren agierten und das von wilhelminischen Offizieren geführt werde.

Im Ersten und gelegentlich auch im Zweiten Krieg gab es tatsächlich ein soldatisches Kameradentum auch über die Frontlinie hinweg. Man achtete sich gegenseitig, beglückwünschte Gefangene dafür, dass sie tapfer gekämpft hatten (worin freilich das Selbstlob impliziert war, dass man noch tapferer gewesen sei). Es gab im Krieg – bei aller Härte – doch auch eine Art ritterlicher Kriegsführung. Bei Wiedereinnahme des Forts Douaumont durch die Franzosen am 24.10.1916 durfte der deutsche Kommandant, dies ist glaubwürdig überliefert, die folgende Nacht in „seinem" Zimmer verbringen, während der neue französische Kommandant mit seinen Leuten am Eingang des Forts schlief. Dieses soldatische Kameradentum über die Frontlinien hinweg mag sich, zumindest anfangs, auch noch in der Wehrmacht im Ostfeldzug gefunden haben. Doch war es nur noch ein Relikt aus dem Ersten Krieg – und es war nicht die offiziell-korrekte Einstellung. Hatte Hitler am 30. März 1941, zweieinhalb Monate vor Beginn des Russlandfeldzuges, vor den Befehlshabern und Stabschefs des Ostheeres doch erklärt: „Wir müssen vom Standpunkt des soldatischen Kameradentums abrücken. Der Kommunist ist vorher kein Kamerad und nachher kein Kamerad. Es handelt sich um einen Vernichtungskampf."

Das war die Steigerung, die 14/18 kaum vorstellbar war. Man hatte im Zweiten Krieg keine gemeinsame Basis mehr, die Kriegsführung eskalierte ins Barbarisch-Totale. Stalin, der, anders als Hitler, noch nicht einmal formell die Genfer Konvention anerkannte, war keine Nuance „humaner" als Hitler, und seine politisierten Armeeführer erlaubten sich eine Barbarei, die einem noch heute die Sprache verschlägt. So konnte Marschall Schukow am 16.4.45, am Beginn des Vorstoßes auf Berlin, folgenden Tagesbefehl ausgeben: „Sowjetsoldat, räche Dich! Verhalte Dich so, dass der Einbruch unserer Armeen nicht nur den heutigen Deutschen, sondern auch ihren fernen Enkeln in Erinnerung bleibt! Denke daran, dass alles, was die deutschen Untermenschen besitzen, Dir gehört! Sowjetsoldat, habe kein Mitleid im Herzen!" Die Weste unserer Wehrmacht mag auch nicht weiß geblieben sein, wie sie wohl bei keiner Armee in diesem Krieg weiß geblieben ist – habe ich doch selbst gesehen, wie Amerikaner gegen die Genfer Konvention verstießen, als sie deutsche Kriegsgefangene als Schutzschild auf ihre Panzer setzten; aber so einen Befehl wie den Schukows, einen offiziellen Befehl von höchster Stelle!, hat es in der Wehrmacht nicht gegeben. Mag sein, dass die rückwärtigen SS-Dienste so verfahren sind, aber die Wehrmacht war nicht die SS. Und auch der auf Hitler zurückgehende sogenannte Kommissarbefehl – bei der Truppe sich befindende sowjetische Kommissare, deren Aufgabe es war, die Soldaten zu fanatisieren und den Kampf ins Brutale zu treiben, sollten bei Gefangennahme sofort erschossen werden – wurde von der kämpfenden Truppe der Wehrmacht dann nicht befolgt, wenn sie sich von ihrer Tradition her verstand.

Der Erste und der Zweite Krieg: total waren sie beide; aber der Zweite Krieg brutalisierte sich nochmals dadurch – und dies gilt vor allem für den Ostfeldzug –, dass er aus divergierenden und konkurrierenden Weltanschauungen heraus geführt wurde. Menschen, die nicht der eigenen Weltanschauung angehören, werden zu Untermenschen. Untermenschen aber haben keine Rechte mehr. Sie sind wie Tiere. Das hat sich dann konkret auch bei der Behandlung der Kriegsgefangenen gezeigt. Was im Zweiten Weltkrieg, vor allem im Osten, möglich wurde, war, wenn ich nicht gänzlich irre, für den Ersten Weltkrieg noch unvorstellbar gewesen: dass man etwa Verwundete, die man in zurückeroberten Lazaretten fand, weil der Gegner sie beim überstürzten Rückzug nicht mehr hatte mitnehmen können, entweder sofort erschlug oder ans Meeresufer zerrte, mit Wasser

übergoss und – bei Temperaturen im zweistelligen Minusbe-
reich – erfrieren ließ. So geschehen bei der temporären Rückeroberung der Hafenstadt Feodosia auf der Krim durch Truppen
der Roten Armee. Sadisten mag es in jeder Armee und zu jeder
Zeit gegeben haben. Aber das systematische und offizielle Vernichten des gefangenen Gegners ist eine ganz andere Sache.

*

Nun singen wir:

O du hochheilig Kreuze,
daran mein Herr gehangen
in Schmerz und Todesbangen.

Allda mit Speer und Nägeln
die Glieder sind durchbrochen,
Händ, Füß und Seit durchstochen.

Wer kann genug dich loben,
da du all Gut umschlossen,
das je uns zugeflossen.

Du bist die sichre Leiter,
darauf man steigt zum Leben,
das Gott will ewig geben.

Du bist die starke Brücke,
darüber alle Frommen
wohl durch die Fluten kommen.

Du bist das Siegeszeichen,
davor der Feind erschricket,
wenn er es nur anblicket.

Du bist der Stab der Pilger,
daran wir sicher wallen,
nicht wanken und nicht fallen.

Du bist des Himmels Schlüssel,
du schließest auf das Leben,
das uns durch dich gegeben.

Zeig dein Kraft und Stärke,
beschütz uns all zusammen
durch deinen heilgen Namen,

damit wir, Gottes Kinder,
in Frieden mögen sterben
als seines Reiches Erben.

*

In te redi, in interiore homine habitat veritas! Wie, der Leser
versteht nicht? Er lese noch einmal: In te redi, in ... Oh, er versteht ja nur zu gut, er versteht, dass es im Innersten am uner-

träglichsten ist, dass man die Heiligen anrufen, die Litaneien herabbeten muss, um diesem unerträglichsten aller Zustände zu entfliehen.

Sancta Barbara, ora pro nobis!

(War Hitler vielleicht zu weich für das Christentum? Er konnte und wollte nicht an einen Gott glauben, der seinen eigenen Sohn massakrieren lässt. Und die Vorstellung, dass man in einer heiligen Messe seinen eigenen Gott verspeist, fand er geradezu absurd.)

*

Nervenfrage und Willenssache, Versailles

Wie sagte Hindenburg kurz vor Kriegsbeginn: „Der Krieg ist vor allem eine Nervenfrage. Wenn wir die stärkeren Nerven haben und durchhalten, so werden wir siegen." Diese Erkenntnis war in erster Linie wohl der Einsicht in die realen politischen und militärischen Kräfteverhältnisse geschuldet. Doch dürfte Hindenburg auch bei Clausewitz gelesen haben, dass der Sieg durch das Zerbrechen der gegnerischen Moral erreicht wird.

Die Demoralisierung des Heeres war, ich weiß es aus eigenem Erleben, bei allen anderen großen Gefahren tatsächlich die größte Gefahr. Der erste Feind des Kriegers sitzt nicht im Schützengraben gegenüber. Der erste Feind sitzt in ihm selbst. Auch wir waren diesem Feind ausgesetzt, mit der Demoralisierung hatten auch wir zu kämpfen. Unser Wille wurde so oft auf

die Probe gestellt, wir hatten ihn so oft zeigen, so oft den Defai-
tismus überwinden müssen; wir durften uns nicht verloren geben, durften uns nicht von der Bequemlichkeit übermannen
lassen, durften nicht – liegenbleiben. Auch der Wunsch zu fallen – in Augenblicken größter Not kann er auftauchen, und er
ist aufgetaucht! – wäre solch eine Bequemlichkeit gewesen. Und
des Nachts ging es mir oft durch den Kopf: Lass mich leben,
mein Gott, wie die Pflanze lebt. Aber auch das wäre womöglich
schon zu viel gewesen. Ich hätte beten sollen: Lass mich sein,
mein Gott, wie ein Stein ist!

Unser Wille, sage ich, war erprobt, wir hatten ihn, und eigentlich wollte ich das Wort vermeiden, gestählt! Später erfuhr
ich von meinem Enkel, dass im Grunde die ganze abendlän-
disch-neuzeitliche Metaphysik eine Willensmetaphysik ist. Er
meinte, die großen Philosophen der Neuzeit hätten das gedacht,
was wir im Krieg, mit hundert, zweihundert Jahren Verzöge-
rung, realisiert hätten: dass der Wille der Grund von allem ist,
nicht nur des Menschen. Die Bewegung des hochgehobenen
und wieder losgelassenen Steines zurück zur Erde könne als
noch schlafender Wille verstanden werden, als Wille, der im
Kampf der wachsenden und sich ausbreitenden Pflanze schon
deutlicher zum Vorschein komme und im Tier mit seinem Instinkt und dem Drang zur Selbstbewegung eine erneute Steigerung erfahre. Aber auf den Höhepunkt und „zu sich" komme
dieser Wille erst im Menschen, in der bewussten Ergreifung der
Möglichkeit des Beharrens und der Bewegung, des Handelns
und Denkens, der Gegenstands- und Selbstgestaltung. Der ganze Schöpfungs- und Willensprozess spiegle und steigere und

erkenne sich erst im Menschen mit aller Deutlichkeit. – Wenn dem so ist, so waren wir, die Kämpfer des Ersten Krieges, nicht weit weg von dieser „Metaphysik". Im Gegenteil: Wir verwirklichten sie, diese Metaphysik; wir überführten sie von der Theorie in die Realität, in die „blutige Realität": indem wir unter größten Opfern um beinahe jeden Quadratzentimeter rangen. „Ihr habt gemacht, was sie gedacht", konnte mein Enkel immer wieder sagen. Und ich wiederholte dann oft sinnierend: Wir haben *gemacht*, was sie *gedacht*. Insofern taten wir etwas Absolutes, nicht etwas Bedingtes bloß! Kurios ist es aber schon, dass diese zwei Bereiche, die doch recht weit auseinanderzuliegen scheinen, in ihrem Kern identisch sein sollen. Kurios. Immer wieder, wer hätte es zählen können, dieses: „Auf, zum Angriff!" Immer wieder dieser Wille, nicht liegenzubleiben, sondern aufzustehen, immer wieder aufzustehn, vollkommen unabhängig davon, ob man „Lust" hatte oder nicht, völlig gleichgültig, ob es ein Aufstehen aus dem Granatloch war oder ein Aufstehen vom Strohbett des Feldlagers, gleichgültig, ob man trockene und saubere Kleider am Leib trug oder nasse und stinkende. Wie leicht wäre es doch gewesen liegenzubleiben!

Durchhalten, durchhalten – das war es. Und wir gewannen ihn, den Krieg gegen den Feind in uns. Wir gewannen ihn immer wieder. Es fiel uns zwar von Mal zu Mal schwerer, aber wir nahmen den Kampf immer wieder auf – und gewannen ihn immer wieder. Wir hielten lange durch, aber nicht lange genug. Es war die Heimatfront, die zuerst kapitulierte.

Der Krieg war verloren, als wir den Willen verloren. Doch den Willen verloren wir, die Soldaten, ich wiederhole es, muss es wiederholen, nicht zuerst, es war die Heimat, die diesen Willen zuerst verlor. Dies wäre nicht so tragisch gewesen, wenn man diesen Verlust schnell wieder hätte rückgängig machen können – aber das war ja nicht der Fall. Auch die Franzosen hatten, vor uns, diesen Willen verloren. Es war im April 1917, als im französischen Heer Soldaten den Gehorsam verweigerten und nicht in die vorderste Linie zurückkehren wollten. Die Frühjahrsoffensive der Franzosen war im Gange, und sie rannten sich unter ungeheuren Verlusten im Feuer vor allem unserer Artillerie fest. Und doch wurden sie von der Generalität immer wieder aufs Neue in dieses Feuer geschickt. Die Meuterei griff rasch um sich, so dass schließlich 115 Regimenter aus 45 Divisionen mit insgesamt etwa 40 000 Soldaten beteiligt waren. Es waren vor allem Einheiten, die an dieser Frühjahrsoffensive, man nannte sie nach General Nivelle „Nivelle-Offensive", beteiligt waren. Sogar die Zivilbevölkerung von kleineren frontnahen Städten unterstützte den Aufruhr. Und auch die Metallarbeiter in Paris und in anderen Industriezentren begannen zu streiken. Aber es gelang den Franzosen, ihren Willen zurückzugewinnen. Es war vor allem das Verdienst von Philippe Pétain, der den glücklosen Nivelle als Generalstabschef ablöste, und später auch des neuen Regierungschefs Georges Clemenceau, der das Vertrauen der Soldaten gewann, indem er viele Stunden an der Front verbrachte und mit glänzenden Reden den Willen seiner Landsleute aufzubauen und zu bestärken wusste. Immerhin wurden dann noch 554 Todesurteile von Militärgerichten verhängt und davon rund ein Zehntel auch ausgeführt! So weit gingen sie, glaubten sie gehen zu müssen, die Führungskräfte der Franzosen. Es gelang ihnen also, was uns 1918 nicht mehr gelingen sollte. Bei uns nahmen die demoralisierenden Kräfte zu, was beispielsweise die Gründung der Unabhängigen Sozialdemokratischen Partei (USPD) zur Folge hatte, deren wohl wichtigstes Ziel die Beendigung des Krieges war. Das war natürlich auch unser Ziel, das Ziel aller Parteien und Deutschen! Die Frage war ja nur, *wie* beenden, *unter welchen Bedingungen.* Die Meuterei der deutschen Hochseeflotte in Wilhelmshaven, die Bildung von Arbeiter- und Soldatenräten, die Revolutionen in München, Berlin und Wien besiegelten dann unser Ende.

Die Franzosen waren nicht stärker als wir. Sie hatten nur gelernt, mit ihrer Schwäche besser umzugehen. Das ist es, was man wissen muss: Es genügt bisweilen, um den Siegeskranz davonzutragen, mit der eigenen *Schwäche* besser umgehen zu können als die anderen.

Der Krieg, sagte ich, und ich sage es immer wieder, der Krieg, unsere Erfolge im Krieg wie unsere Schwäche in der zweiten Hälfte des Jahres 1918, war vor allem eine Willenssache. Denn unterlegen an Zahl, an Technik und den nötigen Rohstoffen waren wir ja bereits zu Beginn des Krieges, und zwar beträchtlich. Allein Frankreich hielt 1914 mehr Soldaten unter Waffen als Deutschland! Die Russen noch mehr! Deutschland stand an dritter Stelle, dann kam England, erst dann Österreich. Gegen Ende traten dann auch noch die Amerikaner auf den Plan, die noch nicht abgekämpft, vom Kampf noch nicht müde, noch im Vollbesitz ihres Willens waren.

Vielleicht auch hätten wir im Frühjahr 1918 nur unsere Strategie umstellen müssen, und zwar von einer Eroberungs-

auf eine Ermattungs- und Zermürbungsstrategie: statt mit der Frühjahrsoffensive zu beginnen, die zunächst für uns sehr erfolgreich verlief, dann aber von den Alliierten gekontert wurde und uns die Grenzen unserer Offensivkraft erneut und ein letztes Mal aufzeigte, hätten wir uns womöglich nur defensiv verhalten, also letztlich noch tiefer eingraben sollen. Schließlich standen wir ja im Feindesland und verwüsteten dieses Feindesland – nicht umgekehrt. Es ist anzunehmen, dass dann, nach Monaten und vielleicht Jahren, die Franzosen, vor allem die Franzosen, zerstritten mit den Engländern und Amerikanern, ihren Siegeswillen, ihre Nerven verloren und wir damit eine weitaus günstigere Verhandlungsposition innegehabt hätten, als es im November 1918 der Fall war.

Ein Krieger wird trübsinnig, wenn er erfährt, dass es am Ende nicht Tapferkeit, Kampfeswille und Strategie waren, die den Krieg entschieden haben, sondern politisches Taktieren und die bessere Mobilisierung der wirtschaftlichen und ernährungsindustriellen Ressourcen. Alles in allem fehlte uns wohl auch das Quäntchen Glück, das man braucht, um einen Krieg zu gewinnen. Denn tapfer waren wir, daran ist festzuhalten. Sind die Tapfersten doch manchmal die Glücklosesten! Das schrieb übrigens, Respekt!, ein Franzose, lange vor dem Ersten Krieg.

Wert und Würde eines Mannes werden von seinem Mut und seiner Willenskraft bestimmt; hierauf allein beruht seine wahre Ehre. Mannhaftigkeit bedeutet eben nicht Stärke von Armen und Beinen, sondern von Herz und Seele; nicht in der Vortrefflichkeit unseres Pferdes oder unserer Waffen besteht sie, sondern in unsrer eignen. Wer mit ungebrochnem Mut fällt – *wenn er gestürzt ist,* *kämpft er kniend weiter* –, wer angesichts nahender Todesgefahr keinen Augenblick die Fassung verliert, wer noch, wenn er die Seele aushaucht, seinen Feinden mit festem und trotzigem Blick ins Auge sieht, der ist nicht von Menschenhand niedergerungen, sondern vom Schicksal; er ist getötet, nicht besiegt.

Die Tapfersten sind manchmal die Glücklosesten. So gibt es triumphale Niederlagen, die es mit jedem Sieg aufnehmen können. Selbst die vier verschwisterten Siege von Salamis, Platää, Mykale und Sizilien – die schönsten, die je die Sonne sah – haben es niemals gewagt, ihren vereinten Ruhmesglanz dem der Niederlage des Königs Leonidas und der Seinen am Thermopylenpaß entgegenzusetzen.

Aber war unsere Niederlage eine von diesen Niederlagen? Das konnten wir nicht glauben. Dieser Sinn, diese Deutung unserer Niederlage, war uns verwehrt.

Die Ergebnisse unserer Niederlage, die, militärisch gesehen, ja eigentlich keine Niederlage war, sind bekannt: „Versailles"! Der Friedensvertrag von Versailles war eine einzige Demütigung. Selbst der Sozialdemokrat Scheidemann sprach vor der Nationalversammlung 1919 diese Sätze aus:

„Ich frage Sie: Wer kann als ehrlicher Mann – ich will gar nicht sagen als Deutscher – nur als ehrlicher, vertragstreuer Mann solche Bedingungen eingehen? Welche Hand müsste nicht verdorren, die sich und uns in solche Fesseln legte? Und dabei sollen wir die Hände regen, sollen arbeiten, die Sklavenschichten für das internationale Kapital schieben, Frondienste für die ganze Welt leisten! Den Handel im Auslande, die einstige Quelle unseres Wohlstandes, zerschlägt man und macht man uns unmöglich.

Und im Inland? Die lothringischen Erze, die oberschlesische Kohle, das elsässische Kali, die Saargruben, die billigen Nahrungsmittel Posens und Westpreußens, alles soll außerhalb unserer Grenzen liegen … Dieser Vertrag ist nach Auffassung der Reichsregierung unannehmbar. Der Vertrag ist so unannehmbar, dass ich heute noch nicht zu glauben vermag, die Erde könne solch ein Buch ertragen, ohne dass aus Millionen und aber Millionen Kehlen aus allen Ländern ohne Unterschied der Partei der Ruf erschallt: ‚Weg mit diesem Mordplan!'"

Ein Schandfrieden, in der Tat. Ein „Schandfrieden" sage ich, könnte diesen Frieden mit Überzeugung aber auch nennen „Erdrosselungsfrieden", „Vernichtungsfrieden", „Höllenfrieden", „Schmachfrieden", „Diktatfrieden". Was alles mussten wir abtreten – obgleich wir ja unbesiegt waren und auf dem Boden des Feindes standen. Wir mussten weggeben: Elsaß-Lothringen, Posen, Westpreußen, das Hultschiner Ländchen und das Memelgebiet. Danzig wurde Freie Stadt; das Saargebiet wurde 15 Jahre unter Völkerbundsverwaltung gestellt, die Kohlegruben fielen an Frankreich. Dann: der Verzicht auf die Kolonien, die Auslieferung des gesamten Kriegsmaterials, die Reduzierung des Heeres auf 100 000 Mann! Und Reparationen über Hunderte Milliarden von Goldmark! Sogar der Kaiser sollte ursprünglich ausgeliefert und als Kriegsverbrecher vor Gericht gestellt werden. Österreich verlor Südtirol, Triest, Istrien, Dalmatien und Gebiete in Kärnten und Krain, musste die Selbständigkeit Ungarns, der Tschechoslowakei, Polens und

Jugoslawiens anerkennen. Wofür hatten wir gekämpft? Wofür all die Entbehrungen durchgemacht? Wofür das Gemetzel? Wo lag der Sinn?

Versailles legte den Grund für das Kommende. Die Sieger waren vielleicht habgierig, vielleicht auch zu Recht erzürnt. Sie waren aber vor allem dumm. Schon 1917 schrieb Thomas Mann: „Wer ein nationales Deutschland wünscht – und kein nationalistisches; wer also wünscht, daß Deutschland weitherzig, frei, weitbürgerlich-gesittet und menschlicher Bildung grenzenlos zugetan sich erweisen könne; wer wünscht, daß in Deutschland *Kultur* auf lange hinaus überhaupt möglich sei …: der muß wünschen, daß Deutschland nicht gedemütigt und gebrochen werde, sondern unbesiegt, und das heißt siegreich, aus diesem Sturm hervorgehe. Die Niederlage, die nichts beweisende und empörende Niederlage durch Hunger, nach Taten und Leistungen, wie die Welt sie noch nicht sah, würde den Nationalismus zu furchtbarer, alles ausschließender, jede Geistigkeit in Bann schlagender Macht erharten lassen. Er gewänne fast jeden; die ihm noch Widerpart leisteten, wären wohl auch nicht die Besten; und der Berichtigungs-, der Wiederherstellungskrieg wäre nur eine Frage der Zeit – einer langen vermutlich, einer harten, finsteren, irrtumvollen Zeit." Dass Hitler, ich sage besser, dass ein Hitler, jemand von der Art Hitlers, käme –: Man musste kein Prophet sein, um es vorauszusehen.

Doch muss man eingestehen, dass die Gegner ein Vorbild für diese Art von „Frieden" hatten: uns selbst. Der Separatfrieden, den Deutschland mit Russland in Brest-Litowsk im März 1918 schloss, war nicht weniger demütigend und entlarvend.

Russland verlor 90 Prozent seiner Kohlevorkommen, ein Drittel der Bevölkerung, die Hälfte seiner Industrie sowie die gesamte Öl- und Baumwollproduktion. Was also uns in Versailles angetan wurde, das taten wir den Russen in Brest-Litowsk an.

War es vorstellbar, dass wir den Krieg noch verlieren würden, nachdem wir im Osten Frieden mit den Russen geschlossen hatten – und damit in der Lage waren, das Westheer durch die Kämpfer des Ostens verstärken zu können? Damals haben wir nicht daran gedacht, dass wir den Krieg noch verlieren könnten. Doch betrachtet man es nüchtern und aus heutiger Perspektive, so wurde der Vorteil des Friedensschlusses mit Russland mehr als egalisiert durch den Kriegseintritt der USA 1917. Sie warfen frische, noch nicht abgekämpfte Männer in die Schlacht – und Material, Kriegsmaterial, das unerschöpflich schien. Es ist nicht gerade heldenhaft, eine abgekämpfte Truppe auf diese Weise zu besiegen. Dafür muss man keine Achtung tragen! Ich mag sie nicht, die Amerikaner, auch heute nicht. Nicht allein der Erste Krieg ist schuld daran, sondern auch der Zweite, wo ich ebenfalls Kontakt zu ihnen hatte, wenn auch nicht als Frontsoldat, sondern als Mitglied des Volkssturms. Davon werde ich noch berichten. Könnte sein, es ist so etwas wie Ahnung, die in mir aufsteigt, dass Amerika uns und der ganzen Welt noch auf ganz andere Weise Unheil bringen wird, auf eine Weise, an der heute noch niemand denkt. Könnte etwa nicht wieder eine neue weltweite Wirtschafts- und Finanzkrise von Amerika ausgehen – wie es, ich habe es selbst erlebt, im Oktober 1929 der Fall war? Bis Juli 1932 fiel ihr Börsenindex von 381 auf 41 Punkte! Eine Geldvernichtungsmaschinerie ohnegleichen. Bislang. Das zog eine schwere Weltwirtschaftskrise nach sich und – den Aufstieg Hitlers. Das aus dem Finanzgebaren der Amerikaner folgende wirtschaftliche Desaster Anfang der 30er Jahre war, neben Versailles, der Humus, als Bauer könnte ich auch sagen: der Mist, aus dem die nationalsozialistische Bewegung mit Hitler an der Spitze erwuchs. Die Amerikaner haben im Zweiten Krieg bekämpft, was sie nur ein Jahrzehnt vorher mitverursachten. Folgt man diesem Gedanken, so kann man sogar behaupten: Ohne dieses unverantwortliche Finanzgebaren kein Zweiter Weltkrieg und keine Konzentrationslager! Versteht man jetzt, was die Zukunft betrifft, meine Skepsis gegenüber den Amerikanern?

*

Nun singen wir ein Nothelferlied:

Kommt her, ihr Christen insgemein, kommt her in Andacht groß und klein, lobpreiset Gott auf seinem Thron, frohlocket ihm im Feierton.
Auch du erhabne Jungfrau rein, Maria sollst gepriesen sein, führ uns, du Trost der Christenheit, einst zu des Himmels Seligkeit.

Aus Herzensgrund mit Preis und Dank schickt froh empor den Jubelsang, empor zum Vater und dem Sohn und zu Mariens Gnadenthron.

Singt auch den Vierzehnheiligen Preis dort in dem hohen Himmelskreis, sie flehen all für uns bei Gott und stehn uns bei in jeder Not.

Georg, du unerschrockner Held, dich nennt mit Ruhm die Christenwelt, die Siegeskrone schmücket dich, weil du gekämpft so ritterlich.
Wir kämpfen hier auf dieser Erd mit Sünd und Tod und eitlem Wert, mit Sinnlichkeit und allen Wehn, hilf, dass wir nicht verlorengehn.

O Blasius, du Gottesfreund, um deinen Schutz flehn wir vereint, auf Tiere drang dein Segen ein, o lass auch uns gesegnet sein.
Ja deinen Segen uns verleih, steh uns an Leib und Seele bei, und müßt es gleich gestorben sein, wir trügen freudig jede Pein.

Erasmus, du verklärter Held, sieh auf uns her vom Himmelszelt, gedenke auch fortan bei Gott der Witwen und der Waisen Not.
Oft schwer bedrängt und hoffnungslos beweinen sie ihr hartes Los, o nimm auf ihrer Leidensbahn dich aller als Vermittler an.

Pantaleon, du heilger Mann, dich rufen wir um Beistand an, den Blinden heilte deine Hand, ein Kind durch dich vom Tod erstand.
Die Sünde blendet unsern Sinn, das Licht der Seele flieht dahin, o wecke uns zum Leben auf und führe uns zu Gott hinauf.

Gewähre auch in jedem Leid uns deinen Schutz, o heilger Veit, in dir war Mut und Kraft vereint, drum floh vor dir der böse Feind.
Erhalte unserer Seele heil, wenn sie bedroht des Feindes Pfeil und schirme uns vor Qual und Not sowohl im Leben als im Tod.

O Christoph, großer Schutzpatron, der du getragen Gottes Sohn, zum Himmel trage uns hinauf, beschließt sich unser Lebenslauf.
In Feuers- und in Kriegsgefahr bring Gott für uns dein Flehen dar und bitt für uns vor seinem Sohn, wenn Krankheit droht und Hungersnot.

Sankt Dionys, durch den belehrt, sich Tausende zu Gott bekehrt, erhalte bis das Auge bricht in uns das wahre Glaubenslicht.
Man schlug dein heilig Haupt dir ab, du trugst es auf der Hand zum Grab, verlass auch unsere Seele nicht, wenn Gott dereinst ihr Urteil spricht.

O Cyriak, durch dessen Hand des Kaisers Tochter Hilfe fand, Märtyrer an Tugend groß, entreiße uns dem Sündenschoß.
Den Kranken hast du Heil erfleht, die Blinden sehn durch dein Gebet, o hilf uns, wir sind seelenkrank und ewig preist dich unser Dank.

Achatius, du Gotteslamm, dich rufen wir in Demut an, an Höllen- und an Erdenfeind uns siegend deine Größ erscheint.
Krank und verlacht vor aller Welt warst du von Engeln hergestellt, gib, dass wir fest im Glauben sein und lass uns deines Schutzes freun.

Eustachius, dein Tugendpreis ist hochberühmt im Erdenkreis, dir hat ein Wild einst auf der Jagd das Kreuzesbild des Herrn gebracht.
Voll Sanftmut und Geduld wie Job erwarbst du hier dir großes Lob, o lehr uns dulden so wie du glücklich sein durch Herzensruh.

Ägidius, der Einsamkeit hast du dein Leben fromm geweiht, errette uns durch deine Kraft von Sünden und von Leidenschaft.
Du warst von einem Pfeil verletzt, als man im Wald den Hirsch gehetzt, o wecke uns durch Gottes Pfeil aus unserm Schlaf zum Seelenheil.

O Margareta, hin zu dir erheben unsere Herzen wir, beschütz uns, wenn im Kampf der Welt der böse Feind uns Schlingen stellt.
Du bist der Frauen Helferin und ihres Wohls Beschützerin, steh ihnen bei in Kindesnot und trage ihr Gebet zu Gott.

O Katharina, Jungfrau rein, mit Ruhm gedenkt die Kirche dein, die Waisen führest du zum Licht und bebtest vor dem Kaiser nicht.
Bedecke du mit deinem Schild, die jetzt die Angst des Todes füllt, und gib auch uns am Lebensrand zum Siege deine Gnadenhand.

O Barbara, du Gottesbraut, vom Licht des Himmels überschaut, du bringest in der Pestgefahr dein Flehn für uns dem Höchsten dar.
In schwerem Kampf des Todes steht Gott allen bei auf ihr Gebet, verleihe drum uns seine Gnad, wann unsere letzte Stunde naht.

*

Hitler

Ich war auf dem besten Wege! Glaube es mir: Ich war auf dem besten Wege! Und wenn die Umstände nur ein wenig besser gewesen wären – ich hätte es geschafft. Ich hätte es geschafft, die „Sinnfrage" halbwegs vernünftig zu lösen: die Frage also zu beantworten oder doch wenigstens nicht mehr so wichtig zu nehmen, was unser vierjähriger Kampf denn wert war, wenn er doch nur zum Schandfrieden von Versailles führte. „Deutschland ist wehrlos, aber nicht ehrlos" – das sagte der sozialdemokratische Reichsaußenminister Hermann Müller 1919 zum Versailler Diktat. Das war gut gesagt. Mehr nicht. Aber mit Hitler hatte uns dann das Schicksal – er selbst nannte es „die Vorsehung" – ein Angebot gemacht, ein Angebot, das um so mehr verlockte, je schlechter die wirtschaftliche Lage wurde und je partikularistischer die Politiker agierten, das Ganze aus dem Blick verlierend. Deutschland, so meine Hoffnung, sollte wieder in den Blick gelangen, etwas werden, nicht allein zu alter Stärke und zu berechtigtem Stolze zurückfinden, sondern darüber hinaus zu Ansehen und Ehre bei den anderen Staaten gelangen.

Hitler, sage ich, war ein Angebot, das uns das Schicksal machte, ein verlockendes Angebot. Eines, das nicht rein irdisch zu sein schien. Allein die Attentate, die Hitler überlebte, gaben Anlass zu dieser Vermutung. „Vorsehung" (oder wie man es immer nennen mag) hätte im Spiel sein können, das dachte ich damals in der Tat. Aber als „gottgesandt" hatte ich ihn nie empfunden, zu keiner Zeit. Und wenn ich von „überirdisch" spreche, so wäre es vielleicht besser zu sagen: „unterirdisch". Die Mächte, mit denen er in Verbindung zu sein schien, hatten mir eher etwas mit der Unterwelt zu tun. Es lag etwas Ungeheures, Unheimliches in seiner Erscheinung. Doch als „dämonisch", wie man es heute gern tut, würde ich ihn nicht bezeichnen. Ihn der „Dämonie" zu zeihen beruht auf Denkfaulheit und spricht ihm zu viel Ehre zu. Vielleicht war er, zumindest für mich, eine Art Kaiserersatz. Ich habe in ihm und in seiner Partei eine Politik am Werk gesehen, die uns vom Versailler Diktat und von den geradezu grotesk-skurrilen Verirrungen der Zeit befreien werde. Zu diesen Verirrungen gehörte auch das große Durcheinander der Weimarer Demokratie. Was man da alles hören und lesen konnte! Welche Parteien mit welchen Zielen es da alles gab! Als Hitler in einer Rede rief, dass er gegen diese schamlosen Gruppierungen intolerant sein werde, da wollte ich nicht widersprechen: Es gab ja Gruppierungen und Parteien, die unseren Einsatz an der Front als unsinnig, ja unehrenhaft abtun wollten. Es sei nicht unwahrscheinlich, das habe ich sehr viel später in der Literatur über Zyklentheorien gelesen, dass aus solch irrer Demokratie eine Diktatur entstehe, die dadurch sogar eine gewisse Legitimation erhalte – jedenfalls dann, wenn sie das Allgemeinwohl über das Partikularinteresse stellt! Damals wusste ich nichts von solchen Theorien. Und keinesfalls habe ich Hitler Anfang der dreißiger Jahre als Diktator wahrgenommen, geschweige denn etwas von den Verbrechen geahnt, die zu begehen er im Begriffe stand. Ich habe ihn erlebt als – untypischen – Politiker, der wiederherstellen wird, was uns verlorengegangen ist, der uns Deutsche zu einer Volksgemeinschaft führen und so fortsetzen würde, was der Kaiser bei Ausbruch des Krieges wollte: dass es nur noch Deutsche gebe, keine Parteien! Einerseits habe ich ihn als einen von uns, also als Mann des Volkes, gesehen (wäre er im Krieg in meiner Kompanie gewesen, so hätte ich, als Unteroffizier, ihm, als Gefreitem, sogar befehlen dürfen!); andererseits aber habe ich ihn durchaus als außeralltäglich, ja als charismatisch und jenseits aller Hierarchien empfunden. Hitler war aber, davon bin ich heute überzeugt, kein Charismatiker von Geburt, wie es der Begriff ja nahelegt. Vielmehr – typisch modern – war sein Charisma durch und durch *gemacht*: von ihm selbst zunächst, dann vom Partei- und schließlich auch vom Staatsapparat. Ich sah es ihm vielleicht schon damals an, aber durch das, was ich nach dem Krieg gelesen habe, weiß ich es jetzt bestimmt: Sein Charisma war erdacht und konstruiert. Er erfand es. Es war harte Arbeit. Und es war eine Meisterleistung. Er hatte sich einen „Stil" zugelegt und diesen erst erfinden müssen. Stil finden heißt: Das Negative der Person abtragen – und auch damit war Hitler „gesegnet", man denke doch nur an seine bescheidene Schulbildung und die familiären Verhältnisse, die er, soweit es ging, verschwieg und sich im Münchner Bürger- und Großbürgertum umtat –, das Negative also abtragen und das von Natur Positive ausbilden und, soweit nicht vorhanden, neu bilden, künstlich-künstlerisch bilden. Stil-Findung –: das war Hitlers Sache, das hat ihn großgemacht. Alle weiteren Stilfindungen, die dann nach Hitler folgen sollten, waren ein matter Abglanz dieser einen großen Stil-Findung. Und sollte es tatsächlich einmal eine Zeit, eine Kultur geben, die „Stil" und „stylish" oder dergleichen zu einem ihrer Zentren macht: sie würde eine Hommage an die Stil-Findung Hitlers sein. Nicht mehr, nicht weniger!

Es gab wenige Vorbilder für Hitler, Mussolini vielleicht, aber der war zu italienisch für die deutsche Szene und Atmosphäre, fast schon lächerlich für deutschen Ernst und deutsche Schwermut. Aber die Schauspielerei – dass man seine Gestik, seine Wortwahl und Tonlage einzustudieren habe, als Politiker, der auf Wirkung aus ist, einzustudieren habe –: das wenigstens konnte Hitler von Mussolini lernen.

Und recht bedacht: Ohne die Masse, die zu überzeugen war, ohne das Volk, das „Souverän" war, zumindest offiziell Souverän war, wäre Hitler nicht der geworden, der er dann war. Unvorstellbar, dass er unter einer konstitutionellen Aristokratie oder Monarchie zu dieser Geltung gekommen wäre. Es war die Demokratie, die Hitler an die Macht gebracht hat! Gut, eine spezifische Form der Demokratie, eben die Weimarer Republik, kombiniert mit einer gewissen Weltlage, einer politischen und ökonomischen Weltlage. Das einzusehen ist für Freunde der Demokratie vielleicht bitter. Aber es ist die Wahrheit. Die Demokratie birgt viele Chancen, aber nicht weniger Gefahren. Wer sieht diese heut noch? Wer will sie noch sehen?

Zunächst war ich Hitler gegenüber freilich skeptisch, sehr skeptisch. Es gab ja so viele Parteien und so viele politische Scharlatane. Warum hätte es bei Hitler und der NSDAP anders sein sollen? Aber man hörte von ihm und der Partei immer wieder und immer lauter, dass „Versailles" revidiert – zunichte gemacht werden muss und dass er und seine Partei allein es schaffen werden. Zuletzt glaubte man, glaubte ich daran. Die

Partei hatte, würde man heute sagen, eine gute Werbeabteilung, *public relations.* Das hundert- und tausendfache Wiederholen gehört heute zum Bestand unserer Wirtschaft und Kultur wie die Pfeile zum Bogen. Rückblickend muss ich erkennen: Zum ersten Mal habe ich dieses Prinzip bei der NSDAP wahrgenommen! Die Botschaften der Partei, so Hitler, müssen so einfach sein und so oft wiederholt werden, bis sie der Dümmste verstehe. „Verständlichkeit für die Dümmsten": Mir scheint, auch davon hat unsere heutige „Kultur" viel, sehr viel gelernt.

Und dann nahmen die Wählerstimmen der NSDAP ja auch kontinuierlich zu! Man ließ sich da gerne mitziehen, ich gestehe es. Gemeinschaft, Volksgemeinschaft, nationale Revolution – das war nichts Geringes. Und schließlich war ja auch das politische Vorgehen Hitlers zur Erlangung der Macht, insbesondere des Amtes des Reichskanzlers, beeindruckend, da es, zumindest was das offizielle parlamentarische Vorgehen betrifft, im Rahmen der Gesetze der Weimarer Republik stattfand.

Die Erfolge Hitlers und der NSDAP bewogen mich schließlich, in die Partei einzutreten. Ja, ich war Mitglied. Ich trat 1932 bei. Mitgliedsnummer: 1 216 490. Offizielles Eintrittsdatum: 1.8.32. Ich bekenne mich zum Eintritt. Aus meiner damaligen Sicht ein verständlicher Schritt. Danach, will sagen: mit dem Wissen von heute, ist man freilich klüger. Daher kann man meinen Eintritt in die Partei verurteilen. Heute würde ich freilich nicht mehr eintreten. Aber so zu denken ist dumm. Man muss meine damalige persönliche und die damalige politische Situation insgesamt bedenken und verstehen. Dann erst kommt man zu einem ernst zu nehmenden Urteil.

Freilich schwebt mir nicht vor, mich hier, auf diesen Seiten, reinzuwaschen. Schuld habe ich, haben wir damals wohl auf uns geladen, als wir zu Hitler „übergelaufen" sind und auch unser Dorf im Sinne der „nationalen Idee" umzugestalten bestrebt waren – und sei es nur in dem äußerlichen Sinne, dass wir die „Vorstadt", die Straße, in der ich wohnte, in „Hermann-Göring-Straße" umbenannten und den „Marktplatz" in „Adolf-Hitler-Platz". Aber es ist eine, wie soll ich sagen, hochkomplexe Schuld – es ist jedenfalls keine Schuld im naiv-einförmigen Sinne, wie heute immer wieder, aus der sicheren Distanz, viele moralisierende Zeitgenossen wähnen.

Abb. 8 Ende der dreißiger Jahre, mit Mitgliedern des Kriegervereins Marktgraitz

Hier ein Bild von mir, wohl aus dem Jahre 1938, aufgenommen bei einem Fest, ich weiß nicht mehr, welchem, jedenfalls natio-nalsozialistisch geprägt wie fast jedes Fest zur damaligen Zeit.

Ich bin der zweite von links. Obgleich Mitglied der Partei, trug ich doch keine Hakenkreuzbinde. Im Grunde bin ich wohl gar kein „Parteimensch". Aber war denn Hitler, die „Künstlerexistenz", einer? Die Partei war ein Mittel, ein notwendiges Mittel, wie ich damals dachte. Sie war kein Selbstzweck.

Im Zweiten Krieg war ich übrigens kein Soldat, wenn man meinen Dienst als Volkssturmmann in den letzten Monaten des Krieges nicht dazuzählen will. Denn offiziell waren wir ja Kombattanten und trugen – vorschriftsmäßig nach Haager Landkriegsordnung – Hoheitsabzeichen. Ich hätte mich aber freiwillig zum Kriegsdienst melden können. Ich tat es nicht. Warum? Die Antwort ist einfach: Ich war im Ersten Krieg gewesen! Ich wusste, was kommt, ich kannte den Krieg.

Ein weiterer Grund meines NSDAP-Beitritts mag wohl auch die Gefahr aus dem Osten, der Kommunismus und Bolschewismus, gewesen sein. Aber hier erinnere ich mich nicht mehr so genau. Schon im Ersten Krieg waren die Russen, damals ja mit uns immerhin über das Christentum verbunden, eine große Gefahr. Allein „Tannenberg" verhinderte Schlimmeres. „Tannenberg" – das war ein großer Sieg. Man redet heute von einem Mythos. Vom Mythos Tannenberg und vom Mythos Hindenburg. Man meint das heute kritisch. Aber kann ein Mensch ohne Mythen leben? Jedenfalls hat uns „Tannenberg" vor der russischen Invasion bewahrt. Die Russen hatten das größte Heer in Europa: sechs Millionen Mann standen unter Waffen. Sie hatten die Grenze nach Deutschland überquert und kamen in Ostpreußen gut voran. Dann kam es Ende August zur „Schlacht bei Tannenberg" – ein Begriff, der von Hindenburg erfunden wurde. Vorher war die Rede von der „Kesselschlacht bei Gilgenburg und Hohenstein" oder der „Schlacht bei Allenstein". Tannenberg lag zwischen Gilgenburg und Hohenstein. Und Hindenburg, Militär aus Natur und sonst nicht besonders glücklich in politischen Angelegenheiten, erkannte, was es für das deutsche Bewusstsein bedeutete – bedeuten könnte, dass mit dem Namen der Stadt, mit dem man die 1410 erlittene Niederlage des deutschen Ordensheeres gegen die Litauisch-Polnische Union benannt hatte, nun der triumphale Sieg von 1914 bezeichnet werden konnte.

Die Angst vor der russischen Gefahr war also gewissermaßen in mir angelegt. Und dass ich schon in den zwanziger und dreißiger Jahren den Kommunismus als noch größere Gefahr als den russischen Zarismus erkannt habe, scheint mir sicher. „Der Kampf gegen den Bolschewismus" – er wurde ja nicht von Hitler erfunden. Und nach allem, was man heute weiß, war die Weltherrschaft des Kommunismus für Stalin nicht allein eine theoretische Vorstellung. Er hätte wohl auch Deutschland angegriffen, nur schien ihm die Zeit dafür noch nicht gekommen, da er die Rote Armee noch nicht nach seinen Vorstellungen durchorganisiert und aufgerüstet hatte. Der Kampf gegen den Bolschewismus: Das war letztlich eine europäische Idee, und er wurde selbst von demokratisch gesinnten Nationen gewünscht – freilich nicht unter der Führung Hitlers. Schließlich stellte sogar der „Erzfeind", die Franzosen, neben Letten, Ukrainern, Litauern, Ungarn, Slowaken, Belgiern, Niederländern und Spaniern, eine Freiwilligenlegion auf, um sich auf deutscher Seite am Kampf gegen den Bolschewismus zu beteiligen, die „Légion des Volontaires Français contre le bolchévisme" (LVF). Es meldeten sich 12 000 Kämpfer. Im Juli 1941 wurde mit ihnen ein Regiment, das Infanterieregiment 638, aufgestellt und der 7. Infanteriedivision eingegliedert. Als die Legion südlich von Warschau versammelt wurde, ging an sie die folgende Botschaft General Pétains, also des Generals, der im Ersten Krieg einer unserer schärfsten Gegner war und entscheidend dazu beitrug, dass uns der Durchbruch bei Verdun nicht gelang:

> „Am Vorabend der euch bevorstehenden Kämpfe bin ich glücklich zu wissen, dass ihr nicht vergesst, einen Teil unserer militärischen Ehre mit euch zu führen … Indem ihr an diesem Kreuzzug teilnehmt, dessen Führung Deutschland übernommen hat, erwerbt ihr berechtigte Ansprüche auf die Dankbarkeit der Welt und tragt dazu bei, die bolschewistische Gefahr von uns abzuwenden. Es ist euer Land, das ihr so verteidigt, indem ihr gleichzeitig die Hoffnung auf ein wiederversöhntes Europa rettet."

Das eigene Land verteidigen und die Hoffnung auf ein wiederversöhntes Europa retten: Das mochte damals sehr idealistisch gedacht sein – mit dem Teufel den Beelzebub austreiben zu wollen war schon immer gefährlich, ja unmöglich –, aber es war kein Unsinn zu denken, dass der Bolschewismus mit der Doktrin der Weltrevolution für die Freiheit Europas eine wirkliche Gefahr darstelle. Hitler und seine Partei vertraten auch in diesem Punkt eine eindeutige Position. Dass er freilich schon in Kürze dieses Riesenreich selbst anzugreifen gedachte – das kam mir damals nicht in den Sinn. Und es fand nie meine Zustimmung.

Gewonnen hatte mich Hitler ganz, als man unter seiner Regierung günstige Kredite aufnehmen konnte. Mit solch einem Kredit renovierte ich mein ererbtes Vaterhaus und erweiterte es um ein Stockwerk. Zudem kaufte ich mit diesem Geld zwei Äcker der Marktgraitzer Flur „Langes Maas". Das war 1934. Ich nahm eine Hypothek auf unser Wohnhaus sowie einige Äcker und Wiesen auf, und zwar in Höhe von 1 500 Goldmark zu vergleichsweise günstigen Konditionen: mit Zinsen zu fünfeinhalb, „unter Umständen" höchstens zu 12 Prozent. Aber der Zinssatz blieb tief, so dass ich bereits bis 1942 die Hypothek abtragen und der Eintrag ins Grundbuch Marktgraitz wieder gelöscht werden konnte. So rasch konnte ich mich entschulden.

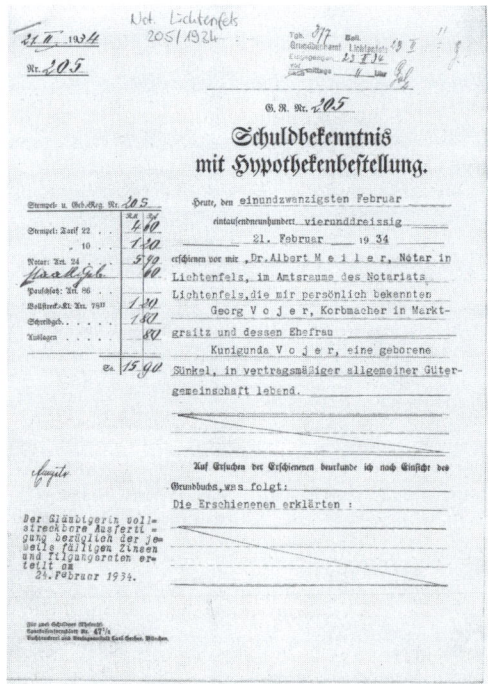

Abb. 9 Die erste Seite der Notariatsurkunde

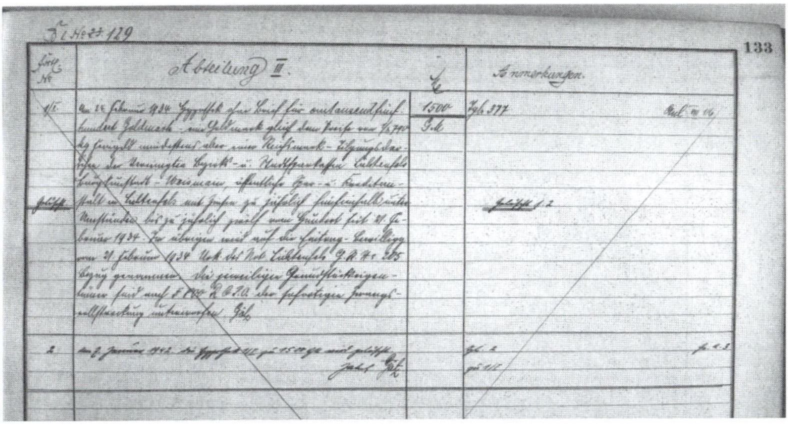

Abb. 10   Grundbuch Marktgraitz, Bd. 7, S. 133; letzte Zeile: „Am 7. Januar 1942. Die Hypothek zu 1500 GM wird gelöscht."

Ohne Hitler, das war meine Überzeugung, hätte es diese Kredite mit dem günstigen Zinssatz nicht gegeben. Auch war es ja Hitler, der erst geschaffen hatte, was man heute ein „günstiges Investitionsklima" nennt: Die Regierung wollte, dass wir investierten, dass wir durch unsere Investitionen für Arbeit bei den Handwerkern sorgten. Und war es nicht Hitler mit seinen Genossen, der zwischen 1933 und 1936 die ökonomische Krise in einem Maße bewältigte, wie es sonst in keinem Land der Welt der Fall war? 1936 gab es keine Arbeitslosigkeit mehr in Deutschland, vor 1933 hatten wir sechs Millionen Arbeitsuchende! Das war schon beachtenswert, ja erstaunlich. Es nötigte Respekt ab! Erwähnenswert ist hier vielleicht auch, dass der Nationalsozialismus es war, der einführte, was man heute „Massentourismus" nennt. Positiver ausgedrückt: Reise und Erholung sollten nicht allein auf die Reichen beschränkt bleiben, sondern allen, auch den ärmeren Bevölkerungsschichten, ermöglich werden. Hierzu wurde die Organisation „Kraft durch Freude" gegründet. Auch der dem Arbeiter zustehende bezahlte Jahresurlaub wurde durch Hitler auf zwei bis drei Wochen ausgedehnt. Das will man heute nicht mehr sehen. „Moralität", politische Korrektheit, kann auch blind machen. Freilich: Bei dieser erstaunlichen Leistung der Regierung Hitler spielte, wie man heute weiß, die Aufrüstung eine wichtige Rolle, die Aufrüstung, die dann zu Deutschlands Unglück führte. 1938 hatte Deutschland mit 7,4 Milliarden Dollar den höchsten Verteidigungs-, sagen wir besser: Militärhaushalt. Großbritanniens und Frankreichs Verteidigungshaushalte betrugen zusammen nur 2,8 Milliarden. Der der UdSSR belief sich übrigens auch schon auf 5,4 Milliarden Dollar. Aber Deutschland hatte ja unter dem Diktat von Versailles seine Rüstungsausgaben in den Jahren zuvor stark einschränken müssen, hatte also Investitionen nachzuholen, um mit den anderen Mächten wenigstens wieder gleichzuziehen, was freilich bis zum Ausbruch des Krieges nicht gelang. Unsere Erfolge von 1939–1941 hatten andere Gründe.

Aber ich habe mich auch wieder entfernt von Hitler und seiner Partei – lange vor seinem unsäglichen Ende im Bunker unter der Reichskanzlei. Übrigens wurde ich aus der Partei ausgeschlossen, und das sogar zweimal. Doch wurde ich beide Male auch wieder aufgenommen, nachdem ich Widerspruch eingelegt hatte. Das war 1933/34 und 1942/43. Beide Male hatte ich meine Beiträge nicht überwiesen, jeweils über mehrere Monate hinweg. Mit einem Grinsen sage ich heute: Wir waren eben sparsame Leute. Ich war Mitglied der NSDAP. Aber sollte ich die Parteibonzen bezahlen? Sollte ich Görings Leibesfülle finanzieren? Dazu hatte ich keine rechte Lust.

Aber ich muss sagen, dass diese beiden Parteiverfahren fair verliefen, auch mit heutigem Maßstab gerechnet. Zum Beweis zeige ich hier gerne das Urteil des zweiten Verfahrens vor, das ich mir sehr viel später erst, nach Gründung der Bundesrepublik, aus dem Bundesarchiv habe zukommen lassen. Hier die drei Seiten des Urteils.

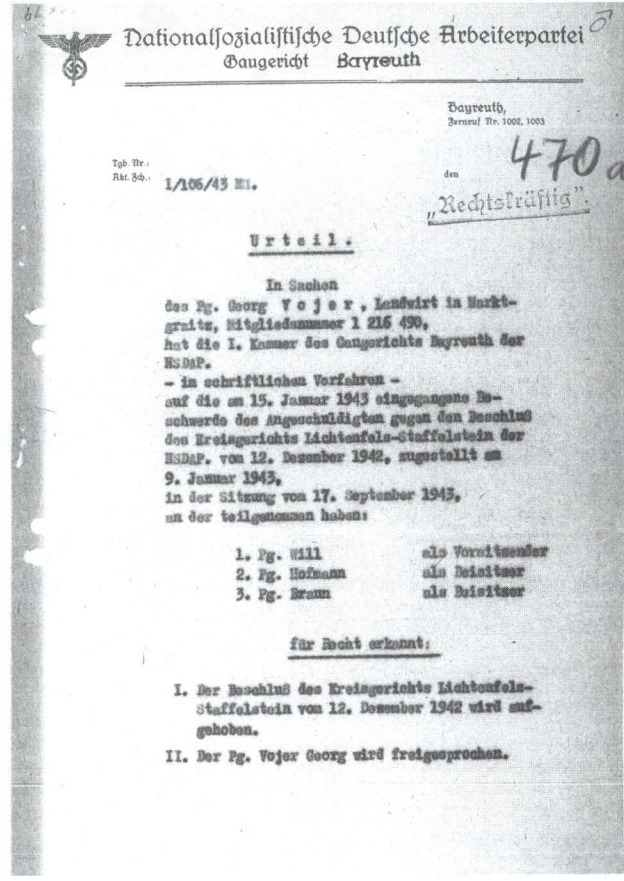

Abb. 11   Die erste Seite des Urteils zur Aufhebung meines Parteiausschlusses

G r ü n d e :

Das Kreisgericht Lichtenfels-Staffelstein hat
mit Beschluß vom 12. Dezember 1942 den Ausschluß
des Angeschuldigten aus der NSDAP. beantragt. Die
vom Angeschuldigten dagegen frist- und formgerecht
eingereichte zulässige Beschwerde ist begründet.
      Der 53jährige, verheiratete Angeschuldigte ist
Kleinlandwirt und bewirtschaftet ca. 3,5 ha. eigenen
Grundbesitz. In den Wintermonaten arbeitet er noch
als Korbmacher-Heimarbeiter.
      Seit 1.8.1932 ist er unter der Nummer 1 216 490
Mitglied der NSDAP., Ortsgruppe Marktgraitz.
      Der Angeschuldigte wurde der böswilligen Partei-
beitragsverweigerung und Verweigerung der Spendenzahlung
zur NSV. und dem Deutschen Roten Kreuz beschuldigt.
      Der Angeschuldigte verteidigt sich damit, daß er
dadurch in wirtschaftliche Bedrängnis gekommen sei,
daß sein Sohn ihn immer geldlich unterstützt habe, was
durch dessen Einberufung zur Wehrmacht weggefallen sei,
sodaß er sich auch außerstande gesehen habe, seine
Parteibeiträge und sonstigen Spendenbeträge zu bezahlen.
Nachdem ihm in der Zwischenzeit Familienunterstützung
gewährt werde, sehe er sich auch wieder imstande, seinen
Beitragsverpflichtungen nachzukommen.
      Nach Mitteilung des Ortsgruppenleiters von Markt-
graitz ist Vojer in der Zwischenzeit seinen Zahlungs-
verpflichtungen restlos nachgekommen. Auch für das Rote
Kreuz hat er inzwischen wieder gespendet.

Abb. 12   Die zweite Seite des Urteils zur Aufhebung meines Parteiausschlusses

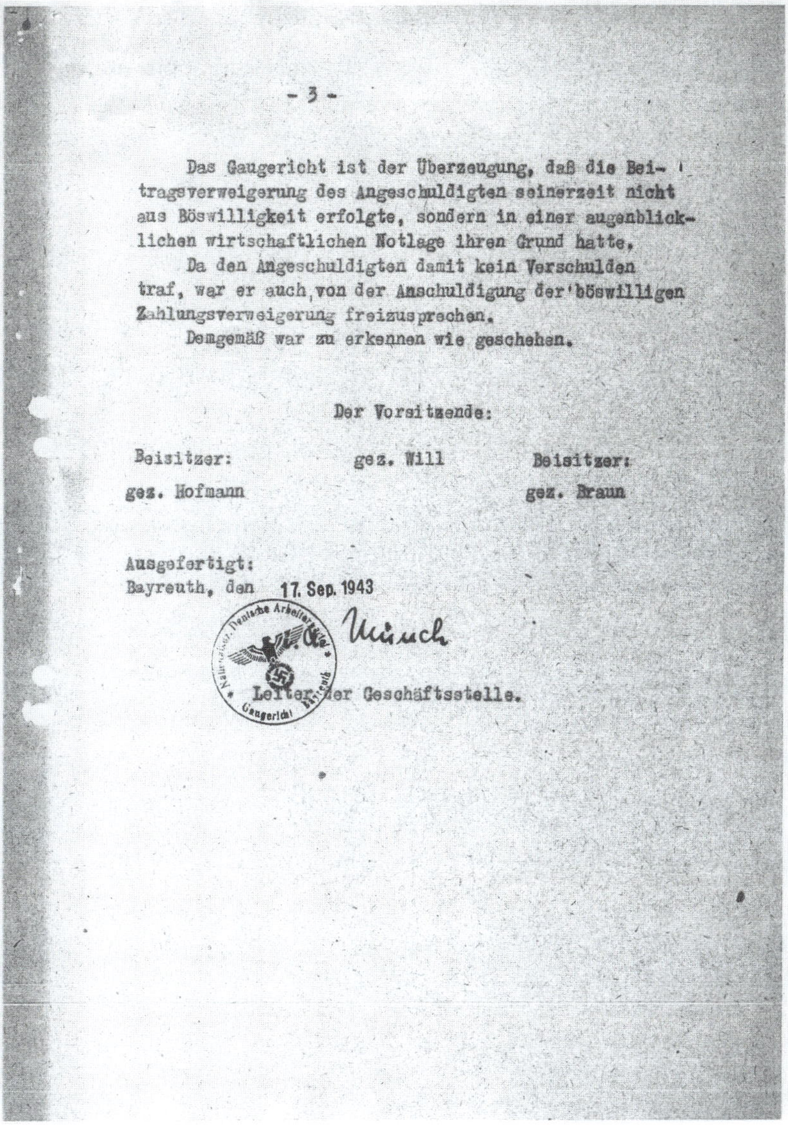

- 3 -

Das Gaugericht ist der Überzeugung, daß die Beitragsverweigerung des Angeschuldigten seinerzeit nicht
aus Böswilligkeit erfolgte, sondern in einer augenblick-
lichen wirtschaftlichen Notlage ihren Grund hatte.
Da den Angeschuldigten damit kein Verschulden
traf, war er auch von der Anschuldigung der böswilligen
Zahlungsverweigerung freizusprechen.
Demgemäß war zu erkennen wie geschehen.

                    Der Vorsitzende:

Beisitzer: gez. Will   Beisitzer:
gez. Hofmann   gez. Braun

Ausgefertigt:
Bayreuth, den   17. Sep. 1943

                       Münch
                   Leiter der Geschäftsstelle.

Abb. 13 Die dritte Seite des Urteils zur Aufhebung meines Parteiausschlusses

Aus meiner heutigen Sicht ist das alles ein wenig skurril. Aber
man kann auch sehen, dass sich die Genossen vom Gaugericht

Bayreuth wirklich Mühe gaben, mir einfachem Mann einen Dienst zu tun. Anders als Göring und andere hochrangige Parteigenossen lebte ich zwar nicht in Saus und Braus. Aber natürlich wäre ich auch dann nicht verhungert, wenn ich die Beiträge rechtzeitig entrichtet hätte.

Ich hatte mich, sagte ich vorher, mit der Zeit von Hitler und der Partei innerlich entfernt. Von Parteibonzen, die sich ein Vermögen zusammenstahlen, will ich hier gar nicht reden: Sie ließen sich durch die Macht korrumpieren und hatten mit uns einfachen Parteigenossen nichts mehr gemein. Es war vor allem der Größenwahn Hitlers, sein Realitätsverlust, der mich skeptisch stimmte – eine Skepsis, die permanent bestärkt wurde durch die Niederlagen, die Deutschland an den Fronten mehr und mehr hinnehmen musste. Wir führten ja nicht allein einen Zwei-Fronten-Krieg, den wir im Ersten Krieg so sehr fürchteten – wir führten einen Mehrfronten-Krieg. Diese vielen militärischen Unternehmen und Nebenunternehmen waren nicht erfolgreich zu Ende zu führen, das sagte einem schon der gesunde Menschenverstand – zumal im Verlauf des Krieges ja auch mehr und mehr Verbündete und Waffengefährten die Seite wechselten.

Zuletzt war es die Katastrophe in Rumänien im August 1944, seit der mein Sohn vermisst wird, die meinen Glauben an Hitler als ein „höheres", durch „Vorsehung" erkorenes Individuum, den Glauben an den „Führer" mit dem ihm eigenen Heroenrecht vollständig zerstörte: Auch er war nur ein Mensch wie jeder andere, höhergestellt und gemacht allein von hilfsbedürftigen, eben eines Führers bedürftigen Menschen. Die schweren operativen Fehler, die vor allem an der Ostfront gemacht worden sind – und deren letzte Verantwortung beim Führer, dem Oberbefehlshaber der Wehrmacht, lag –, waren zu gravierend, zu menschlich, als dass der sie zu Verantwortende noch als genial oder gar übermenschlich hätte gelten dürfen. Und so war auch Hitlers Abtreten, sein Selbstmord im Bunker unter der Reichskanzlei, für mich weitaus weniger erschütternd als das Abdanken und die Vertreibung unseres Kaisers. Ich hatte lange vor Hitlers Selbstmord den Glauben an ihn verloren. Auch zeigte er sich ja nicht mehr in der Öffentlichkeit. Deutschland war lange vor Ende des Krieges führerlos.

Zu meiner NSDAP-Mitgliedschaft ist abschließend noch zu bemerken: Ich musste mich nicht dem sogenannten Entnazifizierungsverfahren unterziehen. Den Meldebogen der Spruchkammern – sie wurden von Laienrichtern geleitet – musste ich zwar ausfüllen. Aber zum eigentlichen Verfahren kam es nicht. „Man", ich weiß nicht, wer beteiligt war, entschied, dass in meinem Falle die Sache eingestellt wird. Ich war dann wohl ein eher harmloser „Parteigenosse".

＊

Herr, allmächtiger und barmherziger Gott, Vater, Sohn und Heiliger Geist, befreie diesen Menschen von allen Einflüssen des Bösen, Vater, im Namen Christi bitte ich dich, dass du jede Kette, die der Teufel über diesen Menschen hat, zerbrichst. Vergieße das kostbarste Blut deines Sohnes über diesen Menschen. Damit sein unbeflecktes und heilbringendes Blut jegliche Einflüsse über seinen Körper und seinen Geist vernichtet. Darum bitte ich dich auf die Fürsprache der allerseligsten Jungfrau Maria. Heiliger Erzengel Michael, tritt für diesen Menschen ein, komm ihm zu Hilfe. Im Namen Jesu befehle ich allem Bösen, das irgendeinen Einfluss auf diesen Menschen haben kann, dass es für immer verschwinden soll.

*

Vater und Sohn, Litanei und Stoßgebet, statischer und dynamischer Krieg

Man unterschlägt Entscheidendes, wenn man den Begriff „Krieg" undifferenziert verwendet. Wie es verschiedene Religionen gibt, so gibt es verschiedene Kriege, verschiedene Arten der Kriegsführung. Der Erste Weltkrieg, in dem ich Krieger war – als Gefreiter zunächst, dann als Unteroffizier und zuletzt als Feldwebel –, wurde anders geführt als der Zweite, in dem mein Sohn als Gefreiter gefallen ist; der Erste Krieg *war* anders als der Zweite. Im Ersten Krieg musste ich, der ich im Westen kämpfte, vorrücken, dann wieder zurückgehen. Dann wieder vor – und wieder zurück. Kaum wurden Geländegewinne gemacht; und wenn doch, so war dieser Gewinn, mit unsäglichem Leid errungen, nach kurzem schon wieder dahin, da der Feind das von uns gewonnene Land zurückeroberte. Die Kriegserfahrung im Zweiten Weltkrieg, damit die meines Sohnes, Soldat der 6. Kompanie des Grenadier-Regiments 587 der 320. Infanterie-Division der 6. Armee, war eine gänzlich andere. Sie war Bewegung in eine Richtung, entweder nach vorn oder zurück. Am Anfang, aus der Sicht unserer Wehrmacht, nach vorn, gegen Ende, als mein Sohn mit 18 Jahren Kämpfer wurde, zurück. Mein Krieg war statisch, seiner dynamisch – und die Geschwindigkeit des Zweiten, die raumgreifende, raumvernichtende Bewegung der Streitkräfte, im Vergleich mit dem Ersten Krieg geradezu schwindelerregend. Ich stand und saß und lag neben den eigentlichen Kampfhandlungen auch lange im Schützengraben und konnte mich in den Ruheort hinter der Front zurückziehen, mehrere Tage und manchmal sogar, nach besonders schweren Kämpfen, zwei, drei Wochen; ich konnte mich hier also von den Frontkämpfen erholen, wenn man das „Erholung" nennen will: wartend mit Ungewissheit und Bangen. Wenn ich dann wieder an die Front vorrückte, war mir die Umgebung bekannt, es war, möchte ich sagen, alles beim alten. Mein Sohn aber hatte am Ende, wie alles stand und lag, noch nicht einmal die Zeit, seine Umwelt genauer wahrzunehmen, geschweige denn Zeit zum Grübeln. Die 6. Armee, der mein Sohn angehörte, wurde in sechs Tagen vernichtet! Das war nur möglich durch Bewegung: durch den schnellen Vorstoß und die Einkesselung durch den Gegner, verbunden mit der Unordnung der deutschen Divisionen, die durch den überstürzten Rückzug ausgelöst wurde. Das will ich Dir, lieber Leser, noch erläutern. Religiös gesprochen, denn wir sind ja hier auf einer Wallfahrt, auf der Wallfahrt nach Vierzehnheiligen: War mein Gebet die Litanei, so war seines das Stoßgebet. Denn Litanei, das ist: Immer und immer wieder dasselbe beten über einen längeren Zeitraum hinweg; ein Stoßgebet dagegen wird nicht wiederholt, es wird einmal gebetet, und es ist eine Sache von Sekunden oder auch nur vom Bruchteil einer Sekunde. Mehr Zeit dürfte meinem Sohn am Ende dann auch nicht zugeteilt worden sein in seinem Erdloch. Wenn er denn auf diese Weise umgekommen sein sollte.

War mein Gebet die Litanei,
seines war das Stoßgebet.
War mein Ort der Graben,
seiner war der weite Raum.

Bezeichnend ist ja, dass es Erinnerungsorte des Krieges nur für den statischen, den statisch geführten Krieg gibt – Erinnerungsorte, die auch heute noch im Gedächtnis unseres Volkes geblieben sind. Verdun ist ein typischer Erinnerungsort: das verlustreiche monatelange Ringen, letztlich ohne nennenswerten Geländegewinn, hat sich tief eingeprägt ins Bewusstsein, es wird hervorgerufen, in Erinnerung gerufen, durch das Aussprechen des Namens „Verdun". Welche Erinnerungsorte gibt es für uns Deutsche für den Zweiten, also den dynamischen Weltkrieg? Vielleicht nur einen: Stalingrad. Und das ist eben der Ort, wo der Zweite Krieg seine Wende nahm, wo er – für kurze Zeit – statisch wurde, wo Hitler den Befehl gab, sich einzugraben in den Ruinen dieser Stadt – und damit war nicht allein die Stadt, sondern der ganze Krieg verloren, verloren für den Angreifer, der seine ersten großen Erfolge aus der Bewegung heraus und mit der Wucht der Bewegung errang.

Verdun und Stalingrad, Orte der Niederlage: für uns Deutsche auch heute noch die bekanntesten Erinnerungsorte der beiden Weltkriege! Orte lang anhaltender Kämpfe, Orte der Niederlage! Warum nicht Tannenberg, noch nicht einmal Tannenberg, wo wir im Ersten Krieg den größten Erfolg feierten? Warum nicht Minsk und Smolensk, wo wir im Zweiten Krieg in Kesselschlachten große Siege errangen?

Der Dynamismus kennt keine Orte mehr, er kennt nur noch Raumgewinn, Raumverkürzung, Raum- und Ortsvernichtung. Das gilt auch für die heutige Friedenszeit – mit Millionen an Verletzten und Toten im Verkehrswesen, jährlich und weltweit gerechnet! Ja, die dynamische, raumgreifende Kriegsführung des zweiten Weltkrieges setzte sich fort in der Beschleunigungskultur der Friedenszeit. Beschleunigung ist ein Krieg gegen den Ort, im letzten gegen alle Differenz und gegen den Menschen. Was also Dynamismus und Beschleunigung betrifft, sind Frieden und Krieg enger aneinander gebunden, als man gemeinhin meint. Im Krieg (im Frieden auch?) muss man das Vorrücken bisweilen verlangsamen, hemmen – nicht weil man es abschwächen will, sondern um es zu sichern: der Nachschub muss herangeführt, die lichten Reihen der Kombattanten müssen durch neue Kämpfer wieder geschlossen werden. Das war das logistische Problem, das gelöst werden musste – und nicht immer zureichend gelöst werden konnte. Eine deutsche Panzerdivision benötigte, um kampffähig zu bleiben, täglich 300 Tonnen an Nachschub, eine amerikanische 1944/45 gar schon 650 Tonnen. So war der Mangel an Nachschub und insbesondere Treibstoff im Zweiten Krieg, ob in Afrika oder Russland oder zuletzt noch im Westen bei der Ardennen-Offensive Weihnachten '44, eines der größten Probleme Deutschlands. Ohne die Gewinnung des rumänischen Ölgebietes wären viele Operationen der Wehrmacht undurchführbar gewesen. Und dass die Eroberung der Erdölfelder des Kaukasus scheiterte, war ein schwerer Schlag für den deutschen Ost-Feldzug, wenn nicht gar ein wesentlicher Grund für Deutschlands Niederlage.

Geplant war freilich auch der Erste Weltkrieg nicht als statischer Krieg. Nach dem „Schliefen-Plan" sollte der Vormarsch, zunächst im Westen, zügig ausgeführt werden, um nicht in einen Zwei-Fronten-Krieg zu geraten. Zeit war entscheidend. Das galt auch für die Moral sowohl der kämpfenden Truppe als auch der „Heimatfront". Bei Ypern aber gruben sich die Armeen ein, ging der bis dahin vergleichsweise bewegliche Krieg in den Stellungskrieg über. Er wurde statisch. Man richtete sich mit Gräben, mit Graben-Systemen, auf Dauer ein. Der Gegner sollte beim Anrennen verbluten. Durch die lange Dauer aber verschärfte sich das Materialproblem. Der Erste und Zweite Krieg verschlangen Unmengen an Rohstoffen, Stoffe, die für uns Deutsche immer knapp waren – und noch knapper wurden durch die Seeblockade der Engländer. Je länger der Krieg dauerte, desto schlechter musste unsere Lage werden.

Nicht Anrennen – Überrennen war das leitende Konzept des Zweiten Krieges. Dieser wurde gegen das Ende hin so dynamisch, dass durch das rasche Vordringen der Russen bisweilen noch nicht einmal mehr die Feldpostbriefe deutscher Soldaten, die in Städten und Dörfern deutscher Ostgebiete hätten zugestellt werden müssen, die Adressaten erreichten. Noch heute lagern über 120 000 Soldatenbriefe beim Suchdienst. Sie warten auf Zustellung. In der Adresse führen sie Straßen, Hausnummern und Namen, die es heute nicht mehr gibt. Ich möchte sie lesen, alle. Aber Trost wären sie mir nicht.

Doch was genau hat sich geändert an der Strategie der Kriegsführung, dass der Unterschied zwischen dem Ersten und Zweiten Krieg, mit nur 21 Jahren Abstand, so deutlich zu Tage trat? Dass mein Sohn einen ganz anderen Krieg kannte als ich? Dass er damit auch auf andere Weise gefallen ist, als ich gefallen wäre, wenn die unendliche Gnade mich nicht beschützt hätte? Vor allem englische und deutsche Strategen, die im Ersten Weltkrieg ihre Erfahrungen gesammelt hatten, erdachten eine neue Kriegsführung, um das Desaster des Ersten Krieges nicht noch einmal durchstehen zu müssen. Es war die Strategie des schnellen Vorstoßes oder, wie man dann sagte, des Bewegungs- und Blitzkrieges. Das erste, das Fundamental-Gesetz dieser neuen Strategie lautete: Nur aus der Bewegung entspringt der Sieg! Die Bewegung sollte möglichst schnell ausgeführt werden und die Vorbereitungen hierzu sollten heimlich erfolgen, so dass ein Überraschungseffekt geltend gemacht werden konnte. Der zweite Grundsatz lautete: Motorisierte Panzerkampfwagen sind eine eigene Waffengattung, sie unterstützen nicht mehr nur die Infanterie. Und drittens: Alle anderen Waffengattungen müssen mit der Panzerwaffe verzahnt und auf das Zeitmaß des Panzerangriffs ausgerichtet werden.

Obgleich die Briten bereits 1927 die weltweit erste motorisierte Einheit gebildet hatten, so stellten sie doch erst 1939 die erste gepanzerte Division auf. Dagegen hatte die deutsche

Reichswehr, damals noch „Reichswehr“, noch nicht „Wehrmacht“, bereits 1935 drei Panzerdivisionen. Eine davon führte Oberst Heinz Guderian, die treibende Kraft bei der Aufstellung dieser neuen Waffengattung. Bald schon sollte man ihn den „schnellen Heinz“ nennen. Bei Kriegsbeginn waren es schon acht Panzerdivisionen auf deutscher Seite. Eine jede Division setzte sich zusammen aus Panzerverbänden, Artillerie und motorisierter Infanterie, aber auch aus Panzerabwehrtruppen, Funkern und einem eigenen Hauptquartier; dazu gehörten die Versorgungseinheiten mit motorisierten Lastwagen.

Englische und deutsche Strategen hatten die schnelle Kriegsführung gedanklich konzipiert, und in Reichswehr und Wehrmacht vor allem wurde sie real umgesetzt. Die Russen hatten diese Art, Krieg zu führen, dann aber schnell erlernt, durch ihre Niederlagen der Jahre '41 und '42 teuer erlernen müssen. Ich muss kurz auf diese neue Strategie eingehen, um verstehen zu können, was mit meinem Sohn geschah.

*

Der Bewegungs- und Blitzkrieg

Der Bewegungs- und Blitzkrieg verdankt sich der noch für den Ersten Krieg unvorstellbaren Mobilität der Truppen. Die Niederwerfung Frankreichs 1940, und hier der sogenannte Sichelschnitt – Churchill hat das Unternehmen wohl als erster so genannt –, war das Paradestück solcher Kriegsauffassung, die wohl größte Einschließung in der Militärgeschichte. Als jemand, der vier lange Jahre im Vor und Zurück an der Westfront gekämpft hatte, nahm ich es mit größtem Erstaunen und nicht ohne Genugtuung zur Kenntnis. Der Schandfriede von Versailles, dieses Diktat, diese Schmach für jeden einzelnen deutschen Kämpfer, war damit zunichte gemacht, gleichsam handstreichartig vernichtet. Hitlers Nimbus der Unbesiegbarkeit, der ungeheure Vertrauensvorschuss, der ihm vom einfachen Soldaten wie vom Offizierskorps gewährt wurde, gebar sich nicht zuletzt aus diesem Sieg. Und etwas von diesem großen Sieg blieb bis zu seinem bitteren Ende – obgleich diese Art, Krieg zu führen, keineswegs auf ihn zurückging. Er selbst war vielmehr noch befangen in Vorstellungen des Ersten Krieges.

Die militärische Meisterleistung des Sichelschnitts ist der Dynamik der deutschen Panzerdivisionen im Verbund mit der Luftwaffe und den Luftlandetruppen zu verdanken – nicht etwa der technischen Überlegenheit der deutschen Panzertypen. Vielmehr war der französische Panzer, wie dann auch der russische, qualitativ dem deutschen Panzer überlegen. Dies galt vor allem für Panzerung und Feuerkraft. Aber auch das quantitative Verhältnis betrug 1,5 : 1 zugunsten Frankreichs. Entscheidend war vielmehr, dass die französische Führung, die politische wie die militärische, noch nicht auf der Höhe der dynamischen Kriegsführung war, sie verharrte noch in Vorstellungen des Ersten Krieges. So fehlte den Franzosen ein Gegengewicht zur deutschen Panzerdivision. Panzer wurden bei den Franzosen, noch wie in der zweiten Hälfte des Ersten Krieges, vor allem zur Unterstützung der Infanterie eingesetzt. Der auf unseren Angriff hin erfolgende französische Gegenschlag mit mechanisierten und motorisierten Divisionen am 15.5.40 war für uns nicht ungefährlich, ja er hätte vielleicht sogar zum Erfolg führen und damit das deutsche Vorhaben niederschlagen können, wenn, ja wenn die französischen Panzer nicht bloß als Unterstützung der Infanterie gedacht gewesen wären und das Oberkommando über die Aktion nicht einem statisch denkenden und agierenden Infanteristen, Bertin-Boussu, sondern einem Panzer-Dynamiker unterstellt gewesen wäre.

Die deutsche Panzer-Division war ein schneller und durch Funkverbindung gut zu dirigierender Verband; sie führte Treibstoff für 200 km mit sich und konnte zudem, falls nötig, durch die Luftwaffe mit Treibstoff-Containern versorgt werden. Die Panzerbesatzung hatte Proviant für drei Tage bei sich, die Regimentsversorgungskolonne für weitere drei und die Divisionsversorgungskolonne nochmals für drei. Entsprechendes galt für die Munitionierung. Am 17.6.40 legte die 7. Panzerdivision unter Rommel fast 100 km zurück, und von Manstein benötigte im Sommer 1941 mit dem 56. Panzer-Korps ganze vier Tage für die 300 Kilometer lange Strecke von Tilsit nach Dünaburg. Die Heeresgruppe Mitte erreichte nur drei Wochen nach Beginn der Invasion der Sowjetunion Smolensk, das 640 km vom Bug, dem Ausgangspunkt, entfernt liegt! Dabei konnten zunächst noch nicht einmal die Eisenbahnen für die Logistik benutzt werden, da die Schienenwege für die deutschen Züge eine zu breite Spur hatten; und auch das Straßensystem der Sowjetunion war in einem schlechten bis erbärmlichen Zustand.

Man vergegenwärtige sich, dass im Zweiten Krieg die Front, mit nur wenigen Ausnahmen, nicht länger als einen Monat auf ein und derselben Hauptkampflinie verharrte! Die motorisierten Verbände vernichteten den Raum und mit dem Raum ließen sie keine Orte – Orte des Verweilens und der Dauer – mehr zu. Hatte die deutsche Panzerdivision auf ihrem Frankreichfeldzug das gesetzte Tagesziel erreicht, so blieb sie oft genug nicht stehen. Sie wartete nicht den Gegenschlag und die Gegenoffensive ab, sondern befolgte vielmehr den Grundsatz „Angriff ist die beste Verteidigung!" – setzte also auch hier auf Bewegung und Dynamik und vereitelte damit, dass der Gegner sich „aufstellen" konnte: ihm fehlte schlicht die Zeit! Denn zum Aufstellen hätte er für längere Zeit an einem Ort verweilen müssen. Man beraubte ihn dieser Zeit!

Hitler selbst waren Vorgehen und Erfolg der Wehrmacht bisweilen nicht ganz geheuer! Er war beim Westfeldzug anfänglich sehr besorgt, dass der Vormarsch zu rasch vonstatten gehe und eine Überdehnung der Front nach sich ziehe, die einen französischen Gegenangriff geradezu provoziere. Er ordnete eine Pause an, wollte die Bewegung sistieren. Panzergeneral Guderian, neben „der schnelle Heinz" auch „Heinz Brausewind" genannt, aber stimmte nicht zu und drohte gar mit Rücktritt – woraufhin er dann weiterfahren durfte.

Der schnelle Sieg über Frankreich war dieser neuen Taktik geschuldet. Er wurde freilich erleichtert durch das Versagen der gegnerischen politischen und militärischen Führung – wie dann 1944, als mein Sohn fiel, auch das vielfache deutsche Versagen den Russen die Sache sehr erleichterte.

Leider hat die russische Armee sehr schnell von der deutschen Blitzkriegsführung gelernt. Die deutsche Wehrmacht stand Modell – nicht nur für sie, sondern für die Armeen der Welt. Deutschland: nicht allein das Volk der Denker, Dichter und Musiker, sondern auch der Militärstrategen! Und doch hatten wir es versäumt, den Gedanken der Mobilität auf das ganze Heer auszudehnen: Es hatte sich nämlich eine hemmende und bisweilen sogar verhängnisvolle Kluft aufgetan zwischen den Panzer- und motorisierten Infanteriedivisionen, den Fallschirmjägern und der Luftwaffe auf der einen und der Masse der Infanterieeinheiten auf der anderen Seite. Diese bewegten sich größtenteils noch wie Napoleons Soldaten: per pedes und mit pferdebespannten Geschützen.

Eingeleitet wurde die dynamische Kriegsführung, was die maschinentechnischen Voraussetzungen betraf, gegen Ende des Ersten Weltkrieges mit dem Auftauchen der englischen Panzer. Gegen Ende des Krieges hatten unsere Gegner immerhin 6 000 Panzer, wir dagegen hatten nur an die hundert Stück, davon waren 75 von den Briten erbeutet. Ich selbst habe im Ersten Krieg nur ein einziges Mal einen ausgefallenen Panzer gesehen, und zwar im Frühjahr 1918. Aber noch fehlte im Ersten Krieg das alles entscheidende taktische Konzept: der Gedanke, dass Panzerkampfwagen eine eigenständige Waffengattung sind, eine dynamische Waffengattung! In Reichswehr und Wehrmacht musste die neue Waffengattung mit großer Energie gegen den Widerstand konservativ denkender Offiziere durchgesetzt werden. Für sie galt nach wie vor das Reglement für die deutsche Infanterie von 1906: „Die Infanterie ist die Hauptwaffe. Im

Verein mit der Artillerie kämpft sie durch ihr Feuer den Gegner nieder. Sie allein bricht seinen letzten Widerstand. Sie trägt die Hauptlast des Kampfes und bringt die größten Opfer. Dafür winkt ihr auch der höchste Ruhm."

Das Konzept der dynamischen Kriegsführung des Zweiten Weltkrieges entwuchs dem Desaster des statisch geführten Ersten Krieges und wurde in den zwanziger und dreißiger Jahren von deutschen Militärs, die ihre Lehren aus dem Ersten Krieg gezogen und die Zeichen der Zeit verstanden hatten, detailliert und realiter erprobt. Ja, man geht wohl nicht zu weit, wenn man sagt, dass die Sieger von 14/18 sich auf ihrem Sieg ausruhten in dem Glauben, dass auch in Zukunft die traditionellen Konzepte und Mittel, sich durchzusetzen, ausreichen werden – während der Verlierer nach Strategien suchte, um das unsinnigergebnislose Eingraben und die Schmach von Versailles in alle Zukunft zu vermeiden. Man wollte nicht mehr in die Falkenhayn'sche Blutmühle à la Verdun geraten, nicht mehr den Feind frontal angreifen, sondern die widerstehenden feindlichen Truppen umgehen, einkesseln, vernichten.

Im dynamischen Krieg, der '43 auf uns zurückschlug, ist mein Sohn gefallen. Und kaum zu ertragen sind die Gedanken, die mir oft durch den Kopf gehen und die ich nicht unterbinden kann: Wie kam er um, mein Sohn? Welchen Tod musste er sterben? Auf welche Weise ist er gefallen? Denn das, sein individuelles Schicksal, ist nicht bekannt. Es gab keinen Zeugen, keinen Kameraden, der es hätte berichten können. Er gilt als vermisst. Bekannt ist nur, dass er durch die Dynamik der Kriegsführung sein Ende fand, dass seine Einheit überrollt wurde, eingekesselt, zerschlagen und vernichtet in kurzer Zeit. Es war mit hoher Wahrscheinlichkeit im Kessel von Jassy-Kischinew, in dem er fiel – und nicht nur er fiel hier, sondern beinahe die gesamte 6. Armee wurde vernichtet, die nach ihrer ersten Vernichtung in Stalingrad wiederaufgestellte 6. Armee. Sie zählte an die 250 000 Mann. Zusammen mit den 110 000 Mann der 8. deutschen Armee und 540 000 Rumänen bildeten sie die Heeresgruppe Südukraine. Auf deutscher Seite sind – in wenigen Tagen! – etwa 150 000 gefallen, und 100 000 wurden gefangengenommen. Noch heute ist das Schicksal von 80 000 Kämpfern nicht aufgeklärt und wird wohl auch nie mehr aufgeklärt werden: Sie gelten als vermisst, sind aber aller Wahrscheinlichkeit nach gefallen oder in den ersten Tagen der Kriegsgefangenschaft umgekommen. Ihre Angehörigen haben keine Gewissheit erlangt, ob und wie ihre Väter, Männer, Söhne gefallen sind. Ich bin einer von ihnen.

*

Wie mein Sohn fiel: der Kessel von Jassy-Kischinew

Nichtwissen ist wie ein Stachel im Fleisch, wie ein nicht lebensbedrohlicher, aber doch überaus schmerzender Granatsplitter. Deshalb wollte ich Gewissheit darüber, ob mein Sohn den Tod gefunden hat oder ob er in Gefangenschaft geraten und damit vielleicht noch am Leben ist. Noch während des Krieges stellte ich eine Suchanfrage an die zuständige Militärbehörde, den

sogenannten Abwicklungsstab, der seit dem November '44 –
rückwirkend ab April '44 – für die Aufklärung des Verbleibens
deutscher Kämpfer dann zuständig war, wenn durch die sich
überstürzenden militärischen Ereignisse die deutschen Einheiten selbst hierzu nicht mehr in der Lage waren. Die Behörde
antwortete:

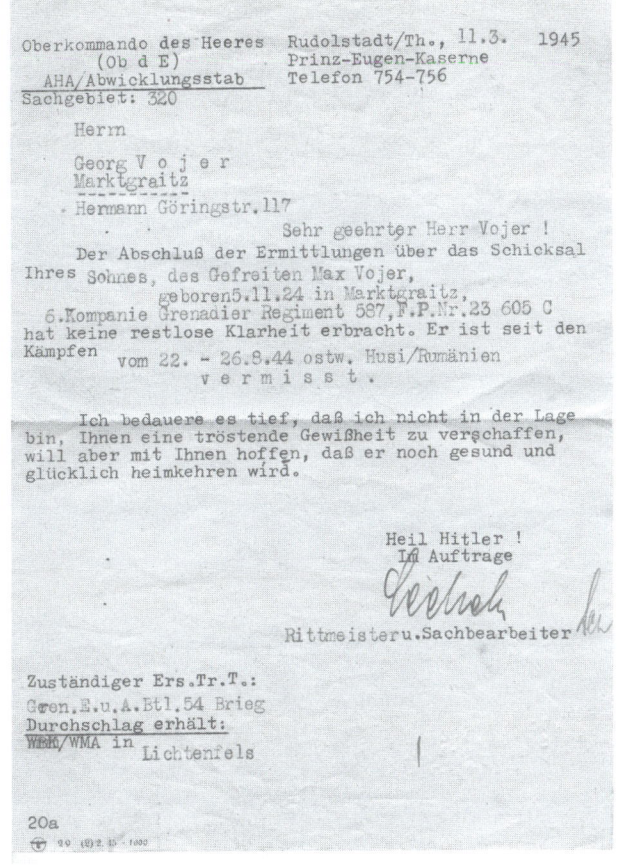

```
Oberkommando des Heeres    Rudolstadt/Th., 11.3.  1945
        (Ob d E)           Prinz-Eugen-Kaserne
    AHA/Abwicklungsstab    Telefon 754-756
Sachgebiet: 320

    Herrn

    Georg V o j e r
    Marktgraitz
  · Hermann Göringstr.117

                    Sehr geehrter Herr Vojer !
    Der Abschluß der Ermittlungen über das Schicksal
Ihres Sohnes, des Gefreiten Max Vojer,
                geboren 5.11.24 in Marktgraitz,
    6.Kompanie Grenadier Regiment 587,F.P.Nr.23 605 C
hat keine restlose Klarheit erbracht. Er ist seit den
Kämpfen vom 22. - 26.8.44 ostw. Husi/Rumänien
            v e r m i s s t .

    Ich bedauere es tief, daß ich nicht in der Lage
bin, Ihnen eine tröstende Gewißheit zu verschaffen,
will aber mit Ihnen hoffen, daß er noch gesund und
glücklich heimkehren wird.


                        Heil Hitler !
                        Im Auftrage


                    Rittmeister u.Sachbearbeiter

Zuständiger Ers.Tr.T.:
Gren.E.u.A.Btl.54 Brieg
Durchschlag erhält:
WEHK/WMA in Lichtenfels


20a
```

Abb. 14 *Antwort auf meine Suchanfrage an den Abwicklungsstab*

Die Ungewissheit hat zwei Gesichter: Solange sie währt, hofft
man, hofft man auch gegen alle Wahrschcinlichkeit. Das ist

gewissermaßen die positive Seite, während die negative das Vage, das Nicht-Definitive ist. Zu wissen, dass er gefallen ist, ist schmerzlich und grausam; aber es ist eben Gewissheit, grausam-schmerzliche Gewissheit. Ein Soldat, der um Tapferkeit auch im zivilen Leben bemüht ist, hat sich dieser grausamen Gewissheit zu stellen; er darf nicht ausweichen. So stellte ich weitere Anträge. Nach dem Krieg schrieb ich zunächst das russische Komitee für deutsche Kriegsgefangene an. Hier das Gesuch, auf das ich keine Antwort erhielt.

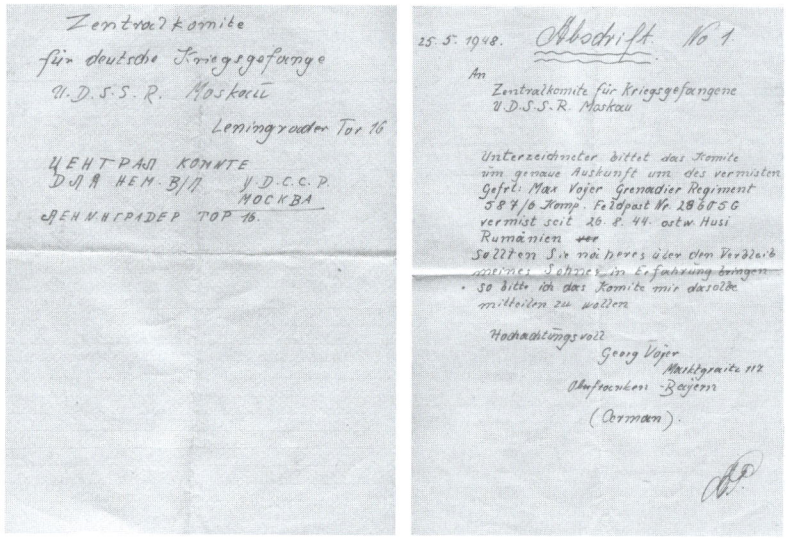

Abb. 15 und 16   Gesuch an das russische Zentralkomitee für deutsche Kriegsgefangene

Dann, Jahre später, stellte ich einen Suchantrag beim Deutschen Roten Kreuz und erhielt das folgende ausführliche Gutachten.

DEUTSCHES ROTES KREUZ
IN DER BUNDESREPUBLIK DEUTSCHLAND
SUCHDIENST MÜNCHEN

DRK-SUCHDIENST, 8 MÜNCHEN 13, INFANTERIESTRASSE 7a

Herrn
Georg Vojer

8621 Marktgraitz
Nr.117

UNSER ZEICHEN: TAG: 3.6.69
I/N 4 a
(IM ANTWORTSCHREIBEN NICHT VERGESSEN)

Betr.: Ihr Suchantrag im Rahmen der Registrierung der
verschollenen Soldaten des 2. Weltkrieges nach

Max V o j e r , geb. 5.11.24

Sehr geehrter Herr Vojer !

Als Ergebnis unserer Nachforschungen nach Ihrem verschollenen Angehörigen haben wir alle Daten und die inzwischen festgestellten Fakten noch
einmal sorgfältig überprüft; wir fühlen uns nunmehr verpflichtet, sie Ihnen
im beiliegenden Gutachten zusammengestellt zu überlassen. Es schildert
Ihnen ausführlich alle Ermittlungen, die zur Aufklärung seines Schicksals
angestellt worden sind, und gibt Einblick in die für ihn entscheidend gewordene Phase des Kriegsgeschehens.

Wenn am Ende dieser Darstellung auch der Schluß gezogen wird, daß Ihr
Angehöriger zu den Opfern des 2. Weltkrieges gezählt werden muß, die
nicht mehr nach Hause zurückkehren konnten, hoffen wir dennoch, Sie
durch die Bekanntgabe des Nachforschungsergebnisses von jahrelang ertragener Ungewißheit zu befreien.

Hochachtungsvoll

Deutsches Rotes Kreuz
Suchdienst München

Anlagen

FERNRUF: SAMMEL-NR. 5165931 · FERNSCHREIBER: 0523977 · POSTSCHECK: MÜNCHEN 85100
BANKEN: LANDESZENTRALBANK MÜNCHEN KTO. 6/1914 · BAYER. VEREINSBANK MÜNCHEN, ZWEIGST. AM NORDBAD, KTO. 900101

I/ 69/II. 68

Abb. 17   Antwort des Roten Kreuzes auf meinen Suchantrag

139

DEUTSCHES ROTES KREUZ
SUCHDIENST MÜNCHEN

G U T A C H T E N

über das Schicksal des Verschollenen
Max   V o j e r , geb. 5.11.24

Truppenteil: 6. Kompanie des Grenadier-Regiments 587
der 320. Infanterie-Division
Letzte eigene Nachricht vom 17. August 1944
DRK-Verschollenen-Bildliste Band BZ, Seite 212

Ausgangspunkt für die Nachforschungen waren die dem Suchantrag ent-
nommenen Angaben. Damit war der Verschollene in allen Nachforschungslisten, die der DRK-Suchdienst seit 1950 erstellt hat, zuletzt in
der Verschollenen-Bildliste, und zwar in der Gesamtliste wie in den
Speziallisten, seiner letzten militärischen Einheit verzeichnet.

Die Nachforschungslisten sind den erreichbaren Überlebenden der in
Frage kommenden Einheiten vorgelegt worden; es fanden damit inten-
sive Befragungsaktionen bei den Heimkehrern in der Bundesrepublik,
in Österreich und in anderen Nachbarländern Deutschlands statt.
Ferner wurden die Unterlagen der Zentralen Namenskartei des Such-
dienstes, der Deutschen Dienststelle für die Benachrichtigung der
nächsten Angehörigen von Gefallenen der ehemaligen deutschen Wehrmacht (WASt) und der Heimatortskarteien (HOK) - wenn nötig, wiederholt - geprüft und als Auskunftsmaterial genutzt.

Nachdem das Schicksal des Verschollenen auf diese Weise und durch
vielfältige individuelle Ermittlungen nicht geklärt werden konnte,
wurden eingehende Untersuchungen über die Kampfhandlungen, an
denen er zuletzt teilgenommen hat, angestellt. Als Unterlage dien-
ten dem DRK-Suchdienst neben Heimkehrerberichten vor allem Heeres-
lage- und Spezialландkarten, Kriegstagebücher und Berichte über
Kampfhandlungen. Besonders kritisch wurde geprüft, ob der Verschollene in Gefangenschaft geraten sein kann.

Die Ergebnisse führen zu dem Schluß, daß

Max   V o j e r

mit hoher Wahrscheinlichkeit zwischen dem 20. August und den ersten
Septembertagen 1944 in Rumänien oder in der ersten Zeit der Gefangenschaft den Tod gefunden hat.

Blatt 2
(503)

Abb. 18   Erste Seite des Gutachtens des Roten Kreuzes über das Schicksal des Verschollenen

Zur Begründung wird ausgeführt:

Im August 1944 hatten die Sowjets ihre Vorbereitungen zu einer
Offensive größten Ausmaßes abgeschlossen: 6 gepanzerte Korps,
1 Kavallerie-Korps und 94 Schützen-Divisionen waren aufmarschiert.
An den Durchbruchsabschnitten waren die Kräfte so massiert, daß
sich zum Beispiel bei der sowjetischen 27. Armee folgendes Kräfte-
verhältnis gegenüber den Verteidigern ergab: Infanterie 5 : 1,
Artillerie 8 : 1, Panzer 1o : 1.

Am Morgen des 2o.8.1944 brach die Offensive los. Nach schwerstem
Trommelfeuer gelang den Panzer- und Infanteriemassen, unterstützt
von pausenlos angreifenden Schlachtfliegern, sofort der Einbruch
in die Hauptkampflinie. Drei Tage hielten die deutschen Divisionen
dem Ansturm stand, dann waren ihre Kräfte erschöpft und die Front
zerschlagen. Unaufhaltsam drangen die motorisierten Verbände der
"2. Ukrainischen Front" nach Süden auf die Pruth-Übergänge vor.
Die "3. Ukrainische Front" kam ihr von Osten aus dem Raume südlich
Tiraspol entgegen und setzte gleichzeitig starke Kräfte nach Südwesten auf das Donau-Delta an. Schon am Abend des 24. August waren
Husi, Leova, Falciu und Barlad in sowjetischer Hand. Damit war das
Schicksal der 6. und von Teilen der 8. Armee besiegelt, denn der
Weg nach Westen war versperrt. Nur ganz wenige Einheiten fanden in
diesen ersten Tagen noch Lücken im Einschließungsring und entkamen;
später gelang dies nur mehr Gruppen von wenigen Mann.

Die in der Nacht zum 24. August erfolgte Kapitulation der rumänischen Armee ermöglichte eine so starke Beschleunigung des sowjetischen Vormarsches, daß am 25.8. das Donau-Delta, am 27.8. Galatz
und am 31.8. ganz Ostrumänien einschließlich Konstanza, Bukarest
und Ploesti besetzt waren.

Unterdessen versuchten die eingekesselten Verbände, sich durchzu-
schlagen. Beim Rückzug vom Dnjestr immer wieder feindliche Sperren
durchbrechend und dauernd von Artillerie und Schlachtfliegern beschossen, hatten sie schon den Großteil an Waffen und Gerät einge-
büßt. Auf den wenigen, verstopften Straßen ging der Zusammenhalt
der Divisionen völlig verloren, die Nachrichtenverbindungen fielen
aus - bei dem überstürzten Rückzug mußten sich kleinere und grös-
sere Gruppen, die meist der Zufall bildete, auf eigene Faust ihren
Weg suchen. Alles drängte nach Westen zum Pruth, von hier bis
zum Sereth hatten die Sowjets tief gestaffelte Sperregel aufgebaut,
die ein Entkommen verhinderten. So entstand der große Kessel im
Dreieck Jasi-Husi-Kischinew, in dem nach tagelangen Kämpfen die
Masse der deutschen Divisionen gefangengenommen wurde.

Nur einigen Kampfgruppen gelang es, unter hohen Ausfällen über den
Pruth zu setzen, sich zu vereinigen und weiter nach Westen zum
Sereth durchzubrechen. Sie wurden aber Anfang September erneut eingekesselt und mußten schließlich doch den Weg in die Gefangenschaft
antreten.

Einige deutsche Einheiten waren von der Dnjestr-Front nach Süden
abgedrängt worden - sie wurden im Raum Sarata vom Gegner eingekreist.
Auch im rückwärtigen Gebiet eingesetzte Truppenteile wurden durch
die Schnelligkeit des feindlichen Vormarsches Opfer des Zusammen-
bruchs.

Blatt 3
(503)

*Abb. 19   Zweite Seite des Gutachtens des Roten Kreuzes über das Schicksal des
Verschollenen*

An den Kämpfen in Rumänien waren 21 deutsche Divisionen beteiligt, ferner selbständige Heerestruppen, Verbände der Luftwaffe und Kriegsmarine sowie andere, der Wehrmacht unterstellte Organisationen.

Ein großer Teil der Soldaten ist im Verlauf der harten Kämpfe gefallen. Die Zahl der Gefangenen wird auf 115 000 Mann geschätzt. Berichte von Heimkehrern aus der Gefangenschaft besagen, daß sehr viele Gefangene schon in den ersten Wochen und Monaten infolge seelischer und körperlicher Erschöpfung, bedingt durch Mangel an Verpflegung und Sanitätsmaterial, verstarben, zumal in den Sammellagern Ruhr und Typhus ausgebrochen waren.

Über den Verschollenen ist bekannt, daß er im August 1944 in Rumänien eingesetzt war. Er gehörte zur 320. Infanterie-Division, die ostwärts Kischinew einen Abschnitt der Dnjestr-Front zu verteidigen hatte. Mittelpunkt dieses Abschnittes war die Dnjestrschleife nördlich Tighina mit den umliegenden Orten Serpeni, Speia, Asnaseni und Cobusca-Veche. Einige Soldaten befanden sich allerdings auf Lehrgängen, Sonderkommandos etc. außerhalb des Divisionsabschnittes.

Der Schwerpunkt der sowjetischen Offensive lag am 20. August weiter im Westen, so daß die Division in den ersten beiden Tagen an den Kämpfen nicht unmittelbar beteiligt war. Am 22. August, als die Sowjets den Durchbruch vollendet hatten, mußte sie im Zuge der allgemeinen Absetzbewegungen den Rückzug nach Süden antreten. Sie geriet in den großen Kessel zwischen Jasi und Kischinew. Damit war ihr Schicksal besiegelt.

Nachdem die Division in Rumänien untergegangen war, wurden die Vermißtmeldungen von einem Abwicklungsstab versandt. Der in diesen Meldungen genannte Zeitraum "vermißt zwischen 22. und 26. August 1944" stellt nur eine Annahme dar, da der genaue Verlauf der Kesselschlacht damals noch weitgehend unbekannt war.

Aus Heimkehrerberichten der Division geht hervor, daß der Schwerpunkt der Kämpfe zwischen dem 26. und 30. August lag.

Der Postverkehr zwischen den Kriegsgefangenen und der Heimat kam ab Ende 1945 allmählich in Gang. Der Verschollene hat aber niemals ein Lebenszeichen aus der Gefangenschaft gegeben; auch wurde er in keinem sowjetischen Lager von einem Kameraden gesehen. Daraus muß geschlossen werden, daß er bei den Endkämpfen in Rumänien oder in der ersten Zeit der Gefangenschaft den Tod gefunden hat.

München, den 10. Juni 1969

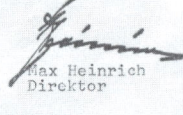
Max Heinrich
Direktor

Abb. 20   Dritte Seite des Gutachtens des Roten Kreuzes über das Schicksal des Verschollenen

Das war ausführlich und ernüchternd, aber doch auch wieder nicht so umfassend und niederschmetternd, dass es meinen Durst nach Wissen und Gewissheit schon hätte stillen können. So betrieb ich eigene Studien, deren Ergebnisse ich Dir, lieber Leser, darlegen will. Ausgangsfrage ist immer gewesen – und ist es auch heute noch: Wo und wie ist er gefallen, mein Sohn? Denn allerspätestens 1955 war es ja so gut wie sicher, dass er gefallen sein musste, da alle Kriegsgefangenen heimgekehrt waren – nachdem sie schon vorher brieflichen Kontakt mit ihren Angehörigen in der Heimat hatten aufnehmen dürfen. Wie im Gutachten zu lesen ist, lag mein Sohn am Dnjestr. Er gehörte der nach Stalingrad neu aufgestellten 6. Armee an, deren Aufgabe es nun war, den neuen Frontverlauf zu verteidigen. Und es war gerade dieser spezielle Frontverlauf, der ihm und seiner Armee zum Verhängnis wurde. Am besten, ich skizziere die Lage, dann dürfte es Dir anschaulich werden, lieber Leser, so wie es auch mir anschaulich geworden ist.

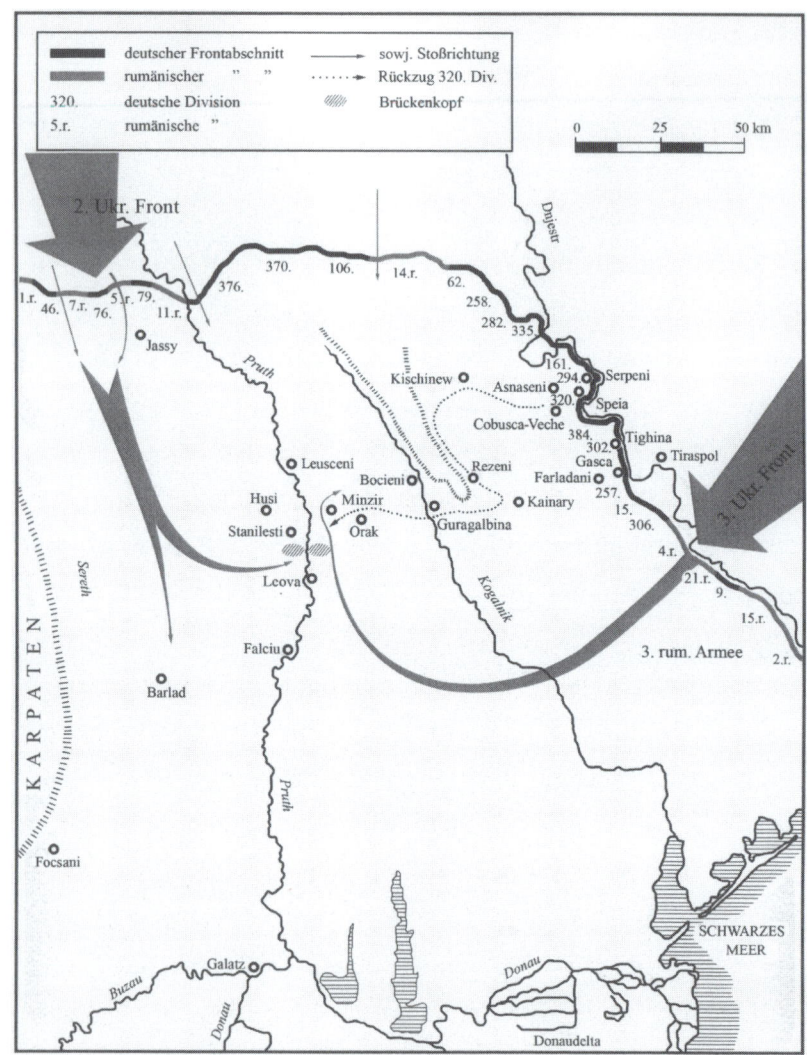

Abb. 21   *Skizze zum Grenzverlauf der Südfront am 20.8.1944*

Es hatte zunächst den Anschein, als sollte der Krieg am Dnjestr statisch werden, als könnten die deutschen und rumänischen Truppen eine feste Frontlinie, die sogenannte Hauptkampflinie, errichten, die von den Russen nicht mehr würde überrannt werden können. Die Heeresgruppe Südukraine hatte sich Monate lang vom Dnjepr in schweren und verlustreichen Verteidigungsgefechten, in denen sie mehrmals durchbrochen worden war, zurückziehen müssen, bis es ihr im April 1944 an der Grenze Rumäniens gelang, eine neue Verteidigungsfront aufzubauen und gegen russische Angriffe zu verteidigen. Wochenlang hatte der Russe versucht, die Südfront, immerhin 654 km lang, zu durchbrechen. Vergeblich. Gelegentlich griffen die Truppen der deutschen Heeresgruppe sogar selbst an, um Angriffsbereitstellungen des Russen zu zerschlagen. Die Hauptkampflinie und das dahinter liegende Hauptkampffeld konnten gehalten und im Laufe des Sommers gut ausgebaut werden. Es waren also gewissermaßen Verhältnisse, wie ich sie aus dem Ersten Krieg kannte: Es gab einen festen Grenzverlauf, der von beiden Seiten, ein Niemandsland dazwischen, bewacht wurde. Es gab gelegentliche Geplänkel, beiderseits kleine Kommandos, die des Nachts aufklären und Gefangene machen sollten, die aber meist bemerkt und zurückgewiesen wurden. Sonst war alles friedlich, kriegsfriedlich eben. Man durfte sich gelegentlich sogar im Hinterland erholen, in der Etappe, ganz wie im Ersten Krieg ich es erlebt hatte. Man durfte einkaufen gehen, etwa in Kischinew, oder schwimmen, 1944 war ein sehr heißer Sommer. Es stellt sich in Kenntnis der kommenden Katastrophe freilich die Frage, ob der Russe nicht bewusst wenig unternahm – wenig, um uns an diesem Frontabschnitt in Sicherheit zu wiegen. Die Ruhe an der Front veranlasste nämlich das deutsche Oberkommando des Heeres, die aus der Südfront herausgezogenen operativen Eingreifreserven der Heeresgruppe Südukraine wegzunehmen und sie der in arge Bedrängnis geratenen Heeresgruppe Mitte zuzuführen.

Die neue Front also, so sicher sie zunächst schien, war, betrachtet man den Grenzverlauf, nicht ganz geheuer. Verständige sahen es bereits vor der Katastrophe. General Frießner hatte es bei seiner Ernennung zum Oberbefehlshaber der Heeresgruppe Südukraine am 24. Juli 1944 Hitler im Führerhauptquartier aufgezeigt. Er hatte darauf verwiesen, dass der Frontverlauf sich äußerst ungünstig für die deutsch-rumänische Verteidigung darstellt: die Front biete sich für eine russische Kesselbildung geradezu an. Hitler aber beachtete den Einwand nicht. Und als Frießner die Vollmacht einholen wollte, die Front im Falle eines drohenden Angriffs aus dem Norden hinter den Fluss Pruth zurücknehmen zu dürfen, um ein Abschneiden der 6. Armee zu verhindern, sagte Hitler nur, er solle sich erst einmal vor Ort ein Bild machen. Das Unheil begann also schon hier. Wäre die Front zurückgenommen, also halbwegs begradigt worden, hätte es nicht zum Kessel kommen können, in dem die 6. Armee dann vernichtet wurde. Dieser erste fundamentale Grund des Untergangs der 6. Armee geht letztlich auf Hitlers ideologischen Grundsatz zurück, dass der deutsche Soldat nicht zu weichen, dass er den eroberten Raum, „bis zum letzten Mann", „bis zur letzten Patrone" zu verteidigen habe. „Halten oder fallen!" Damit zeigte Hitler einmal mehr, dass er nicht auf der Höhe der Zeit, also nicht auf der Höhe der dynamischen Kriegsführung stand, sondern noch ganz der Vorstellung des Festkrallens um jeden Preis verhaftet war. Durch Zurückziehen der Front auf den Pruth oder gar auf die Linie: Donau – Sereth – Karpaten hätte man die Front um mehrere hundert Kilometer verkürzen können. Es wären Kräfte für die Bildung neuer operativer Eingreiftruppen frei geworden. Und man hätte die Russen verblüfft, da deren lang vorher einsetzende Kesselplanung umsonst gewesen wäre. Aber das Zurücknehmen fand nicht statt. So gingen 18 deutsche Divisionen verloren. 150 000 deutsche Soldaten dürften gefallen sein, 100 000 gingen in Gefangenschaft. Eine Katastrophe größten Ausmaßes.

Auch der zweite wesentliche Grund für den Untergang der 6. Armee lag schon vor dem Beginn der Schlacht: Es war die militärische und – mehr und mehr – politische Unzuverlässigkeit der Rumänen. Die rumänischen Divisionen hatten 267 km, mehr als ein Drittel der Frontlänge, zu verteidigen; sie lagen nicht geschlossen nebeneinander, sondern waren mit den deutschen Divisionen verzahnt. Man wusste schon vorher, durch Kriegsereignisse und Schlachtverläufe, insbesondere durch die Kesselbildung bei Stalingrad, dass die rumänischen Divisionen in ihrer militärischen Leistungsfähigkeit an die deutschen Divisionen in keiner Weise heranreichten, ja dass sie oft genug, man kann es nicht anders sagen, versagt hatten. Bisweilen liefen sie einfach davon. Nun wurden die Rumänen auch noch politisch unzuverlässig! Noch kurz vor Beginn der russischen Offensive wurden ohne Rücksprache mit der deutschen Führung rumänische Führungskräfte auf Veranlassung aus Bukarest aus der Front gelöst, darunter auch der Oberbefehlshaber der 4. rumänischen Armee, General Racovitza. Die Bündnistreue der Rumänen wurde von Tag zu Tag fragwürdiger. Die „Unverbrüchlichkeit des Bündnisses" war nur noch Floskel, von „Waffen-brüderschaft" konnte, unter so ungleichen „Brüdern", schon lange keine Rede mehr sein. Marschall Antonescu, der militärische und politische Führer der Rumänen, versicherte Hitler und Frießner zwar seiner absoluten Bündnistreue. Und das mag bei ihm und anderen Offizieren auch der Wahrheit entsprochen haben. Nur: Antonescu war nicht Rumänien. Der König und viele, wohl die meisten, seiner Generäle, Offiziere und Soldaten dachten ganz anders. Wohl fürchteten sie die Russen und den russischen Bolschewismus, fürchteten ihn sogar sehr. Aber man wähnte, die Westmächte würden verhindern, dass die Bolschewisten Rumänien zum Vasallenstaat machen würden. Ein fataler Irrtum, wie die Geschichte zeigte. Hitler hatte übrigens schon 1943 nach der Konferenz von Teheran vorausgesehen, dass die Westmächte den Bolschewisten ganz Osteuropa überlassen würden. Doch das ist nicht mein Thema. Was ich sagen will, ist dies: Es gab viele Anzeichen, dass Rumänien „kippen", dass es aus dem Bündnis mit Deutschland ausscheren würde. Bei der Beurteilung der Lage haben vor allem die in Bukarest vertretenen deutschen Stellen versagt. Alle Anzeichen und Warnungen, Warnungen, die man in Rumänien selbst allerorten hören konnte, schlugen sie leichtfertig in den Wind. Der deutsche Gesandte von Killinger telegrafierte noch am 10.8.1944 nach Berlin, dass die „Lage völlig sicher" sei. Sein Versagen wollte er dann damit aufwiegen, dass er sich beim Einmarsch der Russen erschoss. Und Generalleutnant Alfred Gerstenberg, Luftwaffenbefehlshaber in Rumänien, konterte die Zweifel der militärischen und politischen Bündnistreue Rumäniens damit, dass eine deutsche Flak-Batterie genügen würde, „um jeden Putsch in Bukarest niederzuschlagen"! Auch die ungarische Abwehr warnte die Deutschen, während es der deutschen verborgen blieb, dass maßgebliche Stellen in Bukarest einen Separatfrieden mit den Alliierten anstrebten. Selbst Antonescu hatte das zunächst gewollt: Nach der Niederlage von Stalingrad suchte er ein „ehrenvolles Ausscheiden" aus der Koalition mit Deutschland. Die Bedingungen freilich, die Moskau stellte, waren ihm unannehmbar. Aber es gab noch eine andere rumänische Gruppe, die mit den Alliierten und dann – nach Absprache der Alliierten untereinander – allein mit Moskau verhandelte: der König, ein Hohenzoller übrigens, und die rumänischen Oppositionsführer, darunter auch Mitglieder der kommunistischen Partei. Es wurde hin und her verhandelt, die russischen Bedingungen waren nicht gerade günstig, aber durch die Erfolge der russischen Truppen seit Beginn der Offensive am 20.8. entschloss sich der König zur Unterzeichnung der Übereinkunft, ließ Antonescu mit seinen Ministern am 23.8. verhaften und erklärte um 22 Uhr desselben Tages über den Rundfunk, dass das Bündnis mit dem Deutschen Reich gelöst sei und die Waffenstillstandsbedingungen der Anti-Hitler-Koalition (d. h. Moskaus) angenommen worden sind.

Lange vor dem 23.8.44 wurden Hitler die Bedenken zur rumänischen Bündnistreue vorgetragen, u. a. vom Oberkommando der Heeresgruppe Südukraine. Aber Hitler winkte nur ab: Antonescu sei ihm treu ergeben. Antonescu war es zwar noch aus Not, aber seine Landsleute waren es nicht. Von ihnen, der treibende Impuls ging vor allem von den rumänischen

Kommunisten aus, wurde er schließlich hingerichtet, nachdem er noch am 21.8.44 sich vor dem Oberbefehlshaber der Heeresgruppe Südukraine gerühmt hatte, er sei „der einzige Staatsführer Europas, der unter sein Volk treten kann ohne ‚Leibgarde‘, ohne Angst zu haben, dass mir etwas zustößt".

Die Rumänen, die zwei rumänischen Armeen, die zur Heeresgruppe Südukraine gehörten, waren ein wesentlicher Grund dafür, dass die Katastrophe über die 6. und 8. deutsche Armee hereinbrach. Der Umsturz in Rumänien und das Aufkündigen des Bündnisses mit Deutschland fand am 23.8.44 statt. Am 25.8. erklärte Rumänien Deutschland den Krieg, freilich erst nachdem Hitler den Befehl zur Bombardierung und Eroberung Bukarests gegeben hatte – eine, was die Besetzung Bukarests betraf, unsinnige Anweisung, da hierfür nicht genügend Kräfte vorhanden waren. Von da an kämpften die regulären rumänischen Verbände nicht mehr mit uns, sondern, übrigens vorwiegend mit deutschen Waffen, mit den Russen gegen uns. Aber auch schon vor dem 23.8. simulierten die rumänischen Truppen oft nur die Verteidigung; und als die Russen am 20.8. angriffen, gingen viele Verbände, ohne es zu verbergen, zurück. Ja, nach all dem, was man weiß, kooperierten einzelne Truppenteile sogar schon vor dem 20.8. mit den Russen und ließen diese in der Nacht zum 20.8.44 einsickern, also die Front ohne Gegenwehr überschreiten.

Der dritte Grund der Vernichtung der 6. und teilweise auch 8. Armee war die materielle Überlegenheit der russischen Streitkräfte. Wir, die Deutschen, führten 1944 längst den Krieg des armen Mannes gegen einen überaus reichen und von den

Westmächten reich beschenkten, etwa mit Sherman-Panzern beschenkten Gegner. Der 13. deutschen Panzerdivision standen zu Beginn der Schlacht nur 30 bis 35 Panzer zu Verfügung! An den Durchbruchsstellen hatten die Russen dagegen eine Dichte von 23 Panzern und Selbstfahrlafetten je Frontkilometer! Für die ganze Armeegruppe Südukraine standen kurz vor Beginn der russischen Offensive nur 121 Panzer sowie 283 Sturmgeschütze und Sturmhaubitzen zur Verfügung, den Russen dagegen 1 404 Panzer und Selbstfahrlafetten. Zudem fehlte es uns an panzerbrechenden Waffen. Noch nicht einmal genügend Artillerie-Munition war vorhanden! Die Russen eröffneten dagegen den Großangriff mit einem gewaltigen Feuersturm ihrer Artillerie: Bereits durch dieses Vorbereitungsfeuer „aus allen Rohren" ist etwa bei der 306. Infanteriedivision, dem Schwerpunkt des russischen Angriffs aus dem Brückenkopf bei Tiraspol, die Kampfstärke auf ein Drittel zurückgegangen! Wie auch im Gutachten des Roten Kreuzes zu lesen ist, war an den Durchbruchstellen, an denen die Russen ihre Truppen massierten, das Verhältnis 8:1 und höher. Das war zu Beginn der Schlacht am 20.8. Nur wenige Tage danach war das Verhältnis für uns noch schlechter: Viele Panzer, Sturmgeschütze und Flugzeuge fielen aus, da der Betriebsstoff fehlte und die kämpfenden Teile durch die schnell vorstoßenden russischen Panzerkräfte vom Tross abgeschnitten waren.

Ein weiterer wichtiger und also der vierte Grund für die Katastrophe bestand darin, dass das Oberkommando der Wehrmacht der Heeresgruppe Südukraine den größten Teil der Reserven, die ihr im Sommer '44 zur Verfügung standen, weg-

nahm, um sie den unter starken Feinddruck geratenen Heeres-
gruppen Nordukraine und Mitte zuzuführen. Seit Ende Juni
mussten 11 Divisionen – 5 Panzer- und 6 Infanterie-Divisionen –
abgegeben werden! An deutschen Reserven standen der Heeresgruppe Südukraine nur noch zwei Divisionen sowie eine Feld-
ausbildungsdivision und eine Kampfgruppe der 20. Panzerdivision – ohne Panzer und Geschütze –, dazu noch eine Artillerie-
und eine Sturmgeschütz-Brigade zur Verfügung. Ohne zur Disposition stehende ausreichende Reserven schwinden aber die
Handlungsspielräume der Befehlshaber, um nicht zu sagen: sie
sind nicht mehr vorhanden. Denn wenn an der Hauptkampflinie ein Durchbruch stattfindet, so muss er schleunigst mit zur
Disposition stehenden, also freien Kräften zum Stehen gebracht
und der Angreifer wieder zurückgeworfen werden. Die freien
Kräfte sind eine Art Feuerwehr. Trifft sie nicht rechtzeitig ein,
so rücken mehr und mehr feindliche Kräfte nach und fallen
dem Verteidiger in die Flanke oder gar in den Rücken. Das
beste Grabensystem und die beste Staffelung des Hauptkampf-
feldes nützen in diesem Falle nichts, denn sie sind nur auf einen
Angriff von vorne angelegt. Diese freien Eingreiftruppen, die
Korps-, Heeres- oder Heeresgruppenreserven, müssen aber mo-
torisiert sein: Sie müssen so schnell wie möglich an die Durch-
bruchstelle geführt werden, denn je später sie kommen, desto
geringer sind ihre Chancen, den Angriff des Feindes zurückzu-
werfen, desto verlustreicher und blutiger wird es zugehen. Spä-
testens also mit Wegnahme der motorisierten Reserven hätte die
Front zurückgenommen und begradigt werden müssen. Durch

die Verkürzung der Front hätte man dann auch neue Reserven bilden können.

Der fünfte wichtige Grund für die Vernichtung unserer am Boden kämpfenden Truppen war, dass die deutsche Luftwaffe, konkret die Luftflotte 4 – am 20. August standen ihr an Kriegsflugzeugen (ohne Transportmaschinen) 232 einsatzbereite Maschinen zur Verfügung –, versagt hat oder doch wenigstens nicht in der Weise in Erscheinung trat, wie es nötig gewesen wäre. Jedenfalls war sie der russischen Luftwaffe in keiner Weise ein ebenbürtiger Gegner. Im dynamischen Krieg ist die Luftwaffe äußerst wichtig: Wer in der Luft unterliegt – und das war bei uns Deutschen 1944 längst der Fall –, kann auch schwerlich am Boden obsiegen. Denn jeden Vorstoß und Angriff, aber auch jeden geordneten Rückzug kann die feindliche Luftwaffe durch Bomben und Bordwaffen zunichte machen, jede Verteidigungsstellung zerstören und die Zufuhr von Nachschub unterbinden. Die deutsche Luftwaffe konnte weder der russischen Paroli bieten, noch konnte sie die deutschen Truppen in ihrem Kampf direkt unterstützen. Die sogenannte Luftnahunterstützung fiel fast vollständig aus. Das hätte von vornherein in die Strategie der Deutschen einfließen müssen. Natürlich hatte man um diese Zusammenhänge gewusst. Die Erfolge am Anfang des Krieges, gegen Polen, Frankreich und eben die Sowjetunion, bestanden ja zum großen Teil darin, dass wir die Luftüberlegenheit errungen hatten. Die Operation Barbarossa begann mit einem gewaltigen Schlag gegen die sowjetischen Flugplätze, mit dem insgesamt 1 200 Flugzeuge vernichtet wurden.

In den Berichten, die von Überlebenden der Katastrophe von Jassy-Kischinew verfasst wurden, heißt es immer wieder, dass auf die dichtgedrängten zurückgehenden deutschen Marschkolonnen laufend, alle 20 bis 30 Minuten, Schlachtfliegerangriffe erfolgten. „Eigene Jagdabwehr war nicht vorhanden", heißt es da. Und: „Hauptsächlich wirkte das völlige Fehlen eigener Jäger und die Hilflosigkeit der Truppe gegen die rollenden Schlachtfliegerangriffe niederdrückend auf die Soldaten." Oder: „Der Russe griff diese Ansammlungen mit Schlachtfliegern äußerst heftig an, und es entstanden große Verluste." Wenn Teile der eingekesselten Divisionen ausbrechen konnten, so hat sie die russische Luftaufklärung permanent überwacht, und gegen größere Gruppen wurden immer wieder Schlachtflieger sehr wirkungsvoll eingesetzt.

Es war vor allem die zu geringe Zahl an Flugzeugen, die der deutschen Luftwaffe zu schaffen machte. Die Flieger taten, auch vor dem 20. August, gewiss ihr Bestes. Unter ihnen war ja kein Geringerer als das Fliegerass Oberst Rudel, damals noch Oberstleutnant. Er und seine Kameraden versuchten die aufgeklärten Panzeransammlungen der Russen durch Kampfflieger und Stukaverbände zu zersprengen. (Rudel allein hatte am Ende des Krieges über 500 Panzer abgeschossen. Er flog auch, als er verwundet und die Wunde noch nicht ausgeheilt war, und man berichtet, dass nach solch einem Flug erst einmal das Blut unter seinem Sitz aufgewischt werden musste.) Aber für die Russen stand ein schier unerschöpfliches Reservoir an Material, auch an Menschenmaterial, bereit. An Flugzeugen konnten sie an der Ostfront bei Tiraspol, nach eigenen Angaben, am 20. August über 1674 Maschinen disponieren; an deutschen Flugzeugen zählten sie nur 19! Aus der 79. deutschen Division wurde berichtet, dass die eigene Luftwaffe, nachdem sie am zweiten Tag noch mit einigen Jagdmaschinen Einsatz flog, schon ab dem dritten Tag in die Kämpfe nicht mehr eingriff. Auch wurden von da an keine Aufklärungsflüge mehr beobachtet – für eine dynamische und wirkungsvolle Kriegsführung unentbehrlich. Als aufgrund der Feindlage die Bodenversorgung der Truppen mit Munition, Betriebsstoff und Verpflegung nicht mehr möglich war, wurde von den Versorgungsoffizieren immer wieder die Luftversorgung angefordert. Doch man bekam immer nur zur Antwort, dass keine Transportmaschinen zur Verfügung stünden. Und hätte man über welche verfügen können, so wären sie aus „Betriebsstoffgründen" nicht einsatzfähig gewesen. Bereits am 23.8. mussten die ersten Flugzeuge nach Ungarn verlegt werden: Für sie stand Flugbenzin gerade noch für die Überführung bereit.

Ich komme, sechstens, schließlich zum letzten entscheidenden Punkt unseres Untergangs: der operativen und taktischen Leistung der russischen Kriegsführung, die unterstützt wurde durch die Fehler auf deutscher Seite. Die Russen hatten ihre Lektionen gelernt. Sie führten den dynamischen Krieg so, wie wir den Krieg bis Ende 1941 führten: schnell, den Gegner übertölpelnd, ihm keine Zeit zur Wiederherstellung der militärischen Schlachtordnung gewährend. In den Anweisungen des russischen Angriffsplanes heißt es immer wieder, „aus der Bewegung heraus" hätte dieses oder jenes Korps den Ort einzunehmen oder den Fluss zu überschreiten. Und die russische

Führung nahm kaum Rücksicht auf Verluste ihrer Mannschaften und Offiziere. Heißt es in den russischen Tagesberichten der Schlacht, die soundsovielte Armee „handelte nicht entschlossen genug", so hatte de facto ein Befehlshaber Rücksicht darauf genommen, dass hier Menschen kämpften, denen man nicht jedes Blutopfer abverlangen durfte. Auf den Ostfeldzug insgesamt bezogen war die Zahl der Gefallenen auf russischer Seite viermal so hoch wie auf deutscher. Neben schweren operativen Fehlern der obersten russischen Führung war dies vor allem dem gnadenlosen Verheizen der einfachen russischen Kämpfer, die bis zum 60. Lebensjahr rekrutiert wurden, geschuldet. Zwischen 1941 und 1945 richtete die rote Armee, die vor 1941 übrigens ganz auf Offensive ausgerichtet war, mit der Begründung „Fahnenflucht" und „Feigheit" mehr eigene Soldaten hin als alle anderen Armeen zusammen. Es waren vor allem die bolschewistischen Politkommissare, die als Schlächter der eigenen Soldaten auftraten. Hitler und die SS-Ideologen haben in der Endphase des Krieges wohl ebenso rücksichtslos befohlen und gehandelt, aber mit den meisten deutschen Offizieren war es nicht möglich gewesen, solche Rücksichtslosigkeit durchzusetzen.

Die Leistung der Russen im Kessel von Jassy-Kischinew wurde dadurch erleichtert, ja erst dadurch ermöglicht, dass die deutsche Kriegsführung und die deutschen Truppen im August 1944 lange nicht mehr auf der Höhe ihres Könnens standen; sie konnten es allein aufgrund des Mangels an Material nicht mehr sein. Aber auch, was den Kampfgeist betraf, waren wir nicht mehr auf der Höhe unserer großen Siege. Die einfachen Soldaten, aber auch Offiziere und Generäle hatten größten Teils den Glauben an den „Führer" verloren, und wenn nicht verloren, so war dieser Glaube doch sehr mit Zweifeln durchsetzt. Weiterhin waren die geübten und kampferprobten Abteilungen durch die Verluste während des Rückzuges, die bis zu 80% betrugen, stark ausgedünnt und mussten durch neue, zum Teil ungenügend ausgebildete und kaum erprobte Mannschaften und Offiziere ersetzt werden. Der Zenit unserer schnellen Kriegsführung war bereits Ende 1941 überschritten. Es gab später noch einige Initiativen, vor allem im Sommer, die von unseren Generälen brillant durchdacht und teilweise auch durchgeführt werden konnten, aber letztlich begann schon Ende 1941 der Abstieg, nicht erst mit Stalingrad um die Jahreswende '42/43. Stalingrad war das Symbol für den Umschlag, weil hier, für jeden sichtbar, die Wucht und Dynamik des deutschen Angriffs gebrochen und der Krieg statisch wurde, für wenige Monate in die Kriegsführung des Ersten Krieges überging.

Statt alle Heerestruppenteile zu mobilisieren, nahm die Mobilität unserer bereits mobilen Truppen im Verlauf des Krieges ab. Speziell für die Situation meines Sohnes hieß das: Die Infanteriedivisionen, die am Dnjestr standen, waren viel zu unbeweglich. Sie konnten im Falle eines Angriffes nicht schnell genug an die Brennpunkte des Kampfes gezogen werden, und im Falle eines Rückzuges waren sie viel zu langsam: So konnten sie permanent von russischen Panzern überholt und umkreist werden – eine Strategie, die letztlich zu Einkesselung und Vernichtung führte. Im dynamischen Krieg hat sich auch die Verteidigung dynamisch zu vollziehen: schnell zurückweichen, sich günstig aufstellen, um dem Gegner wirkungsvoll in die Flanke stoßen zu können – ganz im Gegensatz zum Hitler'schen Dogma, dass alle Stellungen bis zur letzten Patrone und bis zum letzten Mann zu halten seien.

So weit die Gründe für unsere desasträse Niederlage. Wie aber stellt sich der konkrete Verlauf der Schlacht dar – speziell die Situation des LII. Armeekorps, dem die 320. Division meines Sohnes angehörte?

*

Der Verlauf der Schlacht

> Morgenrot, Morgenrot,
> leuchtest mir zum frühen Tod?
> Bald wird die Trompete blasen ...

Es begann am 20.8. Die deutschen Truppen waren durchaus bereit und entschlossen. Sie wussten, dass der Russe losschlagen werde, sie erwarteten die Offensive. Aber sie hatten einen an Zahl und Material weit überlegenen Gegner vor sich, kaum Reserven hinter sich sowie politisch und militärisch fragwürdige Verbündete neben sich; und sie waren zunächst gebunden an den Befehl, die Stellung unter allen Umständen zu halten. Die Russen eröffnen im Osten um 4.00 Uhr und im Norden eine Stunde später das Trommelfeuer auf die Stellungen ausgesuchter Divisionen. Nach einer knappen Stunde gibt es im Osten

Angriffe der Infanterie, mit denen getestet werden soll, ob die Deutschen noch in der Hauptkampflinie liegen oder schon auf rückwärtige Stellungen ausgewichen sind. Sie sind geblieben. Daher wird um 7.00 Uhr erneut zweieinhalb Stunden lang Trommelfeuer auf die Stellungen gelegt, unterstützt von Fliegerbomben, die es vor allem auf die deutschen Artilleriestellungen abgesehen haben. Schon durch diesen Feuerteppich sind bei uns 50% Verluste bei Truppe und Waffen zu beklagen. Sämtliche Drahtverbindungen sind zerstört. Nach diesem Bombardement geht die russische Infanterie, begleitet von starken Panzerkräften, in den Sturmangriff über. Es ist anzunehmen, dass die Russen durch den Verrat der Rumänen bereits in der Nacht auf den 20.8. in das Hauptkampffeld einsickern konnten – und dadurch große Vorteile haben. Sie suchen den Durchbruch der Front sowohl im Norden, nordwestlich Jassy, als auch im Osten, südlich Tiraspol, wo sie einen Brückenkopf von 15 km Breite und 15 km Tiefe westlich des Dnjestr innehaben. Sie wählen hierzu vor allem die „weichen" Stellen der Hauptkampflinie: die Abschnitte der Front, die von Rumänen verteidigt werden sollen. Aber auch deutsche Divisionen sind betroffen, so etwa im Osten die 9., die 306. und die 15., die an die rumänische 4. und 21. angrenzen. Bei den Rumänen treffen die Angreifer zum großen Teil auf wenig oder gar keinen Widerstand. Ein Großteil der rumänischen Divisionen weicht schon beim vorbereitenden feindlichen Artilleriefeuer zurück. Im Osten fallen die 4. und 21. rumänische Division, die nebeneinander liegen, beinahe vollständig aus. Die Last des Abwehrkampfes liegt in diesem Abschnitt nun allein auf den deutschen Divisionen, der 15., der 306. und der 9. Division. Nicht allein, dass diese dem russischen Angreifer an Zahl und Material weit unterlegen sind – sie müssen nun ihren Kampf nach allen Seiten führen. Durch den Ausfall der Rumänen entsteht eine Frontlücke von 20 bis 30 km! Dass man unter diesen Bedingungen nicht standhalten kann, ist offensichtlich. Die Russen können im Osten bereits am ersten Tag mit 50 Panzern durchbrechen. Die Front muss auf deutscher Seite zurückgenommen werden. Denn der beste Ausbau der Hauptkampflinie nützt ja nichts, wenn die Division plötzlich von der Seite oder gar im Rücken angegriffen wird.

Wie im Osten, so gelingt dem Feind auch im Norden bereits am ersten Tag der Durchbruch. Im Norden geht die 5. rumänische Kavallerie-Division zurück, waffen- und führerlos. Auf Befragung erklären die Soldaten, dass ihre Offiziere sie entlassen haben und der Krieg für sie zu Ende ist. Es wird aber auch berichtet, dass der rumänische General Dumitrescu, Kommandeur der 11. rumänischen Infanteriedivision, seine kopflos zurückweichenden Soldaten und Offiziere mit der Reitpeitsche wieder an die Front getrieben hat. So kann der Feind im Norden schon am ersten Tag Jassy angreifen und sich im Westen der Stadt festsetzen. Damit steht er im Rücken der 79. deutschen Infanteriedivision. Und tatsächlich werden unsere Truppen im Norden wie im Osten in den folgenden Tagen nicht nur aus einer, sondern immer wieder aus mehreren Richtungen angegriffen.

Am zweiten Tag brechen im Norden 300 russische Panzer mit aufgesessener Infanterie in Richtung Süden durch. Auch hier muss die Front zurückgenommen werden, müssen sich Divisionen aus sehr gut ausgebauten Stellungen schon nach dem ersten Tag zurückziehen, obgleich sie selbst gar nicht angegriffen wurden: Die Gefahr der Umgehung, des Abschneidens und der Einkesselung wird zu groß. Nicht Frontalangriff auf ganzer Breite, sondern schneller Durchstoß an den weichen Stellen mit Abschneidung und Einkesselung kampfkräftiger Verbände: das ist das Prinzip der dynamischen Kriegsführung. Den Durchbruch durch Hauptkampflinie und Hauptkampffeld zu schaffen und den Feind von allen Seiten anzugreifen und vernichtend zu schlagen – wie oft träumten wir im Ersten Krieg, und noch lange danach, von solcher Kriegsführung. Hier im Zweiten wurde der Traum Realität. Doch er erfüllt sich nun auf des Feindes Seite und mit dem Tod meines Sohnes. Auch im Norden sind es vor allem rumänische Divisionen, die nicht standhalten. Ja, Soldaten einer deutschen Division, die in unmittelbarer Nachbarschaft zu den Rumänen liegen, berichten, dass schon in der Nacht vom 19. auf den 20. Fahrzeuggeräusche zu hören und Scheinwerferlicht zu sehen waren: Teile der rumänischen Divisionen haben sich schon in der Nacht abgesetzt, womöglich sogar Russen in die Front einsickern lassen.

Der Angriff kommt gut voran, obgleich die Verluste der Russen an Soldaten und Material hoch sind: Allein am zweiten Tag hat die 10. deutsche Panzergrenadierdivision 40, die 13. deutsche Panzerdivision mit anderen Teilen des XXX. Armeekorps 92 Feindpanzer abgeschossen. Aber es ist wie beim Kampf mit der Hydra: Schlägt man einen Kopf ab, wachsen mehrere nach. Und dann haben wir ja auch eigene Verluste.

Und es fehlt an Betriebsstoff. So kommt es, dass der 13. Panzerdivision am Morgen des 22.8. kein einziger Panzer mehr zur Verfügung steht! Unter diesen Umständen hat der Russe schon am dritten Tag die operative Bewegungsfreiheit erlangt.

Die bereits vor Beginn des Angriffs vermutete Strategie der Russen ist damit offenkundig geworden: Sie sind bestrebt, die 6. und soweit möglich auch die 8. Armee durch eine Zangenbewegung einzukesseln und zu zerschlagen. Aus diesem Grund suchen sie vom ersten Tag an mit ihren Panzerverbänden tief in das von uns noch gehaltene Gebiet einzudringen – und zu diesem Zweck lassen sie logischerweise Widerstandsnester liegen und gehen dem Kampf mit deutschen Panzern aus dem Weg. Sie beabsichtigen ja anderes und Größeres. Sie suchen vor allem auch schnell zu den wichtigen Übergängen des Flusses Pruth zu gelangen, um der 6. Armee das Übersetzen zu verwehren.

Abb. 22 Mein Sohn

Wie hat mein Sohn den Beginn dieser Offensive erlebt? Nun, er ist zunächst gar nicht an den Kämpfen beteiligt. Seine Division wird nicht angegriffen und liegt noch in ihrer Stellung – soweit er überhaupt in der Stellung liegt, denn etwa ein Drittel der Mannschaft befindet sich wegen akuter Malariaerkrankung in weit hinter der Front gelegenen Sanitätseinrichtungen. Aber ich glaube nicht, dass er zu den Kranken gehörte; das hätte er mir geschrieben in seinem Brief vom 17.8.1944, der letzten Äußerung, die ich von ihm habe. Oder liegt er im Lazarett und verschweigt seine Erkrankung, weil er uns nicht beunruhigen will? – Auch wenn er sich im Frontbereich aufhält, ist er in den ersten beiden Tagen nicht am Kampfgeschehen beteiligt. Die geschickte Strategie des russischen Oberbefehlshabers der 3. Ukrainischen Front (die Bezeichnung „Front" entspricht in etwa der deutschen „Heeresgruppe"), General Tolbuchin, hatte explizit untersagt, die im Kischinewer Bogen stehenden Hauptkräfte der 6. Armee anzugreifen. Allein ein Fesselungsangriff südlich Grigoriopol findet am 20. August statt; er kann mühelos abgewiesen werden. So meldete das Oberkommando der 6. Armee noch am 20.8. über das LII. Armeekorps, dem die Division meines Sohnes angehörte, an den Generalstab der Heeresgruppe: „LII. A.K. bis auf einen örtlichen Angriff in Kompanie-Stärke … nichts Besonderes." Durch diese Strategie verhindert der Russe den vorzeitigen Rückzug des Korps und damit das Entweichen vor Schließung des Kessels. Und er bekommt die Masse seiner Divisionen und Panzer für die bewusst schmal gewählten Durchbruchstreifen frei! Durch diese Massierung ist die Überlegenheit der russischen Kräfte an Infanterie, Artillerie sowie Panzer und Selbstfahrlafetten fünf- bis zehnfach, und an den Durchbruchstellen beläuft sich die Anzahl der Geschütze und Granatwerfer ab Kaliber 76 mm auf 260 je Frontkilometer! Alle vier Meter ein Geschütz! Das u. a. auf dem Brückenkopf bei Tiraspol lange vor dem 20.8. bereitzustellen und geheimzuhalten, erforderte eine außerordentliche logistische Leistung. Von den deutschen Posten wurden zwar immer wieder Baumfällgeräusche wahrgenommen, und man vermutete wohl, dass es sich um Brückenbau handelte. Aber aufgeklärt wurden die Vorfälle nie: weder aus der Luft noch durch Aufklärungsvorstöße der Bodentruppen. Erst nachdem der Russe die als Sichtkulissen dienenden Bäume mit Beginn der Schlacht fällt, wird sichtbar, dass in vorher geschlagenen Waldgassen russische Panzer stehen. Und unter Geheimhaltung wurden 10 Schwimmbrücken mit einer Gesamtlänge von 2,2 Kilometern über den Dnjestr geschlagen. Nur des Nachts wurde gearbeitet, und bevor es tagte, wurden die Konstrukte wieder zerlegt und getarnt am Flussufer abgelegt.

Einige Kompanien der 6. Armee tragen noch am 20. und 21.8. Sportwettkämpfe aus. Ein Überlebender der 257. Infanteriedivision, die nur 35 km von der Division meines Sohnes entfernt liegt, berichtet, dass bei ihnen am 21.8. ein „Geschwindigkeitswettmarsch" von Tighina über Gasca nach Farladani und zurück auf dem Programm stand. Bedenken kommen den Teilnehmern dieses Wettkampfes erst, als sie auf der Straße von Gasca nach Farladani in starkes Artilleriefeuer geraten, dem sie sich nur mit Mühe ohne Verluste entziehen können. „Geschwindigkeitswettmarsch" – nur einen Tag später laufen sie um ihr Leben.

Schon in diesen ersten beiden Tagen zieht sich das Verhängnis um die im Dnjestr-Bogen liegenden deutschen Divisionen zusammen: Die schnellen Truppen der Russen stoßen *hinter* der Front der Hauptkräfte der 6. Armee vor. Der Kreis, den die Russen um die deutschen Divisionen ziehen, schließt sich mehr und mehr. Statt sofort mit dem Rückzug zu beginnen, um der Umklammerung zu entgehen, bleiben die deutschen Truppen

zunächst liegen und warten. Das ist das Fatale. Oberbefehlshaber Frießner entschließt sich erst am späten Nachmittag des
21.8. zur Zurücknahme der Front. Er hielt vorher Rücksprache
mit dem Oberkommando des Heeres, welches das grundsätzli-
che Einverständnis signalisierte: Alle Vorbereitungen könnten
getroffen werden, die endgültige Entscheidung werde noch in
der Nacht erfolgen. Als diese ausbleibt, gibt Frießner in der
Nacht vom 21.8. auf den 22.8. für die 6. Armee den Befehl
zum Absetzen auf den Pruth. Noch am Vormittag des 21.8.
erklärte er in einer Unterredung mit Marschall Antonescu, dass
eine Planung für den Rückzug auf den Pruth in Vorbereitung
sei, dass er diesen Schritt aber nicht übereilen wolle.

Am 22.8. um 19.30 beginnt der Rückzug; die Nachttruppen
lösen sich um Mitternacht vom Feind. Zunächst sollen die
Truppen in die ca. 30 km rückwärts gelegene Trajan-Stellung
zurückgehen.

Des Morgens zwischen dreyn und vieren,
da müssen wir Soldaten marschieren,
das Gäßlein auf und ab;
Tralali, Tralaley, Tralala,
Mein Schätzel sieht herab.

Nicht des Morgens – in Dunkelheit und ohne Schätzel ziehen
sie dahin: Fußtruppen, mit Pferden bespannte Wagen und Geschütze sowie motorisierte Fahrzeuge. Schienenwege werden
zerstört, Munition, die man nicht mitnehmen kann, wird vernichtet. Gelegentlich sinken Leuchtfallschirme russischer

Nachtbomber herab, die es mit ihrer Ladung auf Ansammlungen von Mensch und Maschine abgesehen haben. Die Divisionen wissen zu diesem Zeitpunkt noch nicht, in welch gefährliche Lage sie durch die russische Zangenbewegung geraten sind.

Auch die Armeegruppe Wöhler an der Nordfront soll auf die Trajan-Stellung zurückgehen, die hier südlich Jassy bis südlich Targul Frumos verläuft – ein Befehl, der zu diesem Zeitpunkt bereits überholt ist, da die Trajan-Stellung von den Russen schon an mehreren Stellen durchbrochen wurde. Hitlers Befehl zum Rückzug wurde erst am 22.8. erteilt. Da war die Offensive bereits drei Tage im Gange! Der Befehl hat mit der realen Situation nichts mehr zu tun, er befiehlt, was schon, mehr schlecht als recht, im Gange ist. Als der Rückzug beginnt, ist es für die deutschen Truppen bereits zu spät, viel zu spät. Die Divisionen ziehen sich nun nicht mehr zurück – sie müssen sich zurückkämpfen. Und das bei weit überlegenen feindlichen Kräften! Die Kolonnen der 6. Armee setzen sich am Abend des 22.8. in Bewegung, aber der Feind steht schon am 23.8. mit seinen Panzerrudeln im Abschnitt Leusceni – Leova am Pruth, macht hier nach Osten kehrt und stellt sich den nach Westen ziehenden deutschen Kolonnen in den Weg. Und an der Nordfront war der Feind, westlich des Pruth, bereits weit nach Süden und Südwesten vorgedrungen. Teile der 8. Armee stehen noch mit schwachen Sicherungstruppen am Westufer des Pruth, und einige Brückenköpfe können gehalten werden mit der Absicht, die zurückflutenden Divisionen der 6. Armee aufzunehmen. Aber schon am 25.8. muss der letzte Brückenkopf, bei Leova, aufgegeben werden. Er wurde von den Resten der 13. Panzerdivision gehalten. Die Division ist zu diesem Zeitpunkt in ihrer infanteristischen Gefechtsstärke auf ein Panzergrenadierregiment zusammengeschmolzen; ihr stehen nur noch wenige Panzerabwehrkanonen und 4 – 6 Artilleriegeschütze zur Verfügung; alle einsatzfähigen Panzer hat sie bereits verloren. Als am 25.8. auf dem westlichen Pruthufer russische Panzer auftauchen, muss sie die Stellung aufgeben und die Brücke sprengen, um den Russen ein rasches Übersetzen zu verwehren. Also auch wenn der Rückzug der Division meines Sohnes ohne jegliche Störung hätte stattfinden können, so hätte er keine intakte Brücke mehr vorgefunden. Denn von seinem Stützpunkt bis zur Brücke bei Leova sind es weit über 100 km! Aber selbst wenn vom Westufer her Brücken und Brückenköpfe hätten gehalten werden können – vom Osten her hatte der Gegner bereits alle diese Übergänge gesperrt! Alle Anstrengungen der 8. Armee, die selbst unter großem Druck steht, sind für die 6. Armee im Grunde ohne Belang. Ihre Divisionen werden zerschlagen und vernichtet, bevor sie den Pruth erreichen. Einzelnen Gruppen freilich gelingt der Ausbruch und auch das Übersetzen, ja sogar das Zurückkämpfen zu den eigenen Reihen, die sie erst nach Wochen und Monaten erreichen. Aber ob mein Sohn dabei war? Ich bezweifle es. Die Wahrscheinlichkeit spricht dagegen.

Er war auf dem Rückzug, das steht fest, das dürfte mit hoher Wahrscheinlichkeit so gewesen sein. Am 23.8. halten die Divisionen seines Korps, des LII., die Trajan-Stellung, um sich am Abend dann weiter abzusetzen. Am Abend meldet das Oberkommando der 6. Armee dem Oberkommando der Heeresgruppe per Funk, dass das Absetzen der Armeekorps „planmäßig" verlaufe. Aber dieser Rückzug geht in größter Eile vor sich! Es herrscht Hektik und zum Teil auch schon Chaos, weil nun alle Divisionen zusammen zurückgehen und durcheinandergeraten, sich vermischen und verfranzen, da sie die ihnen zugeteilten Bewegungsstreifen nicht einhalten können, weil der Feind die marschierenden Kolonnen abdrängt. So drängen sich etwa Teile der 15. Infanteriedivision in die Rückmarschwege des LII. Korps. Die Feldgendarmerie versucht vergeblich, das Chaos zu ordnen. Kischinew und die Straße Kischinew – Husi sind schon am 23.8. verstopft. Es sind keine geordneten Verbände, die da zurückgehen. Das alles gleicht eher einer Flucht! „Feind ringsum!" – welch schrecklicher Ruf, welch schreckliches Verhängnis! Vom Osten drängt er nach, vom Süden stößt er in die Flanken der Marschkolonnen, im Westen legt er Sperrriegel an, und aus der Luft stößt er mit Schlachtflugzeugen herab. Dazu kommt, dass die nachrichtlichen Verbindungen unter den einzelnen Divisionen, der Divisionen zur Korps- und Heeresleitung und zum Oberbefehlshaber der Armeegruppe Südukraine sehr schlecht sind und schließlich ganz ausfallen. Auf diese Weise agiert die Armee nicht mehr als gegliederte Einheit, sondern als Ansammlung von einzelnen Gruppen, als großer Haufen.

Mehr und mehr müssen sich die Divisionen nun gegen Flankenangriffe russischer Panzerverbände und Artillerie zur Wehr setzen. Ach, hätten sie es doch nur gekonnt! Denn wie sollen sich Infanteristen gegen Panzer zur Wehr setzen, die den zurückweichenden Kolonnen in die Flanke stoßen und aus sicherer Entfernung ihre Granaten verschießen? Wie gegen angreifende Flugzeuge? Die Abwehrmaßnahmen des Infanteristen nützen da nicht viel. Zwar kann sich auch eine Infanteriedivision gegen Panzer wehren, etwa durch begleitende Sturmgeschütze und Panzerabwehrkanonen der integrierten Panzerjägerabteilung, die in der 320. Division 3 Kompanien stark ist. Aber hierfür sind strenge Ordnung, wirksame Befehlsstruktur und Aufklärung der Stellungen und Vorhaben des Feindes vonnöten. Als geordnete und hierarchisch durchstrukturierte Einheit kann eine Division eine gewaltige Stoßkraft erzeugen. Ungeordnet ist sie nur eine chaotische Ansammlung von Gruppen, die sich auf zuletzt wirkungslose Einzelaktionen beschränken müssen und einen größeren Angriff nicht abweisen können. Und Ordnung, Befehlsstruktur und Aufklärung sind, soweit überhaupt noch vorhanden, sehr stark beeinträchtigt. Selbst wenn die Befehlsstrukturen noch halbwegs intakt sind, so benötigt ein in Marsch befindliches Infanterie-Regiment, in der Flanke angegriffen, zur Herstellung der Gefechtsbereitschaft sehr viel Zeit. Die russischen Panzerrudel können zuschlagen – und sich wieder zurückziehen, zuschlagen und sich wieder zurückziehen. Zudem können die russischen Kampfflieger beinahe beliebig agieren, da ihnen die deutsche Luftwaffe nur wenig entgegenzusetzen hat – und nach dem 24.8. überhaupt nicht mehr ins Kampfgeschehen eingreift.

Am 24.8. verteidigt sich das Korps meines Sohnes zunächst im Botna-Tal bei Rezeni, 15 km nordwestlich Kainary. Es wird aber mehr und mehr zurückgedrängt, öfters durchbrochen und überflügelt – eine „überholende Verfolgung" kann man diesen Vorgang nennen. Noch funktioniert die Artillerie halbwegs, so dass der Russe nicht ganz nach Belieben mit den Divisionen spielen kann.

Am Abend ergeht Befehl zum weiteren Absetzen. Alle nicht unbedingt notwendigen Trossfahrzeuge sollen zurückgelassen und die übrigen erleichtert werden. Doch am 24.8. wird der um die deutschen Divisionen gelegte Einschließungsring so dicht, dass mit einem Herauskommen noch halbwegs geschlossener, also kampfkräftiger Teile nicht mehr zu rechnen ist. Am Abend des 24.8. setzt dann zu allem Unglück noch ein schwerer Gewitterregen ein. Die schlechten Rückzugswege sind im hügeligen und bergigen Gelände für schwere Waffen und schwere Fahrzeuge nun größtenteils unpassierbar. Diese müssen teilweise gesprengt und zurückgelassen werden.

So nimmt das Verhängnis seinen Lauf. Am 25.8. zeichnet sich die Auflösung des LII. Armeekorps ab. Das Kogalniktal, das durchschritten werden muss, ist schon vom Feind besetzt, der Kolgalnik-Übergang bei Guragalbina-Bocieni kann aber freigekämpft werden. Und er muss es mehrmals! Als die Marschkolonne, die sich aus mehreren Divisionen zusammensetzt, 3 km westlich Bocieni von einer Höhe aus mit MGs und panzerbrechenden Waffen beschossen wird, bricht Panik aus, und die Truppe stürzt in ein nahegelegenes Waldgebiet, um Deckung zu suchen.

Ach Bruder, jetzt bin ich geschossen,
   die Kugel hat mich schwer getroffen,
Trag mich in mein Quartier,

Tralali, Tralaley, Tralala,
Es ist nicht weit von hier.

Aber noch ist ein Teil der Artillerie kampfbereit, und noch ist genug Munition vorhanden, so dass diese feindliche Stellung in direktem Beschuss genommen werden kann. Stoßtrupps können die Reste der feindlichen Stellung ausheben. Man zieht weiter, an längere Pausen ist nicht zu denken, wiewohl man sie bitter nötig hätte.

Es fehlt vor allem an Wasser. Lebensmittel können teilweise zugeteilt werden: Sie werden den am Wege stehengelassenen Trossfahrzeugen entnommen. Doch immer wieder Beschuss links und rechts des Marschweges – ein Beschuss, der eingedämmt und auf Distanz gehalten wird, sobald Sturmgeschütze, Panzerabwehrkanonen und Artillerie in Stellung gebracht werden können. Wenn nur nicht dieses verdammte Bombardement aus der Luft wäre! Es ist schrecklich zu sehen, wer – oder kann man schon sagen: was? – alles liegen bleibt. Tote und Verwundete, auch viele tote oder verwundete Pferde. Verwundete, die versorgt werden wollen. Aber sie können, das ist bitter, bitter, bitter, nun nicht mehr mitgenommen werden.

Ach Bruder, ich kann dich nicht tragen,
Die Feinde haben uns geschlagen,
Helf dir der liebe Gott,
Tralali, Tralaley, Tralala,
Ich muß marschieren in Tod.

Am Nachmittag erreichen die Kolonnen einen freien Raum nördlich Orak, in dem bereits viele Einheiten und Fahrzeuge lagern, teilweise schon am Vortage hierhergekommen. Die Höhen ringsum sind feindbesetzt. Alle Versuche, nach Westen durchzubrechen, sind, so berichten die seit gestern Anwesenden, bislang gescheitert, für die kommende Nacht aber sei ein neuer Durchbruch geplant, Kampftruppen seien schon voraus. Auf dem westlichen Ufer des Pruth befinde sich die neue Hauptkampflinie, voraussichtlich sei noch ein Brückenkopf vorhanden, um die Truppe aufzunehmen. So erzählt man sich reihum.

Am 25.8. lässt der kommandierende General des ebenfalls eingeschlossenen XXX. Korps den folgenden Funkspruch absetzen: „Sind eingeschlossen, beginnen um 24.00 Uhr den Durchbruch in südwestlicher Richtung zum Pruth."

Bei Dunkelheit bricht man auf. Auf dem Weg liegt starkes russisches Feuer, das die deutschen Kolonnen schwer dezimiert. Neben den Höhen sind teilweise sogar Mulden feindbesetzt. Aber noch gibt es Munition auf deutscher Seite. Und so kommt man in der Nacht auch vergleichsweise gut voran. Mehrere russische Riegelstellungen können mit einem tausendfachen „Hurra" gestürmt und durchbrochen werden.

Aber mit dem anbrechenden Tag setzen russische Panzerangriffe von allen Seiten ein. Große Teile der Divisionen werden nun erneut vernichtet. Ein schneller Ausbruchsversuch scheitert. Dazu ist der Russe zu stark. Er erstickt den Durchbruch im Blut der Ausbrechenden. Nach und nach erlischt am 26.8. beim XXX. und LII. Korps jeglicher organisierte Widerstand. Zum einen gelingt es nicht, eine einheitliche Führung aufzubauen; zum anderen aber werfen sich sofort sowjetische Bomber und Tieffieger auf die Ausbruchskeile und sorgen für schwerste Verluste. Die deutschen Truppen sind nur noch sehr bedingt abwehrbereit: Die wichtigen Nachrichten zur Koordinierung der Verbände bleiben aus, der Betriebsstoff versiegt, Munitionierung und Verpflegung unterbleiben, und die Kämpfer sind durch die Gewaltmärsche vollkommen übermüdet, da man nur kurz rasten kann, kaum Schlaf findet und zu alledem die Tage glühend heiß sind. Die Übermüdung wird schließlich so dominant, dass die Soldaten bei der kürzesten Rast in einen todesähnlichen Schlaf fallen, aus dem sie kaum noch geweckt werden können, bisweilen noch nicht einmal durch pausenlos angreifende russische Schlachtflieger.

Schlaf ist mir lieb, doch über alles preise
Ich, Stein zu sein.

Teilweise sind die Kämpfer lethargisch, und die Kampfmoral liegt am Boden, da keine oder kaum noch Hoffnung besteht, lebend davonzukommen. Die deutschen Truppen werden zur bloßen Angriffsfläche russischer Panzer, Artillerieverbände und Schlachtflugzeuge. Alles, alle Ordnung löst sich auf. Es kehrt wieder die uralte Verwirrung. Chaos ist kein Gott. Wahrnehmen, Denken und Fühlen der deutschen Kämpfer sinken auf ein Minimum: Man will nur noch durchkommen. Dann nur noch ohne Qual und Schmerzen sein. Der Tod als Erlösung!

Viele, die meisten, erliegen. Die Divisionen werden zerschlagen, bevor sie den Pruth erreichten. „Morgen badet der Fritz im Pruth": Diesen Funkspruch der Russen hatten die Deutschen am 19.8. aufgefangen. Er hat sich nicht bewahrheitet. Es kam schlimmer. Es hätte heißen müssen: In Kürze schwimmt der Fritz im Blut.

Ach Brüder, ihr geht ja vorüber,
Als wär es mit mir schon vorüber,
Ihr Lumpenfeind seyd da,
Tralali, Tralaley, Tralala,
Ihr tretet mir zu nah.

Nimmt man das Wahrscheinliche, dann ist mein Junge bei einem dieser schrecklichen Angriffe, denen man nichts entgegensetzen kann, gefallen – oder er wurde verwundet. Aber die Verwundeten werden nur anfangs noch mitgenommen, später nicht mehr. Ich mag nicht daran denken. Was haben die Russen mit den zurückgelassenen verletzten Soldaten gemacht? Gesund werden sie sie kaum gepflegt haben.

Findet er, mein Junge, einen schnellen Tod? Oder ist er qualvoll, sein Tod? Wird er vielleicht schwer verwundet und liegt, als man anfangs noch Verwundete mitnimmt, auf einem beschlagnahmten Bauernwagen? Liegt er bewusstlos da? Oder im Sterben? Oder wird er zunächst verwundet, dann in ein russisches Lazarett gebracht? Aber es wird ja berichtet, dass nicht transportfähige Gefangene von russischen Soldaten auf die Straße gezerrt wurden, um sie dort mit Panzern zu … Der Gedanke ist unerträglich. Mir kommt eine Begebenheit aus der Kindheit meines Sohnes in den Sinn: Er brach in eine nur oberflächlich mit Brettern abgedeckte Jauchegrube des Nachbarn ein – und wäre ich nicht in der Nähe gewesen und hätte es bemerkt, so wäre er womöglich ertrunken. Und wäre es nicht vielleicht sogar besser für ihn gewesen, er wäre ertrunken …?

Il faut mourir en brave – man muss tapfer sterben, rief Fürst Joseph Poniatowski seinen Soldaten zu, als er in der Völkerschlacht von Leipzig, durch drei Verwundungen entkräftet, in der Elster ertrank. Aber es gibt Situationen, wo man selbst das nicht mehr kann …

> Da stehn morgens die Gebeine
> In Reih und Glied wie Leichensteine,
> Die Trommel steht voran,
> Tralali, Tralaley, Tralala,
> dass sie ihn sehen kann.

Bei Morgengrauen stoßen wir – bereits südostwärts von Minzir und damit nur wenige Kilometer vom Pruth entfernt – erneut auf sehr starken Widerstand. Das Feuer von Panzerabwehrkanonen, Panzern, Salvengeschützen und Artillerie, auf den Höhen postiert, geht auf uns nieder. Die Verluste sind unsäglich. Jeder Schuss nicht nur ein Treffer. Und man kann sich nicht wehren. Wie oft schon haben wir uns hingeworfen, wenn wir das Heulen eines heranfliegenden Geschosses hörten! Und immer wieder sind wir – konnten wir aufstehen. Ja, aufstehen sollte man immer einmal mehr können als sich hinwerfen. Doch viele bleiben liegen. Schreien und Jammern, Stöhnen und Winseln. Oh Haupt voll Blut und Wunden! Der Tod hält furchtbare Ernte. Wir fürchten ihn nicht, nicht mehr. Der Tod wäre doch auch Erlösung, nach so viel Kampf, nach so viel Anspannung, Furcht und Zittern, nach so viel Befehlen, nach so viel Aufforderung, zu bestehen, nach so viel Willen, zu bestehen. Wenn er doch käme! Wenn er doch sanft käme! – Doch vorwärts, vorwärts! Was sollen wir anders tun als laufen, hurra brüllen und um uns schießen?

Viele, die allermeisten, bleiben zurück, kommen aus dem Kessel nicht heraus.

Die Brüder dick gesät, sie liegen wie gemäht.

Doch wir, mit lautem Hurra, wir stoßen mit viel Glück, denn wir werden verschont von Geschossen und Sprengladungen, durch bis zum Pruth. Die Reste der vorausgeworfenen 282. Infanteriedivision haben hier einen kleinen Brückenkopf gebildet, der uns aufnimmt, ja aufnimmt. Welch Gefühl selbst in diesem Inferno noch! Werden wir nochmals aufgenommen werden unter anderen Umständen: vom Vater, der Mutter, der Heimat, vom Arm, vom Schoß einer Frau? Wie ist das?

Das feindliche Feuer hält an. So stürzen sich viele hinein in den Pruth, in ihrer Verzweiflung auch Nichtschwimmer, die nach kurzem ertrinken. Und die Schwimmer werden am anderen Ufer gefangengenommen. Wir müssen erkennen, dass auch das westliche Pruth-Ufer feindbesetzt ist. Welche Enttäuschung! Welche Niedergeschlagenheit!

Aber immerhin suchen wir uns nun zu organisieren. Es entsteht ein Stab, um einheitlich zu führen, und es werden Kampftruppen gebildet. Doch der Bau einer Notbrücke misslingt: Das russische Feuer ist zu heftig. Aber Übersetzungsversuche gelingen, und – oh Wunder und Heldentat des kämpfenden Soldaten! – es kann auch am Westufer ein Brückenkopf gebildet werden. Es kann auf beiden Seiten eine Hauptkampflinie errichtet, es können Abschnitte eingeteilt und sogar Leitungen zu den Gefechtsstellungen gelegt werden. Am Nachmittag wehren wir zahlreiche, von Osten her erfolgende russische Angriffe ab. Ein erscheinender russischer Parlamentär, der zur Kapitulation auffordert, wird zurückgewiesen. Wir kämpfen – auch unter ungleichen Bedingungen! Wir haben so lange gekämpft – sollten wir uns nun ergeben? Was würde uns denn in der Gefangenschaft erwarten?

In der kommenden Nacht, also vom 26. auf den 27.8., sollen alle Soldaten über den Pruth setzen. Allerdings müssen wir hierzu alles Gerät, alle Pferde und auch alle nicht gehfähigen Verwundeten auf dem Ostufer zurücklassen. Es ist schmerzlich, aber so sind die Gesetze des Krieges. Hart sind sie. Wer nur hat sie gemacht? Auf dem Westufer, so der Plan, wollen wir in den Wald südwestlich von Husi durchbrechen, uns dort in kleinere Gruppen auflösen, um durch die russischen Linien hindurch zu den eigenen Linien zu gelangen.

Das Übersetzen nimmt die ganze Nacht und den kommenden Tag, den 27.8., in Anspruch. Im Fährbetrieb mit Schlauchbooten überqueren wir pausenlos den Fluss, obgleich der Russe mit Artillerie und Granatwerfern auf die Übersetzstellen feuert und erneut – wie oft schon, wie oft schon! – große Verluste verursacht. Auch die Brückenkopffront wird immer wieder angegriffen, doch kann sie gehalten werden. Auf dem Westufer angelangt, ist das Hindernis noch lange nicht überwunden, denn nun beginnt auf mehr als 5 km Breite die versumpfte, mit kleineren Flussarmen, Schilfstreifen und Sandbänken durchsetzte Pruthniederung. Die bei der Übersetzung Verwundeten sammeln sich in einem kleinen Waldstück, werden teilweise auch hingetragen. Für die wenigsten besteht Hoffnung, an eine ordentliche Versorgung ist ja nicht zu denken – und diese Strapazen hält kaum ein kräftiger Gesunder aus. Sagte ich schon, dass die Gesetze des Krieges hart sind? Vergesst es nie, in eurem windelweichen Komfort! – Wir haben sie nicht gemacht, diese Gesetze. An uns werden sie vollstreckt! Aber noch sind wir nicht willenlos, obgleich alle, vom General bis zum Landser (das Ideal der Gleichheit vollzieht sich nun) geschwächt, sehr geschwächt sind. Doch immer wieder fassen wir neuen Mut. Einer, nur ein Individuum einer Gruppe, das neuen Mut fasst, genügt, um die anderen, die allermeisten, mitzuziehen. Ein Weg wird erkundet, auch eine Bücke gefunden, die über den zweiten großen Arm des Flusses führt. Doch wird sie von den Russen besetzt gehalten wird. Wie sie nehmen? Alle Geschütze und Panzer mussten wir zurücklassen, allein ein Schwimmkübelwagen ist uns geblieben, und nur noch die Hälfte von uns hat Gewehre. Jenseits des Flusses warten in ausgebauten Stellungen die Russen auf uns – ausgebaut von deutschen Pioniereinheiten, um hier bei Rückzug eine neue Hauptkampflinie bilden zu können. Das Blatt wendet sich schnell. Das ist der dynamische Krieg.

Die Brücke in der Nacht zu nehmen misslingt, weil eine zweite Kampfgruppe aufgrund von Übermüdung nicht rechtzeitig, noch vor Morgengrauen, zur Stelle ist. Um diese Brücke drängt sich nun am 28.8. der größte Teil der Übriggebliebenen zusammen. Der Russe hat Kenntnis davon. Er schießt mit Granatwerfern und Artillerie in die Niederung, Flugzeuge greifen an. Das Feuer wird heftiger und heftiger. Pausenlose Detonationen. Gnadenlos. Da stürzen wir uns, ohne dass irgendjemand einen Befehl gegeben hätte, mit einem vielstimmigen Hurra, in dem wir Hunger, Durst und Erschöpfung vergessen, aus der Deckung in das vielleicht 500, vielleicht 700 Meter breite Gewässer, das an dieser Stelle teilweise sogar durchschritten werden kann. Und es sind vor allem Teile meines, des LII. Armeekorps, von denen die Initiative dieses Verzweiflungsangriffs ausgeht. Nur noch formell stehen wir unter der persönlichen Führung unseres Kommandierenden Generals, General Buschenhagen, denn uns wie ihn führt nun ein anderer, *der Andere*. Durch unsere Entschlossenheit, durch unseren Schwung werden die anderen abgekämpften Kameraden mitgerissen. Ja, ich war tapfer, ich war dabei. Keine Schande war ich meinem Vater! Werde ich den Übergang überleben? Denn er vollzieht sich ja unter heftigem Maschinengewehr-, Artillerie- und Salvengeschützfeuer! Ein einseitiges Russisches Roulette in größtem Ausmaß und mit schlechten Chancen für uns. Hunderte, Tausende fallen! Unser Hurra lässt auch jetzt, im Fluss, nicht nach: Es ist uns eine Droge. Stumm wären wir längst zusammengebrochen! Doch unser Hurra ist auch Zeichen unserer Unterlegenheit, unserer Schwäche. Der Feind hat es nicht nötig, das Hurra. Er hockt in seiner sicheren Stellung, glaubt wenigstens, dass sie sicher ist. Doch so, ja, so mit dem Hurra erreichen wir das Ufer. Geschafft! Da, dort, hier, hier, hinter mir, vor mir, in mir: Ich sehe ein Licht – so nah, so hell, so umfangend wie nie gedacht. Da, ein Tor, ich kann es durchschreiten – am Ende eines langen, beschwerlichen Weges. Wohin geleitest Du, führest Du den Krieger? Das ist Heimat, Vater, Mutter. Es hämmert das Herz … ihn hat es weggerissen … der Atem in Not … er liegt zu meinen Füßen … Blut und Tränen. Ach Bruder, ich kann Dich nicht tragen! … Ich falle … Derweil ich eben lad. Kann Dir die Hand nicht geben … Und auferstehe … bleib du im ew'gen Leben! … Bin ich's? Ist's ein andrer? … Helf' Dir der liebe Gott! … Hatt' einen Kameraden! Bin der Kamerad! … Das Licht, das Licht – ich kann es durchschreiten. Gerettet. Nicht verloren. In alle Ewigkeit nicht.

*

Zu Tausenden noch erreichen sie, das Gewehr oder die Maschinenpistole, so noch vorhanden, über dem Kopfe, das westliche Ufer. Sieh, sieh nur: Die ersten sind schon am russisch besetzten Graben. Und – erneut oh Wunder und Heldentat und ein Hoch auf alle Führer, denn alle sind es, die führen – sie können auch hier die verblüfften Russen aus ihrer Riegelstellung vertreiben und in die Wälder südlich von Husi fliehen. Er wehrte sich nach Kräften, der Feind, doch dann musste er weichen. Sie haben nochmals den Gegner geworfen. Wer berichtet von ihrer Tat?

Sie finden bei den Russen Geländekarten, die für einige von ihnen noch von großer Bedeutung sein werden. Im Wald entdecken sie nun endlich auch, nach all dem braunen Sumpfwasser, das sie trinken mussten, klares Quellwasser, und sie treffen, wer will das noch glauben, auf eine deutsche Krankenschwester. Auch sie hat den Rückzug mitgemacht, auch sie hat überlebt. Wird sie je wieder lieben können, nachdem sie das alles mit ansehen musste? Was für ein Wesen ist der Mensch, dass er es trotzdem noch kann? Sind wir wirklich aus so krummem Holze geschnitzt, dass nichts Gerades mehr aus uns werden kann?

Insgesamt dürfte die sich sammelnde Gruppe von Soldaten des XXX. und LII. Korps noch 15 000 Mann stark sein. Noch lange nicht haben sie die Front erreicht. Nur wenige werden dem Tod, der immer noch auf sie wartet, und der Gefangenschaft, die in den allermeisten Fällen auch den Tod bringen wird, entkommen. Denn der Wald ist umstellt, und es wird schwer, ihn lebend zu verlassen. Und dann hat der Russe ja auch viele Sperrriegel auf ihren Weg nach Westen, nach Westen!, gelegt. Größere und kleinere Trupps werden von russischen Jagdkommandos aufgerieben, zersplittert werden. Viele Tote und Verwundete bleiben zurück. Namenlos bleiben sie liegen. Sie gelten als vermisst. Insgesamt wird man mit den im Kessel Vermissten 80 000 zählen. Nur wenige kommen durch, erreichen die eigenen Linien, sich von Maiskolben, unreifen Früchten und rohen Kartoffeln ernährend. Teilweise kann von rumänischen Einheimischen, die oft freundlich gesinnt sind, auch etwas Brot und Fleisch erworben werden. Einmal stößt man vielleicht sogar auf ein versprengtes deutsches Armeepferd, das einen letzten Dienst erweist. Bisweilen kann Brot von den Russen erbeutet werden: deutsches Dauerbrot, das die Russen vorher von Deutschen erbeutet haben. Die Gesetze des Krieges. Doch Brot bleibt Brot. In der Regel wird Hunger der Wegbegleiter sein. Hunger, so stark, dass es weh tut, dass man fast wahnsinnig wird. Hier ist aber auch zu erfahren, was es bedeutet, sein tägliches Brot zu haben. Wer des Wohlstands überdrüssig ist oder ihn vergisst, wer Brot achtlos wegwirft, der sollte nur für drei Tage das durchmachen, was nun noch wochenlang durchzumachen ist.

Erst jetzt erfahren die Überlebenden, dass sich die rumänische Armee von der deutschen gelöst hat. Das Glück ist nicht auf ihrer Seite. Oder doch? Immerhin haben sie bislang überlebt! Aber ist das ein Glück? Auch die Flüsse Sereth und Trotus sind zu überqueren, dann die Karpaten. Teilweise sind sie von Kugeln und Granatsplittern verwundet. Die Füße wundgelaufen, mit Eiter besetzt. Ausgemergelt der Leib. Verdreckt und verlaust. Seelisch immer wieder aufs äußerste gefordert, da sich die Front zunächst noch in dem Tempo entfernt, mit dem sie sich ihr nähern – als sollten sie nochmals erfahren, was längst sie erfahren haben: dass sie sich in einem dynamischen Krieg befinden.

*

Groß war Euer Kampf. Unbezwingbar Euer Wille. Doch ungünstig Euer Los. Gefangen, gefallen, vermisst! Doch sieh:

> Es erhält sich der Held, selbst der Untergang war ihm
> nur ein Vorwand zu sein: seine letzte Geburt.

*

Nun beten wir:

> **Tod und Vergehen waltet in allem,**
> steht über Menschen, Pflanzen und Tieren,
> Sternbild und Zeit.
> Du hast ins Leben alles gerufen.
> Herr, deine Schöpfung neigt sich zum Tode:
> Hole sie heim.
> Schenke im Ende auch die Vollendung.
> Nicht in die Leere falle
> die Vielfalt irdischen Seins.
> Herr, deine Pläne bleiben uns dunkel.
> Doch singen wir dir, dem dreieinen,
> ewigen Gott. Amen.

*

Meine Schuld

Im Kriegstagebuch der Heeresgruppe Südukraine ist unter dem Datum 5.9.44 zu lesen: „Die eingeschlossenen Korps und Divisionen der 6. Armee müssen nunmehr endgültig als verloren bezeichnet werden. Es besteht keine Hoffnung mehr, dass sich noch irgendwelche geschlossenen Verbände durchschlagen werden. Es ist dies die größte Katastrophe, die die Heeresgruppe je betroffen hat. Verloren sind 5 Korps-Stäbe (IV., VII., XXX., XXXXIV. und LII. A.K.) und 18 Divisionen (9., 15., 62., 79., 106., 161., 257., 258., 282., 294., 302., 306., 320., 335., 370., 376. und 384. Inf.Div. sowie die 153. Feldausb.Div.). Außerdem sind von der 10. Pz.Gren.Div. und der 13. Pz.Div. nur noch geringe Teile vorhanden."

Der Panzergeneral und Chef des Generalstabes des Heeres Heinz Guderian schreibt in seinen „Erinnerungen eines Soldaten" über die in Rumänien 1944 zerschlagenen Divisionen: „Diese deutschen Truppen haben bis zum bitteren Ende treu gekämpft; an ihrer Soldatenehre haftet kein Makel. Sie sind an ihrem schweren Schicksal unschuldig."

Zog sich der Untergang der 6. Armee in Stalingrad noch Wochen und Monate hin, so wurde die wiederaufgestellte 6. Armee in Rumänien in wenigen Tagen vernichtet.

Der Tod meines Jungen war sinnlos – und unnötig. Verursacht durch grobe Fehler der höheren und höchsten Wehrmachtsleitung, letztlich Hitlers. Aber, ich will es nicht verschweigen, auch ich trage Schuld. Es ist Zeit für Bekenntnis und Selbstanklage. Warum? – Mein Junge war im Winter

'42/43 im Grenadierregiment 587 an der Ostfront im Einsatz und hier in schwere und schwerste Abwehrkämpfe verwickelt, u. a. bei Kantemirowka, Klenowyj Wyssotschanowka und ostwärts Kamenka. Er war beteiligt an Gefechten um Geraskowka und Nowo-Markowka sowie zwischen Kamenka und Nowaja-Rossosch; vom 17.1.–22.1.43 fand der Kampf um Nowopskoff statt und vom 23.1.–24.1.43 ging es um die Sicherung des Frontabschnitts bei Swatowo; vom 2.2.43–8.2.43 nahm er teil an den Rückzugskämpfen zwischen den Flüssen Aidar und Donez, vom 8.2.–6.3.43 an den Abwehrkämpfen im Charkower Raum und vom 7.3.–31.3.43 an der Gegenoffensive zum Gewinnen der Donez-Linie. Bei diesen Kämpfen hatte sich mein Sohn an allen Zehen beider Füße Erfrierungen 1. bis 2. Grades zugezogen und wurde daher am 25.5.43 der 1. Genesenden-Kompanie des Grenadier-Ersatzbataillons 472 zugeteilt. Er war im Frühsommer '43 zur Rekonvaleszenz auf Heimaturlaub und wurde in diesem Urlaub, da der Zustand der Zehen sich zusehends verschlechterte, am 17.6.1943 ins Reservelazarett Kronach eingeliefert. Dort wurden ihm drei Zehen amputiert. Am 31.8.1943 wurde er entlassen, als „kriegsverwendungsfähig" entlassen und erneut der 1. Genesenden-Kompanie des Grenadier-Ersatzbataillons 472 zugeteilt, das damals in Trautenau im Sudetengau lag. Hier bekam er für seine Erfrierungen auch das Verwundetenabzeichen in Schwarz verliehen, und zwar am 21.9.43. Und es war dieses Bataillon, das den Ersatz für sein bisheriges Grenadier-Regiment 587 der 320. Infanterie-Division stellte, also der Division, die im August '44 im Kessel vernichtet wurde.

Die Klassifizierung als „kriegsverwendungsfähig" wäre vielleicht nicht erfolgt, wenn, ja wenn es mein Junge nicht selbst darauf abgesehen und dem behandelnden Arzt zu verstehen gegeben hätte. Und ich hatte es ihm nicht verwehrt! Ja, ich hatte ihn in seinem Ansinnen sogar unterstützt! Dem lag zum einen unser Wille zugrunde, dass Deutschland gegen die bolschewistische Gefahr unbedingt verteidigt werden musste. Zum anderen aber bestand für ihn die Aussicht, wie schon bei mir selbst im Ersten Krieg, beim Militär „etwas werden" und die engen Verhältnisse des Heimatdorfes und Berufes verlassen zu können. Mein Sohn war in der Truppe angesehen und galt als befähigt. Am 1.4.43 wurde er zum Gefreiten befördert. Es bestand durchaus die Möglichkeit, dass er, obgleich ohne höhere Schulbildung, nach und nach bis zum Leutnant hätte aufsteigen können. Das war damals möglich. Und er wollte es. Auch ich wollte es. So unterdrückte ich meine Bedenken und riet ihm von seinem Vorhaben, sich „kriegsverwendungsfähig" schreiben zu lassen, nicht ab. Das ist meine Schuld. Ich trage schwer daran, wenn ich es mir auch nicht anmerken lasse. Meine Frau macht es mir, unausgesprochen, noch heute zum Vorwurf. Sie hat ihn noch heute im Ohr, sagt sie: den Klang der schweren Stiefel auf dem Asphalt Anfang September '43, den wir nach der Verabschiedung unseres Sohnes auch dann noch hörten, als er sich unserem Blick schon entzogen hatte. Sein Nach-Hall. Es war der letzte Laut von ihm, den wir hörten, den wir real hörten, denn in der Erinnerung hörten wir ihn noch oft, lange Zeit noch nach seinem Tod, im Grunde bis heute.

Neben dem Klang der Stiefel auf dem Asphalt ist mir von meinem Sohn vor allem noch eine sprachliche Wendung im Ohr geblieben, eine Stelle aus den vielen Feldpostbriefen, die er schrieb. Er schrieb es einst gedichtförmig. Ich kann es nur aus der Erinnerung zitieren, denn leider ging der Brief verloren, vielleicht auch, ich weiß es nicht und will es auch nicht mehr wissen, haben wir all die Feldpostbriefe kurz nach dem Kriege – oder war es anlässlich der Besetzung unseres Dorfes durch die Amerikaner? – verbrannt, da die Erinnerung – wir lasen die Briefe wieder und wieder – uns immer aufs Neue in tiefe Trauer stürzte. Es hieß hier, nachdem er die Kampflage ausführlicher beschrieben hatte: „Und die Stalinorgel haut auch noch rein – liebe Mutter, muss das denn sein?" Es war eine Anklage, die Anklage des Individuums gegen den hochtechnisierten Vernichtungskrieg.

*

Aus dem Wehrstammbuch meines Sohnes

Wehrstammbuch (I Angaben zur Person; IIa Musterung, IIb Aushebung, III Reichsarbeitsdienst, IV Aktiver Wehrdienst, V Wehrdienst im Beurlaubtenstande, VI Strafen, VII Führung und Beurteilung, VIII Beförderungen und Ernennungen, IX Orden und Ehrenzeichen, X Nachträge zu Teil I – IX)

I. Angaben zur Person

Geburtstag – tag 5. – monat 11. – jahr 24

Geburtsort Marktgraitz

Lichtenfels

Ober- u. Mittelfranken

Beruf (nach Berufsverzeichnis) – erlernter – in Tinte – Stanzer

Zuletzt ausgeübter – in Blei – Stanzer

Anschrift des nächsten Angehörigen: (in Blei)

Vater: Georg Voyer, Marktgraitz # 117

IIa. Musterung

Größe in Zentimeter: 170, Gewicht in Kilogramm 67 / 85–96, Körperbauform: musk., Sehleistung ohne Glas rechts 6/6, links 6/6, Farben sicher. Ohren rechts Fl. Spr. 6 m o.B., links 6 m, o.B., Körperl. Fehler nach Angabe des Arztes (Hauptfehler unterstreichen): A 75 flach, Aerztliches Urteil über Tauglichkeit k.v. Fußtr., a Vorstrafen: nein b Eindruck A̶. B. C̶. , c Wünsche des Wehrpflichtigen für Truppenzuteilung: Kav., d geeignet für Schutz., besonders Inf. Btl., nicht geeignet für: –

Gemustert als Dienstpflichtiger

Wehrbezirkskommando Coburg 21.2.42

Entscheid: Tauglichkeitsgrad: k.v. Wehrdienstverhältnis: Ers. Res. I;

Unterschriften

Kreispolizeibehörde / Konsul   Wehrbezirkskommando / Truppenteil

Entscheid über das Arbeitsverhältnis: Heranziehung z RAD

Wehrpaß erhalten zu haben, bescheinigt: Lichtenfels 21.2.43
Max Vojer.

Schulbildung: Volksschule

Fremdsprachen ----

Zugehörigkeit zu Gliederungen usw. H.J. Eintritt 1933.

Befähigungsnachweis: Radfahrer, Schwimmer, Skifahrer.

IIb. Aushebung

Heranziehung zum Reichsarbeitsdienst 21.2.42

III. Reichsarbeitsdienst: einberufen zum 3.3.42. am 26.2.42,

bei Stammdienststelle Nr. K1/250, Standort Sontheim; eingestellt als Am.; auf den Führer vereidigt am 19.3.42, Vermerke:
Im Heimatkriegsgebiet im Rahmen der Luftwaffe vom 3.3.42
bis 9.6.42; am 24.10.42 bei der Stammdienststelle Hachenburg,
Westerwald, entlassen als Arbeitsmann. Entlassungsgrund und
Vermerk über Ableistung der RAD-Pflicht: Arbeitsdienstpflicht
erfüllt. Überwiesen zum Feld-Ausb. Rgt. 619.

Ärztliches Urteil bei der Entlassung aus dem RAD: siehe
Gesundheitsbuch.

Besonderes: Nichts zu bemerken.

Vermerke: <u>Noch Reichsarbeitsdienst:</u> Vom 10.6.42 im Rahmen
der Luftwaffe im Operationsgebiet jenseits der Reichsgrenzen
(Südrussland) Kampfhandlungen gegen Sowjetrussland bis .....
„Gemäß Erlass OKH–Genst. d. H. / Org.Abt. (II) Nr. 957o /
42 g vom 28.9.42 gilt der 5.10.42 für die Dienstzeitberechnung
als Einstellungstag in die Wehrmacht."

„Gemäß Erlass OKH–Genst. d. H. / Org.Abt. (II) Nr. 957o / 42 g vom 28.9.42 wird für die Urlauberteilung bei der Wehrmacht die Zeit von 1.5.42 ab angerechnet.

IV. Aktiver Wehrdienst:

Einstellungsuntersuchung 3. Nov. 1942. Truppenteil u. Standort: Feldausb. Gren. Rgt. 619; Ärztliches Urteil: k.v.

Einstellungstag am 5. Okt. 1942, 10. Feldausb. Grenadier Rgt. 619, Einheit 46075 C, Dienstzeit rechnet ab: 5. Okt. 1942, Vereidigt am: 30. Okt. 1942;

Tag der ersten Belehrung über Geheimhaltung militärischer Dinge und Spionageabwehr: 2. Nov. 1942.

Zugehörigkeit zu Dienststellen des Heeres:

30.10.42–1.2.43: 10. Feld Ausb. Grenadier Rgt. 619

1.2.43–24.5.43: 9 / Gren. Rgt. 587

25.5.43–7.10.43: 1. Gen. Komp. Gren. Res. Btl. 472

8.10.43–29.3.44 Stammkp. Gren. Ers. Batl. 472

29.3.44–1.4.44. Marsch-Komp. Gren. Ers. Btl. 472

Ausbildung mit der Waffe
Karabiner 98 k

Sonstige Ausbildung, Lehrgänge:
Verwendung: Gewehrschütze

Im Kriege mitgemachte Gefechte:
5.10.42–2.1.43 Verwendung u. Einsatz im Osten d. Heeresgr. B.

3.1.–22.1.43 Kantemirowka u. b. Newopskoff a. d. Aidar im Rahmen der 8. ital. Armee

3.1.–18.1.43 Abwehrkämpfe Klenowyj Wyssotschanowka u. ostw. Kamenka. Kämpfe um Geraskowka u. Nowo-Markowka sowie zwischen Kamenka und Nowaja-Rossosch

17.1.–22.1.43 Kampf um Nowopskoff

19.1.–20.1.43 Unternehmen Markatetjano

23.1.–24.1.43 Sicherung am Krasnajaabschnitt b. Swatowo

25.1.–1.2.43 Abwehrkampf im Rahmen der 320. Div. (Gefechtsbezeichnungen noch nicht bekannt)

2.2.43–8.2.43 Rückzugskämpfe zwischen Aidar und oberem Donez

8.2.–6.3.43 Abwehrkämpfe im Charkower Raum

7.3.–31.3.43 Gegenoffensive zum Gewinnen der Donez-Linie

Verwundungen und ernstere Krankheiten, Lazarettaufenthalt

15.6.43 verwundet

V. Wehrdienst im Beurlaubtenstande

Größenangaben

Körpergröße (in cm) 175

Gasmaske 3

Stahlhelm 57

Mütze 56

Stiefel 27,5

Blutgruppe B

VI. Strafen

VII. Führung und Beurteilung
a) im Reichsarbeitsdienst
Beurteilung für die Zeit vom 3.3.42 bis 29.10.42
Führung: Sehr gut
b) im aktiven Wehrdienst
12.5.43: „gut"; [Feldpostnummer 46 075 c]
1.X.43: ziemlich gut; [Feldpostnummer 21 550]

VIII. Beförderungen und Ernennungen
a) im aktiven Wehrdienst
1.4.43 Gefreiter   11. Gren. Rgt 587

IX. Orden und Ehrenzeichen
Verwundetenabzeichen Schwarz, verliehen am 21.9.43, verliehen durch Verfügung usw. Gren. Ers. Batl. 472.

Abb. 23 Kriegerdenkmal vor der Pfarrkirche in Marktgraitz

Abb. 24 Gedenkstein des Kriegerdenkmals mit dem Namen meines Sohnes

*

Was wäre gewesen, wenn die Invasion in der Normandie gescheitert wäre – und damit eine Million deutscher Soldaten, darunter auch Elitetruppen, an die Ostfront hätten verlegt werden können? – Wäre es dann zum Kessel von Jassy-Kischinew gekommen? Vielleicht nicht. Aber hätten wir dann *so* lange hinhaltend gekämpft, bis – die Atombombe auch auf eine oder mehrere deutsche Städte gefallen wäre? Denn für uns wurde sie ja eigentlich gebaut, diese Bombe, nicht für die Japaner.

*

Groß ist Euer Ruhm. Denn in der unverschuldeten Niederlage nicht zu verzagen ist weitaus schwerer, als den Sieg über einen unterlegenen Feind zu erringen.

*

Lebenslauf aus meiner Familien-Chronik, niedergeschrieben im Illustrierten Hausbuch für christliche Familien

Im Namen des Vaters und des Sohnes und des Hl. Geistes.

Amen.

Familien-Chronik

„Der Erbarmungen des Herrn will ich gedenken und den Herrn preisen um alles dessen willen, was uns der Herr gespendet hat."

(Js 63, 7)

Hauseltern

„Ich und mein Haus, wir wollen dem Herrn dienen." (Jos 24,15)

Hausvater

Georg Vojer

Korbmacher Marktgraitz

Geb. am 15. Dezember 1890

Hausmutter

Kuni Vojer (geborene Sünkel)

Oberreuth geb. 30. Okt. 1893

Trauung

In das Sakrament der hl. Ehe getreten am 4. Juni 1917 zu Marktgraitz

Unsere Hilfe kommt von dem Herrn. Der Herr behüte unsern Eingang und unsern Ausgang, von nun an bis in Ewigkeit.

(Vgl. Ps 120, 2.8)

Voreltern

„Gedenkt der weit zurückliegenden Tage, frage deinen Vater, er wird es dir kundtun, deine Vorfahren, sie werden es dir sagen." (Dt 32, 7)

Eltern des Hausvaters

a) dessen Vater

Matthäus Vojer Korbmacher Marktgraitz

Geboren am   1850 in Oberreuth

Gestorben am 7. Mai 1915 zu Marktgraitz

b) dessen Mutter

Barbara Vojer (geb. Wagner)

Geb. am   1848

Gestorben am 14. Sept. 1913 zu Marktgraitz

Eltern der Hausmutter

a) deren Vater

Konrad Sünkel Ökonom in Oberreuth

geb. 10. Mai 1869

b) deren Mutter

Barbara Sünkel geb. Ender zu Neuensee

Kinder und Patenkinder

1. Kinder

Am 9. November 1919 wurde uns ein Mädchen geboren, welches wir auf den Namen Kathi taufen ließen. Als Pate ist beigestanden Kathi Vojer.

Am 5. November 1924 wurde uns ein Sohn geboren, den wir auf den Namen Max taufen ließen.

„Siehe, Kinder sind ein Geschenk des Herrn. Glückselig der Mann, der sein Verlangen an ihnen erfüllt sieht." (Ps 126, 3.5)

Gedenktage in Freud und Leid

Lebenslauf

Wenn ich über meine Lebenstage bis heute berichten soll, so möchte ich in kurzem niederschreiben, dass sie glücklich und von Gott gesegnet waren. Ich erlebte in meinem Elternhaus glücklich u. zufrieden meine Jugendjahre. 1902 ging ich in unsrer Pfarrkirche zur ersten hl. Kommunion. 1910 wurde ich zum Heeresdienst eingezogen, wo ich bis 1912 gemäß meinem Fahneneide dem Vaterlande im 5. Königlich bayrischen Inf. Regiment 10. Komp. treu diente. Am 1. August 1914, als der erste große Weltkrieg begonnen, musste ich als junger Reservist am 2. Mobilmachungstag zur Fahne eilen. Der Abschied von meinem Vaterhaus damals war nicht leicht. Meiner Mutter konnte ich die Hand nicht mehr drücken, da sie schon im September 1913 gestorben war. Nur ein Vaterherz hat noch liebend für mich geschlagen, das ich aber durch den Ruf des Vaterlandes verlassen musste. Ich musste mich am 2. Mobilmachungstag in Bamberg melden. Am 6. August 1914 mussten wir von Bamberg auf dem Landmarsch nach Würzburg marschieren. Am 15. August wurden wir in Würzburg in die Bahn verladen, es ging an die Front. Am 18. August, mittag 2 Uhr, kamen wir ins Gefecht u. erhielten die erste Feuertaufe. Es war in den Vogesen bei Weiler. So kämpfte ich in schwersten Schlachten den über 4

Jahre dauernden Krieg an Frankreichs Front entlang bis hinauf nach Flandern, von Gottes Segen reich beschützt. Zweimal wurde ich vom feindlichen Blei verwundet, was aber nicht gefährlich war.

Mein Vater, den ich bei Kriegsbeginn gesund verlassen hatte, erkrankte durch Sorgen u. Kummer, die ihm der Krieg machte, so ernstlich, dass man mir ein Telegramm ins Feld schickte und ich darauf den ersten Fronturlaub von 8 Tagen bekam. Am 1. Mai 1915 fuhr ich in Urlaub, wo ich zuhause meinen Vater schwerkrank im Bette antraf. Am 7. Mai starb mein Vater u. am 8. Mai sollte ich wieder zur Front gehen. Pflichtbewusst ging ich dann auch, meinen Vater auf der Totenbahre zurücklassend, wieder fort, weil man mir keine Urlaubsverlängerung zukommen ließ. In Würzburg auf der Bahnhofskommandantur mein Leid klagend, ließen mich die Herren wieder zur Beerdigung meines Vaters heimfahren. So hatte ich das Glück, zur Beerdigung meines Vaters daheim zu sein. Am 11. Mai mußte ich wieder zur Front gehen. Bis zum 4. Juni 1917 oblagen meiner Schwester Kathi die häuslichen Arbeiten; seit diesem Tag bin ich mit Kuni Sünkel aus Oberreuth verheiratet. Durch das Kriegsgewirr und einen Irrtum bekam meine Frau im Herbst 1917 vom Englischen Roten Kreuz die Nachricht, dass ich in Frankreich gefallen und bei Ypern begraben bin. So ist der entsetzliche Krieg mit Gottes Hilfe für mich glücklich ausgegangen. Am 12. Dezember 1918 kehrte ich wieder in die Heimat in mein Elternhaus zurück. Die Verhältnisse waren in dieser Zeit verhältnismäßig nicht rosig. Die Lebensmittel waren knapp und mit Arbeit war es schlecht. Am 9. November 1919 kam unser 1. Kind Kathi zu Welt. 1924 wurde uns Sohn Max geboren.

„Befiehl dem Herrn deine Wege und vertrau auf ihn, so wird er es wohl machen." (Ps 36,5)

„Siehe, er schlummert und schläft nicht, der Israel behütet! Der Herr ist dein Schirm zu deiner Rechten." (Ps 120,4)

„Seid nicht traurig, wie die übrigen, die keine Hoffnung haben." (1 Thess 4,13)

„Leben wir, so leben wir dem Herrn, sterben wir, so sterben wir dem Herrn. Wir mögen also leben oder sterben, so sind wir des Herrn." (Röm 14,8)

Abb.25   Die Familie, Anfang der vierziger Jahre

*

Groß, unsagbar groß waren die Entbehrungen und Strapazen, die sie erduldeten und überwanden. Mutig und klaglos waren sie, unermüdlich und ungebrochen ihr Wille, ihr Wille zu überleben und heil in die Heimat zu gelangen oder zumindest dorthin, wo sie nicht mehr zusammengeschossen und von Bomben auseinandergerissen wurden – zu Menschen zu gelangen, die keine Feinde waren. Ruhm und Ehre sind ihnen sicher, solange es Menschen gibt, die nachempfinden können, was alles sie auf sich genommen haben. Sie gingen unter – und ihr Untergang hatte keinen Sinn!

Seele des Menschen, wie gleichst du dem Spiegel,
Körper des Menschen, wie gleichst du dem Nichts.

*

Wir betreten die Kirche: „Wohin soll ich mich wenden?" Wo, wo, wo ist der Ort?

Die letzten vierhundert Meter unseres Wallfahrtsweges nimmt die Steigung des Weges zu. Eine Wegbiegung gibt plötzlich die Kirche frei. Welch ein Anblick!

Abb. 26   Die Basilika Vierzehnheiligen

Beinahe gezogen jetzt, gelangen wir zur Kirche. Zuletzt trägt uns eine Treppe mit 25 Stufen empor. Wir wissen, dass wir uns einem Ort, einem heiligen Ort, nähern. Das Hauptportal, sonst verschlossen, ist für uns Wallfahrer geöffnet. Wir durchschreiten es – und werden vom Licht umfangen. Ja, es ist merkwürdig, aber es ist so: Erst jetzt erscheint, empfängt und umfängt uns das Licht, obgleich wir schon lange Zeit im Licht wallfahrten. Denn über die Außenwände, mit großen, neben- und übereinanderliegenden Fenstern gestaltet und daher sehr licht-durchlässig, kann sich das Licht gewissermaßen materialisieren, kann das Erscheinen des Lichts eigens sichtbar gemacht und ein Gefühl des Umfangenseins erzeugt werden, das man ohne sie nicht verspürt hat. Wird solch ein durchaus erhabenes Gefühl auch mein Sohn gehabt haben, als er am Pruth das Tor des Lichts durchschreiten musste? Einige Male war ich mit ihm hier in der Wallfahrtskirche. Er muss des Lichts, des umfangenden Lichts, gewahr geworden sein.

Abb. 27   Im Inneren der Basilika Vierzehnheiligen

Das Licht kommt ohne Getöse vom Himmel, vom unendlichen Himmel. Unscheinbar, prägt es uns tief und nachhaltig. In extremen Situationen macht dieses Unscheinbare sich bemerkbar, dann wird es spürbar. So muss es auch bei meinem Sohn gewesen sein: Das Licht Vierzehnheiligens, das er mit zehn, zwölf, vierzehn Jahren kaum bemerkt haben dürfte –: in der Stunde, Minute, Sekunde seines Todes dürfte es ihm erschienen sein, dürfte ihn umfangen, ihm Zuversicht gegeben haben. So sei es gewesen!

Jetzt empfängt dieses Licht mich beim Eintritt in die Basilika Vierzehnheiligen. Umfangen fühle ich mich, nicht eingefangen, nicht eingeschlossen. Der Raum, die Atmosphäre des Raumes, ist offen und licht. Die mehr als 50 farblosen Fenster sind, bis auf wenige Ausnahmen, verdeckt, dem Blick entzogen. Sie gewähren auf beinahe schon wundersame Weise Licht, indirektes, sichtbar-unsichtbares Licht, das an weniger hellen Tagen durch künstliche Beleuchtung verstärkt wird. Schwerelos fast wirken in ihm die Bauelemente, die Heiligenskulpturen und die sakralen Gegenstände, die mit dem Licht den Raum erst zu dem machen, der er ist. All das macht die Kirche zu einem Ort des Hier-Seins *und* Darüberhinaus-Seins, der Erde *und* des Himmels, des Menschen *und* des Gottes. Hier ist, hier sollte sein: ein Ort, neben so vielen Unorten, die es heute gibt. Doch für viele wird auch die Kirche kein Ort mehr sein. Wo haben sie ihre Orte? Haben sie – haben wir noch Orte? Kann man ohne Orte leben?

Der Priester begrüßt uns, die Messe beginnt. Wir singen aus der „Deutschen Messe" von Franz Schubert das Lied „Zum Eingang": „Wohin soll ich mich wenden, wenn Gram und Schmerz mich drücken?" Ein beeindruckender Text, ein berückend-einnehmender musikalischer Ausdruck, der uns recht eigentlich auf die Situation, auf den Ort, auf die heilige Messe einstimmt.

Wohin soll ich mich wenden, wenn Gram und Schmerz mich drücken?
Wem künd' ich mein Entzücken, wenn freudig pocht mein Herz?
Zu Dir, zu Dir, o Vater, komm' ich in Freud' und Leiden,
Du sendest ja die Freuden, du heilest jeden Schmerz.

Ach wenn ich Dich nicht hätte, was wär' mir Erd' und Himmel?
Ein Bannort jede Stätte, ich selbst in Zufalls Hand.
Du bist's der meinen Wegen ein sich'res Ziel verleihet
Und Erd' und Himmel weihet zu süßem Heimatland.

Doch darf ich Dir mich nahen, mit mancher Schuld beladen?
Wer auf der Erde Pfaden ist Deinem Auge rein?
Mit kindlichem Vertrauen eil' ich in Vaters Arme,
fleh' reuerfüllt: Erbarme, erbarm' o Herr Dich mein!

Süß ist Dein Wort erschollen: Zu mir, ihr Kummervollen!
Zu Mir! Ich will euch laben, euch nehmen Angst und Not.
Heil mir, ich bin erquicket! Heil mir! Ich darf entzücket
mit Dank und Preis und Jubel mich freu'n in meinem Gott.

Welch schönes Gefühl, solches mit Zustimmung des Herzens und ohne Ausschaltung des Verstandes singen zu können: mit einem großen Ja also, einem Ja, das letztlich kein Aber, keine Einschränkung kennt! Der Ausdruck der Musik erfüllt das Herz, so dass es voller Zutrauen sich öffnen kann: sich offenbaren und zugleich empfänglich sein kann. Welch nochmals gesteigerter und daher fast ungeheurer Ausdruck sich dann in der die Strophe jeweils abschließenden Melodie bekundet: Du sendest ja die Freu-heu-den, du-hu heilest jeden Schmerz. Diese Messe verdankt sich wohl keiner besonders raffinierten Kompositionskunst, aber genau das ist es, was höchste Bewunderung abringt: das Volkstümlich-Schlichte als das Große und Erhabene. Gott als Zufluchtsstätte und Trost für Leid, Elend, Gram, aber auch als Adressat und mitempfindendes Wesen für Freude, Jubel, Jauchzen, ekstatisches Jauchzen. Gott als Gesprächspartner, als *Du*, als *Ort* für die Bewegungen des Herzens und die Fragen des Verstandes. Und tatsächlich wird, wie ich von meinem Enkel erfahren habe, im Alten Testament Jahwe auch schlicht und einfach „Der Ort" genannt. „Der Ort", schlicht und einfach „Der Ort". „Ort" ist ein anderer Name für Jahwe, für Gott! Wenn meine Beziehung zu den Juden, wie ich noch werde gestehen müssen, auch nicht frei von Problematik ist: Diese Einsicht ist nicht zu überbieten. Gott: Der Ort. Ohne jeglichen Genitiv. Einfach: Der Ort. Also nicht etwa: der Ort des Behagens und Wohlgefallens oder der Heimat und Freude oder des Glaubens und Friedens, nein, einfach: DER ORT. Das genügt. Jedes Darüberhinaus wäre zu viel. Das heißt hier aber: zu wenig. Gott als der Ort: das gehört zu jenen einfachen Grundeinsichten, die für uns Menschen heute doch so schwer zu erlangen sind. Ohne diese einfachen Grundeinsichten ist Kultur aber nicht möglich. Und die größte Gefahr für die sich etablierende selbstgenügsame Kultur ist das Vernachlässigen und Vergessen dieser einfachen Grundeinsichten. Das Große ist nicht selten schlicht und einfach, sagbar und fühlbar. Der Ort war Gott ja auch für uns Krieger des Ersten Krieges. Wir vertrauten auf ihn – wie vormals das Volk Israel auf Jahwe vertraute. Er sollte uns nicht allein beschützen, sondern uns auch zum Siegfrieden führen. Wichtig für uns, für mich, war dieser ursprüngliche Ort. Von ihm her leiteten sich die anderen Orte ab. Und „Ort" ist hier nicht allein geographisch gemeint. Ort konnte etwa auch sein – wenn auch nur für eine kurze Weile: ein Lebensmittelpaket von zuhause. Aber diese Orte waren für mich spärlich gesät, da man zuhause nicht gerade üppig lebte. Ein Ort bildete sich aber auch, prekärer freilich, wenn ich einen Anteil aus den Paketen von Kameraden meines Zuges zugeteilt bekam, die kurz zuvor gefallen waren. Ja, ein Ort konnte bisweilen auch das Dorf im Feindesland sein, in dem man sich für kurze Zeit von der Front erholte: Wenn man von Ferne das Grollen der Front vernahm, aber auf einem kleinen Spaziergang zugleich etwas vom Frieden spürte. Dann konnte man schon auf Gedanken verfallen, die für die Kriegsführung selbst nicht zuträglich sind: Wozu der Krieg, wozu dieses ganze Leid, das wir anrichten und das man uns antut?

Im Verlauf des Krieges aber wurde der Ort, wurden die Orte für mich immer unbestimmter, zweideutiger, entrückter. Je länger wir kämpften, letztlich ohne den entscheidenden Durchbruch kämpften, desto mehr wurde der Ort für mich zum – nein, das will ich nicht sagen: nicht zum Unort. Aber was ich, was wir im und seit dem Ersten Großen Krieg erlebt haben, war das Verlorengehen des Ortes, war der ortlose Mensch, der Mensch ohne Heimat, ohne Stätte des Bleibens und

Bleibenwollens, des Sich-Wohlbefindens und der Zufriedenheit, der Dankbarkeit und eines grundsätzlichen Jasagens. Letztlich gerieten wir in einen Zustand ohne Gott oder doch wenigstens in einen Zustand der Gottesferne. Man konnte nicht mehr sagen, Gott ist *der* Ort. Er war es für uns, für mich lange Zeit, er war der Ur-Ort, wenn ich mich so ausdrücken darf, der elementare Ort, der Ort, von dem alle anderen Orte, die Orte hier auf dieser Welt, ihre Bestimmung, ihren Sinn erhielten. Und mit dem Ur-Ort gingen alle anderen, gingen all die sekundären Orte verloren.

Als Soldat im Kriegsgeschehen habe ich es schon gespürt, und aus der reflexiven Distanz, die ich mittlerweile erreicht habe, kann ich es mit Nachdruck bestätigen: Im Verlauf des Krieges wurden wir mehr und mehr zu Verlassenen, Verlorenen, Ortlosen, die nichts intensiver wollten, als einen Ort haben, einen Ort finden: einen Ort, wo man sein konnte, einfach nur Mensch sein konnte. Und hierzu braucht es ja *nicht* viel – im Gegensatz zu dem, was man in Zeiten des Friedens anstrebt, wo der Luxus ins Kraut schießt und es die vielen, allzu vielen Dinge gibt, die ohne Belang, ja häufig zum Nachteil sind für ein ernst-freudiges, ein anständiges Leben.

Am augenfälligsten und gleichsam im empirischen Sinne zeigten dann vor allem die Kriegsgefangenen und die Vertriebenen, dass im 20. Jahrhundert die Ortlosigkeit unser Schicksal wurde: 11,5 Millionen Deutsche waren es, die sich 1945 in Kriegsgefangenschaft befanden, dazu kamen noch 800 000 Zivilisten in Internierungslagern. Millionen wurden vertrieben, und nicht weniger als 300 000 Kinder sind in den Wirren des

Krieges von ihren Eltern getrennt worden. Am anrührendsten sind hier wohl die Schicksale der sogenannten Wolfskinder, zumeist aus Ostpreußen stammend: Sie wurden durch die sich überstürzenden Ereignisse in den letzten Monaten des Krieges von ihren Eltern getrennt und hielten sich zunächst in Wäldern versteckt. Hatten sie Glück im Unglück, so wurden sie von litauischen Familien aufgenommen und erhielten litauische Namen; ihr Geburtsjahr konnte in den meisten Fällen nur geschätzt werden. „Ortlos" kann auch heißen: unfreiwillig getrennt von Menschen, mit denen man gerne zusammen wäre; sei es, dass diese getötet wurden oder Vertreibung und Gefangenschaft über sich ergehen lassen mussten. Sechs Millionen Deutsche haben ihr Leben im Zweiten Krieg verloren, weltweit waren es 50 Millionen. Und allein in Deutschland gingen in den Nachkriegsjahren des Zweiten Krieges 17 Millionen Suchanfragen bei den zentralen Suchdienststellen des Roten Kreuzes ein. Eine davon war meine. Nach diesen Vermissten wurde gesucht in Tages- und speziellen Suchdienst-Zeitungen, im Radio und in den Wochenschauen der Kinos. Noch heute gelten mehr als eine Millionen Verschollenen-Schicksale als ungeklärt, darunter auch das meines Sohnes. *Wohin soll ich mich wenden?* Wohin konnte *er* sich wenden, als seine Einheit von der Übermacht der Sowjet-Streitmacht überrollt wurde? Hatte er wenigstens noch Zeit für ein Stoßgebet? War ihm dieser letzte Ort beschieden?

Bis heute, scheint mir, haben wir die Ortlosigkeit nicht ablegen, einen Ort wie vor dem Krieg nicht wiederfinden können. Dieses hektisch-unbedachte Streben nach etwas, meist nach etwas Ungeprüftem und bei genauerem Hinsehen oft Unsinnigem, bestimmt die heutige Friedenszeit. Sind wir nicht alle ortlose Menschen geworden, *displaced persons* im weiteren und grundlegenderen, im metaphysischen Sinn des Wortes? Und dann gibt es ja heute weltweit mehr *displaced persons* auch im engeren, im empirischen Sinne als in den Jahren nach dem Zweiten Weltkrieg. In Afrika vor allem, wo wir einst, als ich in den Krieg zog, Kolonien hatten. Hier sind es die Stammesfehden, die die Menschen zu Flüchtlingen machen; aber auch das Suchen nach Wasser treibt viele von Ort zu Ort, nein, nicht von Ort zu Ort, sondern von Unort zu Unort, von Raumstelle zu Raumstelle.

*

Wir beten: „Die Füchse haben Gruben und die Vögel Nester; der Menschensohn aber hat nichts, wohin er sein Haupt legen könnte."

Was schwermütig beginnt, endet es nicht immer todessüchtig?

*

Ich glaube nicht mehr, dass mein Sohn von einem Panzer überrollt und getötet wurde. Das wäre eine singuläre Aktion gewesen, eine beinahe individuelle, kriegerisch-individuelle Begegnung zwischen ihm und der Panzerbesatzung. Sein Tod war viel anonymer. Er kam vermutlich aus der Luft durch Kampfflieger; oder er fiel durch den Beschuss schwerer Artillerie. Er hatte es wohl gelernt, wie er mir sagte: das „Panzerknacken", das aus der Distanz, aber auch aus unmittelbarer Nähe geschehen kann: aus der Distanz durch Panzerabwehrkanone (Pak) oder Panzerfaust, aus der Nähe durch Molotow-Cocktails oder direkt am Panzer angebrachte Sprengladungen. Letzteres ist möglich, weil der Panzer einem in unmittelbarer Nähe befindlichen und ungesehenen Grenadier oder Infanteristen, wenn er nur die nötigen Waffen bei sich trägt, unterlegen ist. Es war durchaus nicht selten, dass sich einzelne Soldaten in ausgebauten Deckungslöchern von den sowjetischen Panzern überrollen ließen, um sie dann von hinten oder der Seite mit einer angebrachten Sprengladung oder gar durch eine in die Einstiegsluke geworfene Handgranate zu vernichten.

Seele des Menschen, wie gleichst du dem Spiegel,
Körper des Menschen, wie gleichst du dem Nichts.

*

Zum Gloria: „Wir, die die Erde gebar." Graben, Grab und Geburt

Wir singen nun das „Gloria" der Schubert-Messe. Ein einziger Jubel. Ehre, Ehre sei Gott in der Höhe!

> Ehre, Ehre sei Gott in der Höhe! Singet der Himmlischen selige Schar.
> Ehre, Ehre sei Gott in der Höhe! Stammeln auch wir, die die Erde gebar.
> Staunen nur kann ich, und staunend mich freu'n;
> Vater der Welten! Doch stimm ich mit ein: Ehre sei Gott in der Höhe!
> Staunen nur kann ich und staunend mich freu'n:
> Vater der Welten! Doch stimm ich mit ein: Ehre sei Gott in der Höhe!

Der Jubel, der in diesem Lied zum Ausdruck kommt, ist unsagbar, mit Worten nicht zu fassen. Ein Narr, wer ihn beschreiben will. Nur der mit vollem Herzen Singende kennt ihn, diesen Jubel. Ehre, Ehre? In diesem Lied wird sie nur Gott zugesprochen. Doch auch wir Kämpfer hatten unsere Ehre: Tapferkeit und Treue. Ohne diese Ehrvorstellung hätten wir nicht so lange durchzuhalten vermocht. „In Treue fest" – das stand auf unseren bayrischen Koppelschlössern im Ersten Krieg. „In Treue fest" – es ist der bis heute gültige Wahlspruch der Kriegervereine und Soldatenkameradschaften. Aber das an diesem Lied Interessanteste ist für mich, den Krieger des Ersten Krieges, das über die Erde Gesagte: „Wir, die die Erde gebar." „Wir, die die

Erde gebar"? Ich stutze. Als Bauer habe ich ja eine besondere Beziehung zur Erde. Wie oft habe ich diese umgepflügt! Umgepflügt, um sie für das Säen vorzubereiten: die Aufnahme des Samenkorns, das absterben sollte, um viele neue Körner hervorzubringen. Und wie merk- und denkwürdig, dass es dieses Umpflügen auch im Krieg gab: Die schweren Geschosse der Artillerie rissen die Erde, die ich mit dem Pflug langsam und kontinuierlich und unter großen Mühen – wahrlich im Schweiße meines Angesichts – wendete, schlagartig und fontänenhaft auf. Diese explosiv umgewendete Erde war vermengt mit Holz, Stein und Stahl, mit menschlichen und tierischen Körpern und Gliedmaßen. Zu fragen, ob auch dieses Umpflügen geschah, um die Erde für die Aussaat vorzubereiten, wäre zumindest heute frivol und zynisch.

Aber die Erde war für uns zugleich auch Schutzhöhle: Wir gruben uns ein, um dem schweren Artillerie-Beschuss zu entgehen. Wir gruben uns ein, krochen in die ausgehobenen Erdhöhlen – Gräben, Unterstände, Stollen, Bunker – wie in einen Mutterschoß. Ja das war wohl unsere Sehnsucht: wie in den Mutterschoß. Die verheerende Wirkung der Granaten und Bomben zwang uns ja dazu. Gedämpft hörten wir dann das Donnern, Heulen und Pfeifen – in der Angst freilich auch jetzt noch, der Volltreffer eines schweren Geschützes werde die Höhle, werde den Mutterschoß zerschlagen und zur Hölle machen. Krochen wir nach dem Bombardement wieder ins Freie, ins Licht und an die Luft, dann schien es mir tatsächlich, ich sei erneut geboren – und die Erde war es, die gebar, die heil zur Welt brachte. Dankbarkeit, das Gefühl der Dankbarkeit, konnte in solchen Momenten aufkommen – bei aller Erwartung, bei aller Angst vor neuen Bombardements oder dem Angriff französischer oder englischer Sturmtruppen.

Aufgrund dieser Erfahrung ist das „Gloria" aus der Deutschen Messe für mich so verblüffend: Es ist, als ob der Dichter unter uns gewesen wäre – und dadurch erst befähigt zu solch einem Satz. Ist es nicht äußerst verwunderlich, theologisch sogar verwirrend – wir singen das in der Kirche! –, dass es in dem Lied heißt, die Erde habe uns geboren? Orthodox scheint dieser Text von Johann Philipp Neumann ja nicht zu sein. Denn orthodox gedacht, hat uns nicht die Erde hervorgebracht. Das ist heidnische Lehre. Gott war es, der uns, wenngleich aus Erde, formte und zur Welt brachte (von Gebären will ich hier nicht reden). Doch verstehe ich nur allzu gut nach all dem, was ich im Großen Krieg erlebt habe, dass uns die Erde gebar.

Wie ich kürzlich gelesen habe, gibt es für Schuberts Deutsche Messe nun eine Textfassung, die orthodox-theologisch korrekt sein soll, also ohne die Sentenz, dass die Erde gebiert. Auf diese Neuerung sollte man verzichten! Dass es im Text von Neumann einen unmittelbaren Bezug des Menschen zur Erde gibt, spricht für die alte Fassung. Heidnisch oder nicht – sie ist in jedem Falle menschlich, zutiefst menschlich. Ich kann es bestätigen, beglaubigen: hier in der Kirche, an diesem heiligen Ort. Der empfindend-nachdenkliche Mensch in seinem Bezug zu Gott, zum Allerheiligsten, zum Absoluten – das ist der innerste Kern der Deutschen Messe. Und dass die Erde dabei eine *elementare* Rolle spielt: das leuchtet mir ein wie sonst nur wenig. Ich kann es bezeugen, aus Erfahrung bezeugen, nicht etwa nur, weil ich darüber nachgedacht habe oder dem Leser etwas „erzählen" will. „Erzähl mir nichts!" Nein, ich „erzähle" nichts.

(Gustav Mahler soll sich übrigens bei der Komposition des „Liedes von der Erde" weinend auf die Erde gelegt haben – um ihr auf diese Weise näher zu sein, um sie besser vernehmen zu können. Und bei Rilke habe ich gelesen: „Weit war ich, wo die Engel sind, / hoch, wo das Licht in nichts zerrinnt – / Gott aber dunkelt tief." Wie nah stehen sich eigentlich Dichter, Bauer, Komponist und Krieger?)

Gar nicht so selten, das will ich keineswegs verschweigen, wurde die Erde dann aber auch zum Grab. Dann nämlich, wenn die Erdhöhle, die mal einfacher, mal professioneller ausgebaut sein konnte, einen Volltreffer durch ein schweres Kaliber erhielt. Die, die überlebten, suchten dann nach den Verschütteten. Oft freilich vergebens. Denn zum einen fehlte es an Räumgerät, und zum anderen hörte das Bombardement ja nicht auf. Es ging weiter, als wäre nichts gewesen! Neue Erdmassen wurden aufgeworfen und gingen auf uns nieder.

Wir gruben uns ein, sagte ich. Sehr viel später erst wurde mir einsichtig, dass Graben ein Weltdeutungsprozess ist, es zumindest sein kann. Mir wurde es erst in Friedenszeiten deutlich – geahnt hatte ich es freilich schon immer. Schlagartig leuchtete es mir ein, als ich meinen zweieinhalbjährigen Enkel – eine leere Blechdose in der Hand – am Grabe seiner Mutter, also meiner Tochter, nach dieser graben sah. Warum tat er das? Ich weiß es nicht, weiß es nicht mehr. Vielleicht hatte ich zu ihm gesagt, hier liegt Deine Mutter, oder hatte etwas Ähnliches gesagt, ich weiß es nicht mehr, es war womöglich pädagogisch falsch, wenn ich etwas in dieser Richtung gesagt haben sollte, aber wer denkt schon an Erziehung und Pädagogik, wenn er am Grabe seines Kindes mit seinem Enkelkind steht. Sein Ursprung hatte sich von ihm gelöst, und er grub sich ihm nach, ihm zu. Es war rührend, das zu sehen. So etwas kann nur ein Kind. Und doch war diese Suche schon in diesem Augenblick für mich das Bild, um nicht nur den Ersten und Zweiten Krieg, sondern um das ganze 20. Jahrhundert zu verstehen. Er hatte sich gelöst, der Ursprung – und würde zerfallen. Fortan hatte mein Enkel – wie ich, letztlich wie wir alle! – sich ohne ihn zu bewegen, er hatte seinen „Sinn" zu suchen, selbst zu suchen, wie eben auch ich, freilich als Erwachsener, meinen Sinn zu suchen hatte nach diesen verdammten Kriegen – ohne Kaiser und ohne Führer und ohne all das, woran ich geglaubt hatte, ohne all das, was mein Ursprung war. Wir beide hatten die Differenz erfahren. Andere würden kommen und über die Differenz räsonieren. Unsere Erfahrung geht dem Räsonnement voraus. Sie war der Sprung, der durch uns hindurchging und der uns zerriss. Der Sprung, der auf den Verlust des bloß gegebenen Ursprungs antwortete. Unsere Erfahrung war der Sprung, den wir stehen mussten. Und immer wieder hatten wir ihn in unserem Leben zu stehen, zu bestehen. Wir konnten leben, durch ihn, trotz seiner.

Später erst, viel später, sollte mein Enkel denken, was ich am Grabe seiner Mutter denken musste. Man denkt im eigentlichen Sinne nur, was man schon erlebt hat. Dieses Denken aber ist kein *bloßes* Denken. Man erlangt mit ihm eine höhere *Lebens*authentizität, Lebensidentität. Voraussetzung für dieses Denken aber sind Mut und Tapferkeit: Mut zum Denken dessen, was man schon an Grausamkeiten erlebt hat und was durch das Wissen einen höheren Grad an Präsenz, an – Leben gewinnt; Tapferkeit aber, um dies alles zu ertragen – und dabei doch kein Sauertopf zu werden.

Hölderlin schreibt 1802, dieses Schriftstück fiel mir vor kurzem in die Hände, an seinen Freund Böhlendorff nach der Rückkehr aus Frankreich (aus Frankreich!): „Ich habe Dir lange nicht geschrieben, bin indes in Frankreich gewesen und habe die traurige einsame Erde gesehen." Ich habe die traurige einsame Erde gesehen. Ein merkwürdiger Satz. Warum musste er das denn eigens betonen? Hat er denn nicht immer die traurige einsame Erde gesehen? – Wie oft habe ich die Erde umgepflügt mit dem Kuhgespann, sie aufgerissen; aber ich habe sie nicht „gesehen", nicht im nachdrücklichen Sinne gesehen, sie nicht erfahren, sie nicht wahr-genommen. Er wie ich – wir haben sie immer gesehen, im Vorübergehen gewissermaßen wahrgenommen, aber wir haben sie dabei nicht wirklich *gesehen. Sehen* in diesem Sinne heißt: sie erfahren, etwas Wesentliches an ihr erfahren, was man noch nie vorher erfahren hat, was einem noch nie aufging, was einen noch nie anging, was einen noch nie – ansah. Ja, die Erde sah mich an. Dieses Sehen dringt ein, dringt tief in den Menschen ein – so wie ich in die Erde eindrang, wie ich die Erde ein-sah, wie ich mich ihr, sie spürend, zugrub.

Hast Du denn, lieber Leser, gewusst, von *spüren* und *erfahren* will ich hier nicht reden, dass man sich mit Erde zudecken kann, zudecken zum Schutze vor Kälte und Wind? Sogar vor Nässe, aber dies nur kurzfristig. Man *kann* sich mit Erde zudecken, denn ich selbst habe es im Krieg getan. Zunächst schüttet man nur einen kleinen Erdwall auf, um sich vor den Winden, vor der Kälte zu schützen; doch dann, wenn dies nicht mehr ausreicht, deckt man sich, oft schon im Halbschlaf, mit Erde auch zu. Man versucht mit Armen und auch Beinen die Erde über sich zu decken und sich so zu schützen. Und man hat zunächst durchaus den Eindruck, dass dies gelingt. Oft schläft man dann ein, manchmal an den Begriff „Mutter Erde" denkend, an die Mutter, zu der man immer wieder zurückkehren darf, gleich auch, was man getan und verschuldet, was alles man auf dem Gewissen hat. Aber schon bald erwacht man – auch vor Kälte. Dann versucht man, sich tiefer einzugraben, mit noch mehr Erde zuzudecken – und dabei konnte es passieren, dass man auf Leichen oder Leichenteile stieß, halbverwest, aber noch deutlich erkennbar in ihrer ursprünglichen Form. Benutzte man hierbei seinen Spaten, so konnte man bisweilen feststellen, dass man soeben eine Gliedmaße zerteilt hatte. Sie stammte von dem, der vorher hier lag oder stand, von dem, der zusammengeschossen wurde im Trommelfeuer der Artillerie – und sogleich zugedeckt von der durch die Detonation aufgeworfenen Erde. Nicht selten geschah dies sogar mehrmals mit einem Körper, dann nämlich, wenn dieselbe Stelle binnen kurzem zwei oder drei oder noch mehr Einschläge erhielt. Dann werden Körper und Körperteile nochmals getroffen, werden wiederum zerrissen, wirbeln abermals durch die Luft, fallen erneut in die aufgewühlte Erde. Kann man dann noch schlafen, wenn man so eine Entdeckung macht? Anfangs konnte ich es nicht, aber mit der Zeit schon. Man gewöhnt sich, ja, das muss man so sagen, man gewöhnt sich daran. Was bleibt einem anderes übrig!

Die Beziehung des Menschen zur Erde gehört mir zum Denkwürdigsten. Sie scheint heute zurückgedrängt, ja verschwunden. Aber das scheint nur so. Hier gedenke ich, es ist mir ernst und wichtig, nochmals meines Enkels, der auf dieser Kriegerwallfahrt dabei ist: Er hatte diese prägende Erd-Beziehung in frühester Kindheit, als er mit noch nicht einmal drei Jahren seine Mutter im Grabe mit einer Blechdose auszugraben suchte. Dies steht in einem anderen Buch. Davon wird er Dir selbst etwas berichten, in diesem anderen Buch. Auch dieses wird kein „Roman" sein. Es steht in einem anderen Buch, wenn auch im selben Buch des Lebens. Des Menschen Bezug zur Erde, so hat er mir später auf seine Weise erklärt, sei ein „apriorischer", ein „transzendentaler", was heiße: Er verdanke sich nicht erst einem „aposteriorischen", einem „empirischen" Verhältnis; vielmehr seien alle empirischen Verhältnisse nur möglich aufgrund dieses einen vorgängigen (und das meine hier „apriorisch" und „transzendental") Verhältnisses zur Erde. Die empirischen Verhältnisse seien Konkretisierungen, „bloße Konkretisierungen" („wenn man so wolle", wie er immer sagt) der transzendentalen Bedingung. Auf *seine*, das heißt: auf akademisch-philosophische Weise sagte er dies, denn er hat gemeint, mit dem Erlernen der akademischen Philosophie etwas besser seine frühe Beziehung zur Erde verstehen zu können. Ich weiß nicht, ob ihm das gelungen ist. Nie hat er mit mir darüber geredet. Aber ich vermute, dass etwas von diesem „Akademischen" auch auf mich, den einfachen Mann, der nur das Handwerk erlernt hat – das des Landbaus und Korbmachens und das des Krieges –, dass davon etwas auf mich, sage ich, abfärbte – ob zum Guten oder zum Schlechten, wage ich nicht zu sagen, das kannst Du, lieber Leser, vielleicht besser beurteilen. Doch hüte dich, dein Urteil zu früh zu fällen – und es dann auch noch für absolut zu nehmen. Singen wir doch einfach mit, das Lied von der Erde, die uns gebar und immer neu gebiert:

Ehre, Ehre sei Gott in der Höhe! Singet der Himmlischen selige
Schar.
Ehre, Ehre sei Gott in der Höhe! Stammeln auch wir, die die Erde
gebar.
Staunen nur kann ich, und staunend mich freu'n;
Vater der Welten! Doch stimm ich mit ein: Ehre sei Gott in der
Höhe!
Staunen nur kann ich und staunend mich freu'n:
Vater der Welten! Doch stimm ich mit ein: Ehre sei Gott in der
Höhe!

Ehre, Ehre sei Gott in der Höhe! Kündet der Sterne strahlendes
Heer.
Ehre, Ehre sei Gott in der Höhe! Säuseln die Lüfte, brauset das
Meer.
Feiernder Wesen unendlicher Chor jubelt im ewigen Danklied
empor: Ehre sei Gott in der Höhe!
Feiernder Wesen unendlicher Chor jubelt im ewigen Danklied
empor: Ehre sei Gott in der Höhe!

*

Ich glaube nicht mehr daran, dass mein Junge im Kampf, im „sinnvollen" Kampf gefallen ist. Es war wohl eher das Wunschdenken des Kriegers in mir. Er ist gefallen, sinnlos gefallen – gegen eine Übermacht, gegen über- und überzähliges Material. Individuen gegen überzähliges Material: Das war es, und das wird es mehr und mehr in Zukunft sein – von wenigen Ausnahmen, die nicht wirklich zählen, abgesehen.

*

Zum Offertorium: „Nur danken kann ich, mehr doch nicht." Hat mich der Krieg zum Individuum gebildet?

Die Messfeier ist nun bei der Gabenbereitung angelangt. Die Gaben, Brot und Wein, werden von den Ministranten zum Altar gebracht, und der Priester nimmt sie entgegen. Die Kollekte, das Sammeln von Opfergeld, erfolgt. Jeder gibt an Geld, was er geben zu sollen meint. Ich gebe an diesem Tag mehr, als ich es sonst tue. Freilich bin ich auch heute noch sparsam. Wir singen den Gesang zur Gabenbereitung, das Offertorium aus der „Deutschen Messe".

> Du gabst o Herr mir Sein und Leben, und Deiner Lehre himm-
> lisch' Licht.
> Was kann dafür, ich Staub, Dir geben? Nur danken kann ich,
> mehr doch nicht, nur danken kann ich, mehr doch nicht.

Wohl mir! Du willst für Deine Liebe ja nichts als wieder Lieb’ allein;
und Liebe, dankerfüllte Liebe soll meines Lebens Wonne sein,
soll meines Lebens Wonne sein.

Mich selbst, o Herr, mein Tun und Denken und Leid und Freude
opf’r ich Dir;
Herr nimm durch Deines Sohnes Opfer dies Herzensopfer auch
von mir, dies Herzensopfer auch von mir.

Nur danken kann ich, mehr doch nicht? Danken wofür? Für
alles? Auch für den Krieg, auch für seine Schrecken, für das
Unerträgliche, das er mir bereitete? Danken, dass mir der Sohn
genommen wurde im Zweiten Krieg?

Ja, das ist eine ganz merkwürdige Sache. Bei all dem Unheil,
das der Krieg mir bereitete; bei all den Greueln, die ich ansehen
musste – und die man, die ich ja mitverursachte! –, kommt mir
immer wieder ein merkwürdiger Gedanke, ein Gedanke, den
ich eigentlich nicht zulassen will: Waren es nicht Krieg und
Fronterfahrung, waren es nicht Leid und Tod, die mich form-
ten, mich zu dem bildeten, der ich heute bin? Gelassen nämlich,
entschieden, in mir ruhend, nicht am Leben hängend, es liebend zwar, aber nicht an ihm hängend – und vielleicht gerade
deshalb so liebend. Der Krieg formte mein Leben – so nachdrücklich, wie es in Friedenszeiten nicht möglich ist. Der Krieg
bereitete mich auf ein Letztes, den Tod, vor – und damit in
gewisser Weise auf alles. Was sollte denn noch mehr kommen?
Was sollte mich jetzt noch überraschen, überfallen, übermannen? Ich möchte diesen Zustand einen freien nennen, den ei-

gentlich menschlichen sogar. Notwendigerweise kann ich nur aus meiner Sicht sprechen: Es war der Tod, der mich formte, mich zum freien Menschen, zum Individuum bildete. Das weiß ich heute; damals war es mir nicht bewusst. Ohne Krieg wäre ich ein Abhängiger geblieben: abhängig, im Letzten, vom Leben, vom Glück, von dem, was man vermeintlich besitzt an festen Vorstellungen und Werten, an Weltanschauung.

Ich betone hier besonders: „aus meiner Sicht". Denn wenn es so wäre, wie ich sagte, wenn also erst die grundlegende Erfahrung des Krieges mich zum eigentlich Freien formte – dann wäre ja, wer diese Erfahrung nicht hat (und in der heutigen Zeit haben die meisten sie ja nicht mehr), kein freier Mensch! Nun, das will ich selbstverständlich nicht behaupten, denn dann wäre ja der Krieg etwas Willkommenes und eine für die eigentliche Menschwerdung sogar notwendige Angelegenheit. Ich wünsche niemandem den Krieg. Ich selbst möchte ihn ja auch nicht noch einmal erleben. Und damit ist das Dilemma meiner Gedanken über Krieg, Freiheit und Individualität bezeichnet. Am besten wäre es, wenn eine „rein geistige" Todeserfahrung, eine gedankliche und gefühlsmäßige Durchdringung des Todes, genügte, um zu erfahren, was ich physisch erfuhr. Aber hierzu ist der Mensch wohl nicht Geist genug! Er muss den Tod, scheint mir, mit seinem Leib erfahren. Ein Zittern, fürchte ich, muss durch seinen Körper. Der Boden muss beben unter seinen Füßen.

Es ist mehr als eine Merkwürdigkeit, dass ich – auf der Suche nach dem Sinn „meines" Krieges, also der Jahre 14 bis 18 – ein merkwürdiges Gedicht gefunden habe, und zwar von einem der sogenannten Klassiker, auf deren Schultern ja auch noch unsere gegenwärtige Kultur ruhen soll.

1. Wohlauf, Kameraden, aufs Pferd, aufs Pferd,
Ins Feld, in die Freiheit gezogen!
Im Felde da ist der Mann noch was wert,
Da wird ihm das Herz noch gewogen;
|: Da tritt kein anderer für ihn ein,
   Auf sich selber steht er da ganz allein. :|

2. Aus der Welt die Freiheit verschwunden ist,
Man sieht nur Herren und Knechte;
Die Falschheit herrschet, die Hinterlist,
Bei dem feigen Menschengeschlechte:
|: Der dem Tod ins Angesicht schauen kann,
   Der Soldat allein ist der freie Mann! :|

3. Des Lebens Ängste, er wirft sie weg,
Hat nichts mehr zu fürchten, zu sorgen;
Er reitet dem Schicksal entgegen keck,
Trifft's heut nicht, so trifft es doch morgen.
|: Und trifft es morgen so lasset uns heut
   Noch schlürfen die Neige der köstlichen Zeit. :|

4. Von dem Himmel fällt ihm sein lustiges Los,
Braucht's nicht mit Müh zu erstreben.
Der Fröner, der sucht in der Erde Schoß,
Da meint er den Schatz zu erheben.
|: Er gräbt und schaufelt, solang er lebt,
   Und gräbt, bis er endlich sein Grab sich gräbt. :|

5. Der Reiter und sein geschwindes Roß,
Sie sind gefürchtete Gäste!
Es flimmern die Lampen im Hochzeitsschloß;
Ungeladen kommt er zum Feste,
|: Er wirbt nicht lange, er zeigt nicht Gold,
   Im Sturm erringt er den Minnesold. :|

6. Warum weint die Dirn' und zergrämt sich schier?
Laß fahren dahin, laß fahren!
Er hat auf Erden kein bleibend' Quartier,
Kann treue Lieb' nicht bewahren.
|: Das rasche Schicksal, es treibt ihn fort,
   Seine Ruh' läßt er an keinem Ort! :|

7. Auf des Degens Spitze die Welt jetzt liegt,
Drum froh, wer den Degen jetzt führet,
Und bleibt nur wacker zusammengefügt,
Ihr zwingt das Glück und regieret.
|: Es sitzt keine Krone so fest, so hoch,
   Der mutige Springer erreicht sie doch. :|

8. Drum frisch, Kameraden, den Rappen gezäumt,
Die Brust im Gefechte gelüftet!
Die Jugend brauset, das Leben schäumt!
Frischauf! eh der Geist noch verdüftet!
|: Und setzet ihr nicht das Leben ein,
   Nie wird euch das Leben gewonnen sein! :|

Dieses Lied aus dem Jahr 1797 mit dem Text von Friedrich von Schiller und der Melodie von Christian Jakob Zahn fand ich zwar schon in meinem soldatischen Liederbuch des Ersten Krieges, aber damals verstand ich noch nicht, was ich heute zu verstehen glaube. (Auch im Liederbuch meines Sohnes, im Liederbuch des Zweiten Krieges also, fand ich übrigens diesen Text.) Dieses Lied ist ja – zumal für unsere „friedliebende" Zeit, die ihre Kriege auf ganz andere Weise zu führen weiß (jedenfalls ohne Grabendolch) – eine starke Zumutung. „Und setzet ihr nicht das Leben ein, Nie wird euch das Leben gewonnen sein!" „Der dem Tod ins Angesicht schauen kann, Der Soldat allein ist der freie Mann!"

Eine Zumutung ist die Ansicht, dass sein Leben nur gewinnen kann, wer sein Leben einsetzt; dass frei nur ist, wer den Tod vor Augen hat. Der Weg zum Leben, zum freien Leben, führt über die Wahrnehmung des Todes. Und für den Soldaten kann nur der in nächster Nähe liegende empirische, also der reale Tod gemeint sein, nicht der bloß gedachte Tod, der in der Ferne liegt und jeden einmal treffen wird.

In diesem Lied ist, wie ich finde, die Psychotechnik des Kriegers perfekt beschrieben – und man fragt sich, woher ein Mensch wie Schiller diese Einsicht hatte. Der allein ist ein guter, ein tapfer kämpfender Soldat, der mit dem Leben abgeschlossen hat. Aber damit nicht genug. Denn Schiller geht ja noch weiter, erweitert seine Ansicht auf das Allgemeinmenschliche: Nur der, der dem Tod ins Angesicht schauen kann, ist – frei. Alle anderen: Knechte irgendeiner ungeprüft-abstrusen Vorstellung von Leben, von Sein, von Sinn, von Glück. Sie zu verwirklichen, diese abstruse Vorstellung, setzen sie alles ein, Hinterlist, Falschheit und Feigheit inbegriffen.

Die Todesbereitschaft war Teil der militärischen Erziehung bereits zu meiner Militärzeit, vor allem aber der nationalsozialistischen Erziehung der dreißiger Jahre, die früh schon, schon in der Hitler-Jugend, wie ich von meinem Sohn wusste, auch eine Erziehung zum Tode war. Haben die Nationalsozialisten damit Schillers Ansicht realisiert, waren sie – zumindest in dieser Hinsicht – Schillerianer? Oder soll man gar sagen: Schiller – Wohlauf, Kameraden, aufs Pferd, aufs Pferd! – war ein Vor-Reiter der Nazi-Ideologie? Das wäre aber doch arg, oder?

Der Soldat allein ist der freie Mann, weil er dem Tod ins Auge schauen kann. Dafür spricht, so meine Erfahrung, in der Tat einiges. Es ist freilich die Frage, ob man „Soldat" und „Tod" im engen, also quasi empirischen Sinne verstehen muss oder ob man „Soldat" und „Tod" auch im übertragenen Sinne verstehen kann. Dann würde, dem Tod ins Angesicht zu sehen, nicht bedeuten, dass man sich im empirischen Sinne dem Tod aussetzt, sondern im geistigen: dass man sich vergegenwärtigt – es sich selbst nachdrücklich vor Augen führt –, dass man ein Sterblicher ist, dass man das Bewusstsein des Todes, das allein einem Sterblichen eigen ist – also weder dem Tier noch dem Gott –, zulässt und nicht verdrängt. Freilich werden die allermeisten von uns dieses Bewusstsein unterdrücken und aus Feigheit vor dem Tod davonlaufen. Der Vorteil des Krieges, wenn man so reden darf, war eben, dass er dieses Weglaufen verhinderte, im empirischen Sinne verhinderte: Jedem Kämpfer wurde der Tod vor Augen geführt, jeder Kämpfer musste sich mit dem

Tod auseinandersetzen, solange er lebte; er musste eingestehen, dass er ein Sterblicher war. Davonlaufen war nicht möglich.

Später, nur wenige Jahre nach dem Ersten Krieg, sollte die Einsicht, dass sich aus Tod Freiheit und eigentliches, ehrliches Menschsein gebiert, als philosophisches Theorem entwickelt werden: dass der Mensch zu seiner „Eigentlichkeit", also Nichtverlogenheit, Nichtfeigheit, nur über den Tod, sein Sterben *im* Leben, sein „Vorlaufen in den Tod", gelangt. Bereits das Schiller'sche Gedicht fordert ja auf zum Leben, zum intensiven, „eigentlichen" Leben: dass, wenn es Dich morgen trifft, treffen kann, Du heute schon „schlürfen" musst „die Neige der köstlichen Zeit". Der Tod ermöglicht köstliche Zeit, verhindert Beliebigkeit, Langweiligkeit, schafft – erzwingt Eigentlichkeit. Immerwährendes Leben würde es, abgesehen davon, dass es langweilig wäre, nie zur eigentlichen Zeit, zum eigentlichen Leben bringen!

Ich sprach soeben vom „Vorlaufen in den Tod" – ein Grundbegriff der existenzialen Philosophie Martin Heideggers, wie ich einst von meinem Enkel erfahren habe. Wie kommt man eigentlich zu so einem für das alltägliche Bewusstsein doch vergleichsweise abstrusen Begriff, konnte ich damals wohl fragen. Aber nun weiß ich, dass der Begriff aus der Erfahrung des Frontsoldaten des Ersten Krieges gewonnen ist – jedenfalls hier aufs anschaulichste sich zeigt, gleichsam eine sinnlich erfahrbare Basis bekommt. Wenn ich meinen Enkel richtig verstanden habe, so meint Heidegger mit diesem „Vorlaufen in den Tod": Der Mensch, also nicht allein der Krieger, sondern der Mensch als solcher, ist dem Tod *geweiht*, er lebt auf den Tod hin, er *lebt* durch den Tod. Je intensiver, also bewusster, heller, geistiger, er lebt, desto mehr Tod, desto mehr Sterben *ist* er. Er stirbt, solange er lebt; er lebt (im eigentlichen Sinne), solange er stirbt. Wer intensiver lebt, stirbt auch intensiver, nachdrücklicher; wer intensiver stirbt, lebt auch intensiver, nachdrücklicher. Aber warum, so kann ich *als Krieger* fragen, warum nennt Heidegger das „Vorlaufen in den Tod“? Da wird selbst für jemanden, der nicht im Krieg war, die Anschaulichkeit des Begriffs evident. Das „Sprung auf – marsch, marsch!“, das uns mit einem gewaltigen und die Angst unterdrückenden „Hurra!“ aus den Schützengräben zum Sturmangriff geradezu katapultieren sollte, war ein Vorlaufen in den Tod, denn die Wahrscheinlichkeit, dass man als Toter dort vorne ankam oder, um mich etwas korrekter auszudrücken: nicht mehr als Lebender zurückkam – oft kamen die Kameraden ja nicht einmal als Tote zurück, da wir sie auf dem Schlachtfeld liegen lassen mussten –, war groß, sehr groß. Philosophie, wie er, Heidegger, sie verstehe, so mein Enkel, sei „phänomenologische Philosophie“: konkret, anschaulich, gesättigt mit Leben und Lebenserfahrung – auch dort, wo nur noch abstrakte Begriffe ihr asketisches Leben führten.

Eine wichtige Rolle spiele bei Heidegger, so mein Enkel, auch der Begriff der „Entschlossenheit“. Entschlossen, konnte ich ihm damals sagen, waren auch wir, entschlossen, den Krieg mit einer *letzten* Kraftanstrengung zu beenden, den Siegfrieden zu erringen – und dass dieses Letzte immer wieder zum Vorletzten wurde und nochmals ein Allerletztes, ein Allerallerletzes forderte. Wer hätte gedacht, dass nach Verdun noch mehr Wille verlangt würde? Nach Verdun musste ich in die Abwehrschlacht an der Somme ziehen! Und meine, unsere wirklich letzte Kraftanstrengung war die Frühjahrsoffensive 1918, die sich eigentlich aus fünf gesonderten Offensiven zusammensetzte. (Die zweite war übrigens geplant unter dem Namen „Georg"; sie wurde dann, da sie kleiner ausfiel, als ursprünglich geplant, „Georgette" genannt.) Ich selbst war an der ersten Offensive, „Michael", beteiligt, die am 21. März 1918 begann. Zunächst wurden große Siege errungen. (Aber das kannten wir ja schon.) Der Stellungskrieg wurde wieder zum Bewegungskrieg – wie im August 1914. Doch auch dieses Mal konnten die Alliierten die Front stabilisieren – nachdem wir bereits 60 Kilometer weit vorgedrungen waren. Vor Amiens konnten die Franzosen ihre Truppen entscheidend verstärken und unseren weiteren Vormarsch verhindern. Die Verluste waren sehr hoch, auf beiden Seiten. Und mit dieser letzten „Entschlossenheit" gegenüber einem Feind, der uns an Zahl und Material, vor allem auch an hochwertigen Lebensmitteln, weit überlegen war, war unser Wille in etwa so überdehnt, wie man sagt, dass eine Front überdehnt ist – und damit vom Gegner leicht durchstoßen werden kann. Wir ermüdeten, physisch und psychisch. Man kann eben nicht permanent entschlossen sein! Diese Erfahrung mussten wir machen. Und das weiß auch die Philosophie: Die Eigentlichkeit ruht auf dem Grunde der alltäglichen Uneigentlichkeit, kehrt immer wieder in diesen Grund zurück. Unser Wille, sagte ich, war überdehnt. Die Alliierten hatten es dann nicht mehr schwer zurückzuschlagen. Sie leiteten die Gegenoffensive ein, in der man unsere Stellungen mit etlichen Tanks überrollte, uns auf diese Weise schwere Verluste beibrachte und schließlich unseren Willen so nachhaltig demoralisierte, dass wir im November '18 zum Waffenstillstand bereit waren.

Der endgültige Durchbruch blieb uns versagt. Es reichte in diesem Krieg ja nicht, die ersten Linien zu durchbrechen. Durchbrochen, zerstört, vernichtet werden mussten auch die Reserven, die der Feind hinter der eigentlichen Front in Stellung brachte und jederzeit mobilisieren konnte. Und diese Reserven waren enorm. Kämpfer, Kombattanten im eigentlichen Sinne, machten im Ersten Weltkrieg nur noch die Hälfte der Kriegsteilnehmer aus, während etwa im amerikanischen Sezessionskrieg die Zahl der Kombattanten bei noch 90 Prozent lag. Andererseits war im Ersten Krieg *ein* Durchbruch *kein* Durchbruch. Denn die Front dehnte sich über viele, viele Kilometer, im Westen von den Alpen bis zur Nordsee. Und im Zweiten Krieg war die Front im Osten dann noch weitaus länger. In den Kriegen vor den beiden Weltkriegen maß die Frontbreite wenige Kilometer, bei Sedan 1870 nicht mehr als 16!

Und mit „Durchbruch" habe ich nun schon wieder einen Begriff „geistigen Lebens" angeführt, der kriegerischen Ursprungs oder hier doch wenigstens konkret-anschaulich erfahrbar ist: Durchbruch der Front ist anschaulicher, konkreter als Durchbruch zur Einsicht, zur Erkenntnis, konkreter als Durchbruch zur technischen Innovation. Ich will nicht sagen, schon gar nicht wünschen, dass der Krieg der Vater aller Dinge ist. Aber er stellt uns aufs anschaulichste Situationen und Begebenheiten vor Augen, die wir dann, als Bilder und Symbole, für andere Bereiche übernehmen. Haben wir schon einmal darüber nachgedacht, warum Paulus, der doch dem Liebesgebot verpflichtet war, im zweiten Brief an Timotheus schreibt, er habe einen „guten Kampf gekämpft" und für ihn liege der „Siegeskranz der Gerechtigkeit" bereit? Und warum muss ich, um tugendhaft zu werden, dem Kirchenlehrer Petrus Chrysologus, Kant und vielen anderen Theologen und Philosophen zufolge einen Krieg gegen mich selbst führen, warum den „Kampfplatz der Tugend" betreten, warum der „Schande des Fahnenflüchtigen" entgehen?

Nach dieser letztlich erfolglosen Frühjahrsoffensive war unsere allerletzte Zuversicht dahin, tiefer Pessimismus trat an ihre Stelle. Von nun an hatten wir nicht mehr den Willen, den Krieg durch eine Offensive zu gewinnen. Vielmehr sollte durch, wie es hieß, geschickte „strategische Defensive" der Wille des Feindes nach und nach gelähmt werden. Doch auch dies gelang nicht. Der Waffenstillstand, den wir am 11. November 1918 schlossen, war im Grunde eine bedingungslose Kapitulation. Der Feind konnte die Bedingungen diktieren. Und im § 231 des Friedensvertrags ist dann auch von der „Alleinschuld" Deutschlands die Rede.

So gesehen, war unser Ende im November 1918 nicht allein politisch verursacht, sondern auch militärisch. Es war ja Ludendorff, der den Politikern empfahl, Waffenstillstandsverhandlungen mit dem Feind aufzunehmen. Man muss es wohl zugeben: Der „Dolchstoß" der „Vaterlandsverräter" – er hilft heute auch nicht mehr, um das Sinnlose dieser vier Jahre zu begreifen. Es gilt: Unbesiegt und dennoch am Ende. So kann es kommen. Unsere „Abnutzung" war zu groß. Wir hatten unseren Willen, unseren großen und harten, weil vielfach gestählten Willen, überdehnt. (Wie später dann auch Hitler, der Willensmetaphysiker schlechthin, seinen Willen überdehnen sollte!) Nach so langer Entschlossenheit, in der man sich verausgabt hat, will die geschundene Kreatur letzten Endes doch nur eines: ein wenig Ruhe, ein wenig Selbst-Sein, ohne Befehle, ohne Kommandos. Und ohne permanente Selbstermahnung!

Was nun aber diese Demoralisierung durch die Versagung des letzten Durchbruchs anbelangt, so war sie für mich, für die Formung meiner Individualität, noch wichtiger als der siegreiche Kampf. Denn das Individuum bildet sich, mehr noch als im Erfolg, in der Niederlage oder, allgemein gesprochen, der Negativität. Zum Individuum wird man, indem man die Niederlagen, die das Leben bereitet, „wegsteckt", was für den Menschen nur heißen kann: wenn man sie in sich aufnimmt und verarbeitet. Mit jeder Niederlage muss der Mensch geistig wachsen, sonst wird er kurz- oder langfristig daran zugrunde gehen – und dieses Zugrundegehen war eine wirkliche Gefahr für mich, in den Jahren nach dem Krieg, aber auch schon im Krieg. Denn ich hatte bereits im Krieg, gegen Ende des Krieges, mit schwerer Niedergeschlagenheit zu kämpfen, aus der ich mich freilich immer wieder befreien konnte. Wie? Ich fing an, irgendetwas zu zeichnen oder aufzuschreiben und daran so lange herumzubasteln, bis etwas halbwegs Sinnvolles herauskam. Es war vielleicht nur für mich sinnvoll und gut, aber genau darauf kam es ja an. Eines von diesen Produkten, ich habe es damals „Totenvogel" betitelt, ist mir noch in Erinnerung. Ich gebe es hier wieder, um

Dir, lieber Leser, zu zeigen, wie groß meine seelischen Probleme mit dem ausbleibenden Siegfrieden gelegentlich sein konnten.

Totenvogel

In des Baumes Krone schwebend
Klage eines langen Flugs
Den er hinter sich und vor sich
In ruhender Gestalt begrub.

Klage abgetaner Mühe
Des Vergessens all der Qual
Statue – der Ruhe Ehre
Neid des Flusses – steinern Mal.

Niemals mehr sich zu erheben
Der Bestimmung so zum Spott
Entschwindet er in kalten Nebeln
Niemals mehr zu preisen Gott.

Der Krieg also mit all seinen Negativitäten, denke ich nach wie vor – und Schiller ist mein Zeuge –, hat mich zum Individuum geformt. Wer den Krieg durchlebt, durchkämpft, durchlitten hat, gewinnt einen Standpunkt jenseits der Gemütlich- und Bürgerlichkeit, des Komforts, des Begehrens und Trachtens, jenseits von Leben und Tod, von Glück und Unglück. Der Krieger ist, so Schiller, ein freier Mann, frei sogar von der Glücksvorstellung. Damit will ich nicht ausschließen, dass man auch ohne Krieg ein Individuum werden kann, aber es scheint mir – mit Schiller – sehr viel schwerer zu sein, weil in friedlichen Zuständen eine letzte Bewährung – eine allerletzte und äußerste Negativität – fehlt. Zu fehlen scheint.

Nun habe ich vor einiger Zeit einen Gewitzten getroffen, mit dem ich über das Schiller'sche Gedicht diskutieren konnte – und der meinte, Schiller habe all das, was im Gedicht steht, kritisch gemeint, nicht in direktem Sinne. Das Gedicht sei eine Anklage und eine Verurteilung des Krieges, es sei, was da stehe, jedenfalls nicht positiv gemeint. Das verblüffte mich. So ver-quer-durchtrieben wollte und konnte ich nicht denken – wusste damals dieser Lesart aber wenig entgegenzusetzen. Mittlerweile habe ich mich freilich auch in die philosophische Literatur der Schiller'schen Zeit eingearbeitet – und da wiederum erstaunliche Ansichten über den Krieg gefunden. Erstaunlich, weil sie unserer heute allgemein gültigen Auffassung so konträr sind. Durch diese Lektüre aber meine ich nun sehr nachdrücklich, dass auch das Schiller'sche Gedicht direkt verstanden werden muss, nicht gebrochen und „ideologiekritisch".

Zunächst habe ich bei Schiller selbst noch Stellen gefunden, die nachdenklich stimmen, so etwa in dem Drama „Die Braut von Messina":

Einer aus dem Chor. (*Manfred.*)
Schön ist der Friede! Ein lieblicher Knabe
Liegt er gelagert am ruhigen Bach,
Und die hüpfenden Lämmer grasen
Lustig um ihn auf dem sonnigten Rasen,

Süßes Tönen entlockt er der Flöte,

Und das Echo des Berges wird wach,

Oder im Schimmer der Abendröthe

Wiegt ihn in Schlummer der murmelnde Bach –

Aber der *Krieg* auch hat seine Ehre,

Der Beweger des Menschengeschicks;

Mir gefällt ein lebendiges Leben,

Mir ein ewiges Schwanken und Schwingen und Schweben

Auf der steigenden, fallenden Welle des Glücks.

Denn der Mensch verkümmert im Frieden,

Müßige Ruh' ist das Grab des Muths.

Das Gesetz ist der Freund des Schwachen,

Alles will es nur eben machen,

Möchte gerne die Welt verflachen;

Aber der Krieg läßt die Kraft erscheinen,

Alles erhebt er zum Ungemeinen,

Selber dem Feigen erzeugt er den Muth.

Die Ehre des Krieges: Er erhebt zum Un-Gemeinen, während der Friede die Unterschiede einebnet, hin zum Gemein-Mittelmäßigen; der Friede verflacht in mannigfacher Hinsicht. Versteht man das heute noch?

Dann habe ich bei Hegel gelesen, dass im Krieg ein „sittliches Moment" liege, dass der Krieg „nicht als absolutes Übel und als eine bloß äußerliche Zufälligkeit zu betrachten ist". Der Krieg sei der „Zustand, in welchem mit der Eitelkeit der zeitlichen Güter und Dinge, die sonst eine erbauliche Redensart zu sein pflegt, Ernst gemacht wird". Der Krieg „hat die höhere Bedeutung, daß durch ihn, wie ich es anderwärts ausgedrückt habe, ‚die sittliche Gesundheit der Völker in ihrer Indifferenz gegen das Festwerden der endlichen Bestimmtheiten erhalten wird, wie die Bewegung der Winde die See vor der Fäulnis bewahrt, in welche sie eine dauernde Ruhe, wie die Völker ein dauernder oder gar ein ewiger Friede, versetzen würde‘". Wie bitte? Durch den Krieg wird die sittliche Gesundheit der Völker erhalten? Und ein langer Friede ist die Fäulnis der Völker? Welcher Philosoph oder Politiker wagte heute, solches zu sagen? Der Friede, der langdauernde Friede, sagt Hegel, bringe den Völkern auf mittlere und lange Frist Verderben, er mache dekadent, verliere den eigentlichen Sinn des Lebens aus den Augen, er lenke Augen, Sinne und Verstand auf Beiläufiges – unter Geringschätzung oder gar Nichtbeachtung des Notwendigen. Luxus und Ausschweifung blühen, doch die eigentliche Frucht fehlt. Sind dies vielleicht Gedanken eines Irren oder Schwachsinnigen? Hegel, sagte mein Enkel zu mir, sei die Vollendung und damit Krönung der abendländischen Metaphysik.

Ich habe den Krieg erlebt und den Frieden. Und ich möchte weiterhin im Frieden leben. Aber dringlicher und dringlicher wird für mich die eine Frage: Sind wir reif für den Frieden, gar für den ewigen Frieden? Die Frage scheint nur deshalb absurd, weil wir die Gefahren des Friedens nicht sehen – die Hegel und Schiller noch gesehen haben. Sie propagieren ja nicht den Krieg. So wie ich ihn nicht propagiere. Ich wünsche nicht, dass einer stattfindet. Ich suche nur zu erfassen, was war und ist. Was für mich war und für mich ist. Der Krieg – und damit all das, was im Krieg maßgeblich war – ist für mich das Ereignis, von dem her sich die Dinge und Geschehnisse in der Friedenszeit bewerten: ihren Wert erhalten. Durch den Krieg werden sie ins Licht, ins rechte Licht, gerückt. Kennt denn, wer nie die Entbehrungen kennen gelernt hat, die der Krieg uns aufzwang, den Wert einer Tasse warmen Kaffees, die man in aller Stille und Ruhe genießen darf? Wer weiß heute noch, was es heißt, dass man sich jeden Tag und zu jeder Zeit satt essen kann, dass man Schlaf findet in der Nacht? Es ist gefährlich für eine jede Kultur, wenn sie den Wert des Friedens nicht kennt. Wenn sie kein Maß und keinen Maßstab mehr hat, diesen Wert zu ermessen.

Doch führen wir auf andere Weise nicht auch heute noch Krieg? Einen Krieg gegen die Natur und „Umwelt" mit all den industrialisierten Ausbeutungssystemen, die wir entwickelt haben? Einen Krieg gegen die Kreatur, der wir ein artgerechtes Leben aufgrund unseres wahnwitzigen Hungers nach billigem Fleisch nicht mehr gönnen? Einen Krieg schließlich gegen uns selbst, da wir – nicht zuletzt auch durch diesen Fleischkonsum – uns zu Krankheit und Tode fressen, da wir jährlich Zigtausende an Verkehrstoten, Verletzten und Versehrten zu beklagen haben? Rechnet man diese heutigen Zahlen für die nächsten Jahre weltweit hoch, dann sind Opferzahlen erreicht, die vorher weder Krieg noch Seuche verursachten! Unsere Kultur ist kriegerisch – nicht offen, sondern verborgenerweise, um nicht zu sagen: feigerweise. Niemand ist tapfer, wenn er ins Auto steigt. Niemand ist tapfer, wenn er sein Steak im Supermarkt kauft. Niemand ist tapfer, wenn er die „Umwelt" zerstört. Wir führen einen Krieg. Es ist ein Krieg, den Feiglinge führen, Feiglinge gegen Wehrlose und – dummerweise – gegen sich selbst.

Diese Zeit, so reich sie an Gütern und Geld auch sein mag, ist arm, unsäglich arm, weil sie den Wert der Dinge nicht mehr kennt, den eigentlichen Reichtum. Die Menschen dieser Zeit sind dumm, so „clever" sie auch sein mögen. Zugleich sind sie bemitleidenswert, weil sie von einem „Erlebnis" zum anderen rennen, eine Vergnügung nach der anderen suchen, weil sie ein Gelage nach dem anderen veranstalten, aber doch nirgendwo eine wirkliche Befriedigung erfahren. Ein äußeres Zeichen ihres Unglücks und Unglücklichseins ist die Leibesfülle, die sie sich nach und nach zulegen und die sie mehr und mehr zu Behinderten macht. Sie werden zu vollgefressenen kranken Friedenswesen. Ihnen fehlt der Wille, der Wille, gegen den Impuls des Wohllebens, des Vergnügens, der umstandslosen Triebbefriedigung anzugehen. Sie lassen sich gehen! Ihr Wille ist das Negativ zu unserem Willen, wenn man bei ihnen überhaupt noch von einem Willen reden kann. Sind denn ihre Körper geformt, wie unsere geformt, vom Willen geformt waren? Wie sollen Männer mit 25 Kilogramm und mehr Übergewicht, mit Bäuchen, als wären sie im 8. Monat, Krieg führen? Das kann nur darauf hinauslaufen, die allgemeine Wehrpflicht abzuschaffen und wieder ein Söldnerheer zu unterhalten!

Braucht diese Zeit einen Krieg, um den wahren Wert der Dinge wieder kennenzulernen? Braucht es wieder Not und Tod, um ein Brot oder Stück Fleisch wertzuschätzen? Die Menschen scheinen zu dumm, um ohne Krieg den Wert der Dinge achten, hochachten zu können – auch dann achten zu können, wenn man sich viel „leisten" und mehr, als man benötigt, sich „leisten" kann.

Über unsere Friedenszeit geht hinweg, was ich *das Trommel-und Vernichtungsfeuer der Ding- und Weltentwertung* nennen möchte. Und wenn jemand berechtigt ist, solch einen Begriff zu bilden, dann ist es ein Teilnehmer des Ersten Krieges. In diesem versuchte die Artillerie die gegnerische Infanterie in ihren Unterständen so lange zu beschießen, bis sie kampfunfähig wurde. Und mir scheint, dass wir heute in unseren fried-feindlichen Zeiten beinahe alles und jedes niedermachen, so lange niedermachen, bis es nichts mehr wert ist. Wir verlieren den Wert der Dinge, weil wir nicht mehr die Not kennen, in der sich der Wert der Dinge, der Lebens-Mittel insbesondere, bildet. *Das Vernichtungsfeuer der Ding- und Weltentwertung* – ein schrecklicher Begriff, wenn man ihn in seinem Ursprung versteht. Ich habe ihn nicht nur verstanden. Ich habe am eigenen Leib erlebt, was mit dem Begriff gemeint ist. Dieses Vernichtungsfeuer gibt sich heute den Anschein des Friedens und des Harmlosen. Aber ich brauche nur zu sehen, wie man mit Lebensmitteln umgeht. Ich selbst, das lehrte mich der Krieg, werfe niemals Brot weg. Selbst altes Brot, das schon schimmlig ist, werfe ich nicht weg, sondern schneide den Schimmel heraus und esse es. Und wenn das Brot hart geworden ist, gibt es zum Frühstück das sogenannte Eingebrockte: Das harte Brot wird in bissgerechten Happen in eine große Tasse geschnitten; in einer anderen Tasse bereitet man einen Kaffee zu und schüttet ihn in die Tasse mit den Brotbrocken, so dass diese gänzlich mit Kaffee bedeckt sind. Dadurch werden die harten Brocken aufgeweicht und ergeben ein nahrhaftes Frühstück.

Ohne Unterlass geht das Vernichtungsfeuer von heute auf die Welt hernieder. Im Krieg machte man wenigstens Pausen. Und die Geldentwertung, die ich in meinem Leben schon zweimal in radikaler Form erfahren habe, ist harmlos, verglichen mit dieser Weltentwertung. Diese ist schleichend leise und unscheinbar und verläuft doch galoppierend schnell. Das ist das Fatale. Wäre es nicht so, würde jeder aufschreien. In diese Ding- und Weltentwertung sind ja längst schon die menschlichen Beziehungen einbezogen, insbesondere auch die zwischen Mann und Frau – reduziert auf eine krasse und falsche Sexualität, bloße Sexualität, Körper-Sexualität. War die bloß sexuelle Beziehung in meiner Jugendzeit auf das Bordell beschränkt, so dehnt sich heute die Bordellbeziehung auf die ganze Gesellschaft aus, wird universalisiert. Schon an der Art, sich zu kleiden, kann man diese Körpersexualisierung beobachten, erst recht in Filmen und Zeitschriften.

Ist die Menschheit der westlich-industrialisierten Welt, die Wohlstands-Menschheit, die Komfort-Menschheit, wirklich so dumm, dass sie bisweilen einen Krieg braucht, um wieder zurückzufinden in ein sorgfältig-achtsames Weltverhältnis? Vielleicht gibt es aber auch kleinere, weniger gravierende und weniger gefährliche Formen des Wert-Findens. Vielleicht kann ja auch eine Währungs- und Finanzkrise diese Wertsetzung der Dinge und der Welt wieder bewirken – denn dann würde man merken, dass man mit dem ganzen pekuniären Reichtum, den man angehäuft hat, sich nichts kaufen kann. Das Geld würde zum *Schein*, das Ding wieder zum Ding.

Es fällt mir schwer, über den „Wert" des Krieges zu schreiben. Zu Schreckliches habe ich im Krieg erlebt. Aber wie der Frieden auch sein Schreckliches hat, so hat vielleicht der Krieg sein ... Sogar für Kant, der immerhin eine Schrift zum Erlangen des „ewigen Friedens" verfasst hat, gilt:

„Selbst der Krieg, wenn er mit Ordnung und Heiligachtung der bürgerlichen Rechte geführt wird, hat etwas Erhabenes an sich und macht zugleich die Denkungsart des Volks, welches ihn auf diese Art führt, nur um desto erhabener, je mehreren Gefahren es ausgesetzt war und sich mutig darunter hat behaupten können; dahingegen ein langer Frieden den bloßen Handelsgeist, mit ihm aber den niedrigen Eigennutz, Feigheit und Weichlichkeit herrschend zu machen und die Denkungsart des Volks zu erniedrigen pflegt."

Nun sage doch selbst, lieber Leser: Dies ist doch arg, oder? Hättest Du dies für möglich gehalten? Und Kant und Hegel sind ja nicht irgendwer. Sie sind die Denker, die nicht allein die deutsche, sondern die gesamte abendländische Tradition auf den Punkt und damit zur Vollendung bringen. Diese Sentenzen Schillers, Hegels und Kants sind bestimmt nicht „ironisch" oder „kritisch" gemeint! „Was ist das", schreibt Kant im § 28 seiner Ästhetik, „was selbst dem Wilden ein Gegenstand der größten Bewunderung ist? Ein Mensch, der nicht erschrickt, der sich nicht fürchtet, also der Gefahr nicht weicht, zugleich aber mit völliger Überlegung rüstig zu Werke geht. Auch im allergesittetsten Zustande bleibt diese vorzügliche Hochachtung für den Krieger; nur daß man noch dazu verlangt, daß er zugleich alle Tugenden des Friedens, Sanftmut, Mitleid und selbst geziemende Sorgfalt für seine eigene Person beweise: eben darum, weil daran die Unbezwinglichkeit seines Gemüts durch Gefahr erkannt wird. Daher mag man noch soviel in der Vergleichung des Staatsmanns mit dem Feldherrn über die Vorzüglichkeit der Achtung, die einer vor dem anderen verdient, streiten; das ästhetische Urteil entscheidet für den letzteren."

Genügt das? Oder soll ich auch noch Schillers Freund Goethe hernehmen? Was hat der über Napoleon gedacht, über den Mann also, der immerhin mit 600 000 Soldaten im Juni (!) 1812 in Russland einmarschierte, Moskau sogar eroberte – und mit nur noch 10 000 Mann zurückkehrte. Von diesem Napoleon, diesem Imperator und Kriegsmenschen par excellence, sagte er am 11. März 1828 zum getreuen Eckermann: „Es täte uns not, daß der Dämon uns täglich am Gängelband führte und uns sagte und triebe, was immer zu tun sei. Aber der gute Geist verläßt uns, und wir sind schlaff und tappen im Dunkeln. / Da war Napoleon ein Kerl! Immer erleuchtet, immer klar und entschieden, und zu jeder Stunde mit der hinreichenden Energie begabt, um das, was er als vorteilhaft und notwendig erkannt hatte, sogleich ins Werk zu setzen. Sein Leben war das Schreiten eines Halbgottes von Schlacht zu Schlacht und von Sieg zu Sieg. Von ihm könnte man sehr wohl sagen, daß er sich in dem Zustand einer fortwährenden Erleuchtung befunden; weshalb auch sein Geschick ein so glänzendes war, wie es die Welt vor ihm nicht sah und vielleicht auch nach ihm nicht sehen wird. / Ja, ja, mein Guter, das war ein Kerl, dem wir es freilich nicht nachmachen können! … Jene göttliche Erleuchtung, wodurch das Außerordentliche entsteht, werden wir immer mit der Jugend und der *Produktivität* im Bunde finden, wie denn Napoleon einer der produktivsten Menschen war, die je gelebt haben. / Ja, ja, mein Guter, man braucht nicht bloß Gedichte und Schauspiele zu machen, um produktiv zu sein, es gibt auch eine *Produktivität der Taten*, und die in manchen Fällen noch um ein Bedeutendes höher steht." Napoleon: der Staatsmann und höchste Kriegsherr: einer der produktivsten Menschen, sich im Zustand einer fortwährenden (!) Erleuchtung befindend und ausgezeichnet durch eine Produktivität (!) seiner Taten.

In der Kanonade von Valmy im September 1792 – ein Artillerieduell zwischen Österreich und Preußen auf der einen und den französischen Revolutionstruppen auf der anderen Seite – hat Goethe ohne äußere Not einen Selbstversuch unternommen, ein Kriegsfreiwilliger im eigentlichen Sinne: allein das Phänomen wollte er erfahren – ohne allen Zweck. Er ritt in den Kugelhagel hinein, um zu wissen, was es mit dem „Kanonenfieber" auf sich habe. Warum wollte er das denn wissen, frage ich mich heute, warum hat er sich diesem gefährlichen „törichten Versuchsritt" unterzogen? Unter „Den 19. September nachts" notiert er in seiner „Campagne in Frankreich":

„Ich hatte so viel vom Kanonenfieber gehört und wünschte zu wissen, wie es eigentlich damit beschaffen sei. Langeweile und ein Geist, den jede Gefahr zur Kühnheit, ja zur Verwegenheit aufruft, verleitete mich, ganz gelassen nach dem Vorwerk La Lune hinaufzureiten. ... Ich war nun vollkommen in die Region gelangt, wo die Kugeln herüber spielten; der Ton ist wundersam genug, als wär' er zusammengesetzt aus dem

243

Brummen des Kreisels, dem Butteln des Wassers und dem Pfeifen eines Vogel. Sie waren weniger gefährlich wegen des feuchten Erdbodens; wo eine hinschlug, blieb sie stecken, und so war mein törichter Versuchsritt wenigstens vor der Gefahr des Ricochetierens gesichert. Unter diesen Umständen konnt' ich jedoch bald bemerken, daß etwas Ungewöhnliches in mir vorgehe; ich achtete genau darauf, und doch würde sich die Empfindung nur gleichnisweise mitteilen lassen. Es schien, als wäre man an einem sehr heißen Orte, und zugleich von derselben Hitze völlig durchdrungen, so daß man sich mit demselben Element, in welchem man sich befindet, vollkommen gleich fühlt. Die Augen verlieren nicht an ihrer Stärke, noch Deutlichkeit; aber es ist doch, als wenn die Welt einen gewissen braunrötlichen Ton hätte, der den Zustand sowie die Gegenstände noch apprehensiver macht. Von Bewegung des Blutes habe ich nichts bemerken können, sondern mir schien vielmehr alles in jener Glut verschlungen zu sein. Hieraus erhellet nun, in welchem Sinne man diesen Zustand ein Fieber nennen könne. Bemerkenswert bleibt es indessen, daß jenes gräßlich Bängliche nur durch die Ohren zu uns gebracht wird; denn der Kanondendonner, das Heulen, Pfeifen, Schmettern der Kugeln durch die Luft ist doch eigentlich Ursache an diesen Empfindungen."

Was Goethe hier schreibt, kann ich aus eigener Weltkriegserfahrung bestätigen: Wenn man unter Beschuss stand (merkwürdig: man kann auch sagen „unter Beschuss lag", ja sogar „unter Beschuss fiel"), war man im Zustand eines permanenten Erregtseins – ein Zustand, der sich über Stunden erstrecken konnte. Dieses Erregtsein verminderte sich zwar nach dem Beschuss, verlor sich aber nie vollständig, es war mehr oder weniger immer da. Er war auch da, als ich schlief. Wenn ich im Ruheort lag, um von der Front auszuruhen, nahm dieses Erregtsein zwar weiterhin ab, aber es verschwand nicht. Zog ich in die Kampfzone, nahm es sofort wieder zu. Das war wohl auch der Grund dafür, dass ich, äußerlich gesund und unversehrt, mit einem sehr nervösen Magen aus dem Krieg zurückgekehrt bin und noch Jahre nach dem Krieg damit zu kämpfen hatte. Ja, auch das war ein Kampf.

Und weil mein Magen alle Nervosität mittlerweile abgelegt hat, will ich nun auch noch ein Gedicht von Hölderlin hernehmen, der während der Studienzeit in Tübingen ein Zimmergenosse von Hegel war.

Der Tod fürs Vaterland

Du kömmst, o Schlacht! schon wogen die Jünglinge
Hinab von ihren Hügeln, hinab ins Tal,
Wo keck herauf die Würger dringen,
Sicher der Kunst und des Arms, doch sicher

Kömmt über sie die Seele der Jünglinge,
Denn die Gerechten schlagen, wie Zauberer,
Und ihre Vaterlandsgesänge
Lähmen die Kniee den Ehrelosen.

O nehmt mich, nehmt mich mit in die Reihen auf,
Damit ich einst nicht sterbe gemeinen Tods!

Umsonst zu sterben, lieb ich nicht, doch
Lieb ich, zu fallen am Opferhügel

Fürs Vaterland, zu bluten des Herzens Blut
Fürs Vaterland – und bald ists geschehn! Zu euch,
Ihr Teuern! komm ich, die mich leben
Lehrten und sterben, zu euch hinunter

Wie oft im Lichte dürstet ich euch zu sehn,
Ihr Helden und ihr Dichter aus alter Zeit!
Nun grüßt ihr freundlich den geringen
Fremdling und brüderlich ists hier unten;

Und Siegesboten kommen herab: Die Schlacht
Ist unser! Lebe droben, o Vaterland,
Und zähle nicht die Toten! Dir ist,
Liebes! nicht Einer zu viel gefallen.

Ist das vielleicht auch „gebrochen" gemeint, „ideologiekritisch",
„ironisch"? Freilich: Der Krieg zu Hölderlins Zeiten war ein
anderer als der Krieg, in dem ich gekämpft habe, und erst recht
ein anderer als der Krieg, in dem mein Sohn gefallen ist. Aber
der Tod war auch damals schon der Tod. Das ist unumstößlich,
um nicht zu sagen: todsicher. Fest steht, dass Schiller, Goethe,
Kant, Hegel und Hölderlin – als Kinder ihrer Zeit und mit den
allermeisten Kindern ihrer Zeit! – anders vom Tod und Krieg
dachten, als wir heute größten Teils denken. Aber noch für
bestimmte Kunstrichtungen der Moderne, etwa die Futuristen
und Vortizisten – ich stieß vor kurzem auf ihre Ansichten –,

war der Krieg die reinste und intensivste aller Lebensäußerungen. „Alles Große steht im Sturm": Man muss das nicht allein auf das Gefecht oder die Schlacht im Krieg beziehen. Aber im eigentlichen, also nichtmetaphorischen Sinne, ist diese Einsicht eine im oder zumindest am Krieg gewonnene.

Goebbels zitierte Weihnachten 1942, die Stalingrad-Niederlage war schon besiegelt, die 6. Armee verloren, die Hölderlin-Verse: „Lebe droben, o Vaterland, und zähle nicht die Toten! Dir ist, Liebes, nicht Einer zuviel gefallen." Ja, das war aus heutiger Sicht ein Missbrauch, zweifellos. Darüber darf man sich moralisch empören, gewiss. Aber, die Frage muss unter wahrheitsliebenden Menschen erlaubt sein, wäre es auch noch ein Missbrauch gewesen, wenn Deutschland den Ostfeldzug erfolgreich beendet hätte? Wenn sich herausgestellt hätte, dass die Bindung von eineinhalb Millionen russischen Soldaten an Stalingrad und damit die Verhinderung des Abschneidens der im Kaukasus operierenden deutschen Einheiten eine wichtige Voraussetzung für den sogenannten Endsieg gewesen wäre?

Hat mich der Krieg zum Individuum gemacht? – Ich beantworte die Frage für mich. Du, lieber Leser, beantwortest sie für Dich.

Der Krieger in mir tötete nicht die Liebe zum Leben. Ich wusste zu unterscheiden; in Augenblicken das eine gar als das andere zu begreifen.

Es kann ein Ausdruck höchster Lebensintensität sein, den Tod nicht zu beachten, den Tod „in Kauf" zu nehmen bei der Verfolgung eines wertvollen Vorhabens, ein Kauf, von dem man weiß, dass es keinen Wiederverkauf geben wird. „Das Leben ist der Güter höchstes nicht", so wiederum Schiller in der „Braut von Messina". Aber das rührt an ein Geheimnis, an eines, das man nicht gerne aufdeckt: vor sich selbst nicht und erst recht nicht vor anderen, Fremden.

*

Reservistenkrug und Reservistenbild

Der Krieg mit seinen Gefahren, seinem Grauen und dem Vorlaufen in den Tod –: Er hat mich entscheidend geprägt und zu dem gemacht, der ich heute bin. Ich bin froh, dass ich es so sehen kann. Denn für ein sinnvolles Leben scheint es mir nicht unwichtig, dass man die Kontinuität seines Lebens hergestellt sieht in der Erinnerung; dass man nicht mehrere Jahre aus seinem Leben verdrängen und verleugnen muss, sie – und damit auch einen Teil seines Selbst – nicht wegzulügen braucht. Und ja, ich denke gerne, nein: nicht an den Krieg, jedenfalls nicht an alle Begebenheiten des Krieges; ich denke gerne an meine Zeit beim Militär zurück. Das gebe ich unumwunden zu. Muss ich mich dafür heute rechtfertigen? Muss man Kant, muss man Hegel, muss man Schiller, Goethe und Hölderlin verteidigen gegen Angriffe auf das von ihnen über den Krieg Gedachte? Die Ansichten über den Krieg in der Hoch-Zeit des deutschen Dichtens und Denkens sind heute nicht mehr salonfähig, man versteht sie ja nicht einmal mehr. Dennoch kommt in Kant und Hegel, in Schiller, Goethe und Hölderlin die abendländische

Tradition des Kriegsdenkens zu einem End- und Hochpunkt. Sind wir nur ehrlich, so können wir das Kriegsdenken dieser Denker nicht verleugnen oder etwa als „Ausrutscher" betrachten: Es gehört zu ihnen und steht im systematischen Zusammenhang ihres Denkens und ihrer Weltauffassung. Sie sind und bleiben die größten Dichter und Denker der deutschen, der europäischen Geistesgeschichte.

Und höchst denkwürdig ist für mich, dass mein Handeln und Denken bezüglich des Krieges und des Militärs noch ganz in dieser Tradition stand, auch wenn ich zur Zeit der beiden Kriege noch nie eine Zeile von Hegel oder Kant gelesen hatte. Ich lebte und handelte und fühlte auf meine Weise so, wie sie es auf höchstem Niveau und im systematischen Zusammenhang gedacht hatten. Mit mir geht dann wohl auch eine Zeit zu Ende: die Zeit, die im Krieg noch ein „sittliches Moment" zu denken vermochte – und die erkannte, dass im Frieden womöglich größere Gefahren stecken als im Krieg! Wer denkt heute daran, dass der Friede Gefahren in sich schließt? Wer so denkt, gilt sogleich als „Kriegstreiber" und „Militarist". Aber denkt man denn heute überhaupt noch? Kommt man bei all dem Kalkulieren einerseits und Amüsieren andererseits überhaupt noch zum Denken? Denken ist Besinnung, Kalkulieren Rechnen, Amüsieren Vergessen.

Es ist mir immer eine Belebung und Bereicherung meines gegenwärtigen Lebens, wenn ich die Photos und Erinnerungsstücke ansehe, die mir aus meiner Militärzeit geblieben sind. Vor allem liegen mir mein Reservistenkrug und mein Reservistenbild am Herzen. Die Aufschriften von beiden habe ich verinnerlicht. Aber auch mein Enkel, mit dem ich hier auf der Kriegerwallfahrt nach Vierzehnheiligen bin, kennt sie auswendig. Oft hat er mir in jungen Jahren – kaum des Lesens mächtig – vorgelesen, was auf meinem Reservistenbild steht und was sich schneller erfüllen sollte, als wir 1912 glaubten: „Ruft einst das Vaterland uns wieder, so legen wir die Arbeit nieder und folgen treu der Fahne dann."

Abb. 28 Mein Reservistenbild, meine zwei Auszeichnungen im Kriege

Ja, mit Stolz und Überzeugung haben wir das 1912 geglaubt. Der Fahne folgen, die mehr ist als der Tod: das hätten auch wir gesungen. Und so lautete dann der letzte Vers des Refrains eines von Baldur von Schirach geschriebenen Liedtextes, den mein Sohn in der Hitlerjugend gelernt hat. Das war gewiss ein Missbrauch, eine Verführung der Jugend. Heute weiß man es. Und doch steht der Nationalsozialismus, steht die nationalsozialistische Erziehung der Jugend zur Todesverachtung im Kriege in der abendländischen Tradition. Wie hätte sich sonst das Abendland gegen das Morgenland verteidigen, ja in diesem Kampf erst eigentlich bilden können? Wie sonst, wenn nicht in Todesverachtung, die Griechen gegen die Perser siegen sollen? Wie Aischylos, der Dichter der Tragödie „Die Perser", in der Schlacht bei Marathon tapfer kämpfen können? In diesem Gefecht sah er seinen Bruder verbluten. Wie sonst hätte Sokrates als Hoplit, als Schwerbewaffneter, an mehreren Gefechten des Peloponnesischen Krieges teilnehmen können? Diesen Zusammenhang der Todesverachtung zwischen dem Anfang und dem Ende des Abendlandes zuzugeben fiel mir nicht leicht, wie es vielleicht auch Dir, lieber Leser, nicht leichtfallen wird.

Uns're Fahne flattert uns voran,
Uns're Fahne ist die neue Zeit.
Und die Fahne führt uns in die Ewigkeit!
Ja die Fahne ist mehr als der Tod!

Wie nah oder wie fern viele der nationalsozialistischen Auffassungen der „besten" abendländischen Tradition stehen, das steht in einem anderen Buch, wenn denn dieses Buch schon geschrieben sein sollte. Es ist nicht meine Aufgabe, mich hier damit auseinanderzusetzen – ganz abgesehen davon, dass ich nach Stand, Herkunft und Ausbildung dazu gar nicht in der Lage wäre. Aber eine gewisse Gedankenlosigkeit und Trägheit stelle ich doch fest bei denen, die eigentlich dazu berufen wären. Sie sehen sich als Nachfolger des Sokrates! Haben sie je an seine Todesverachtung gedacht, geschweige denn, sie selbst praktiziert?

Bleiben wir bei meinem Reservistenbild und Reservistenkrug. In ihnen spiegelt sich einiges von der großen abendländischen Tradition.

Abb. 29 Mein Reservistenkrug

Der Krug trägt folgende Aufschriften:

In des Gefechtes Mitte stehn wir wie Mauern fest
Zu sterben für den Kaiser, für Vaterland und Fürst

(Damals, 1912, machten wir uns noch keinen Begriff davon, was das bedeutet. Wir haben es 1914 erfahren – so wie es die Spartaner in der Thermopylenschlacht gegen die Perser erfahren haben.)

Hier laßt uns rasten und ruh'n
Der Posten wird seine Schuldigkeit tun.

Es glänzt so freundlich in der Ferne, das liebe teure Vaterhaus, ich war Soldat und war es gerne, doch jetzt ist meine Dienstzeit aus.

In Treue fest!

Luitpold, Prinzregent von Bayern
Prinz Ludwig von Bayern   Prinz Rupprecht von Bayern

5. Inf.-Rgt. „Großh. Ernst Ludwig v. Hessen"   10. Comp.
Bamberg 1910 1912

Die Inschriften auf dem Deckel des Kruges lauten:

Reserve hat Ruh

Ihr Brüder stoßt
die Gläser an
Es lebe der Reservemann

Der treu gedient
hat seine Zeit dem
sei ein volles Glas
geweiht

Erinnerung an meine Dienstzeit

Abb. 30 Der Deckel meines Reservistenkruges

Maschine und Gas

„Abnutzungsschlachten" und „Zermürbungskrieg", „Blutmühle" und „Weißbluten", „Trommel"- und „Vernichtungsfeuer" – welche Begriffe, welche Assoziationen! „Maschinengewehr" – das Wort sagt schon alles. Es war furchtbar, wenn das Terrain, das man zu durchqueren hatte, mit Maschinengewehren abgegrast, „bestrichen" wurde, wie es militärisch heißt. Man suchte so schnell wie möglich und so gedeckt wie möglich über das vom Feind einzusehende Terrain hinwegzuhuschen. Das leuchtet ein, nicht wahr? Aber es ist einfacher gesagt als getan! Das Schlachtfeld ist keine Sportarena – und man gewinnt hier keine Goldmedaille, sondern höchstens ein eisernes, weit häufiger aber ein Holzkreuz. Nach langem Regen und somit bei schwerem Boden zog es einem gelegentlich sogar die Stiefel aus, die einfach nicht mehr mitwollten und im Matsch und Lehm stecken blieben. Bei solchen Verhältnissen gab es besonders hohe Verluste bei den Angreifern. Während der mit Maschinengewehren bewaffnete Verteidiger in Deckung liegt und so zumindest vor kleinkalibrigen Waffen geschützt ist, muss der Angreifer seinen Schutz verlassen – und ist damit ein gut zu erfassendes Ziel vor allem dann, wenn der Schütze einen höheren Standpunkt einnimmt. Mit einem Maschinengewehr kann man auf diese Weise viele, sehr viele niedermachen, niedermetzeln. Das war erschreckend. Hiram Maxim, der Erfinder des ersten Maschinengewehrs mit dem Rückstoßladeprinzip, glaubte ja durch die Erfindung dieser fürchterlichen Waffe sogar (wie auch Alfred Nobel durch die Erfindung eines hochexplosiven

Sprengstoffs), zukünftige Kriege verhindern zu können. Wie naiv mutet uns das heute an. Das MG war im Ersten wie im Zweiten Weltkrieg eine fürchterliche Waffe. Im Zweiten Weltkrieg wurde das Maschinengewehr vor allem dann wirkungsvoll eingesetzt, wenn der Krieg kurzfristig statisch wurde, wenn sich also eine Kriegspartei eingrub und die andere dagegen anrannte. So war es der Fall beim deutschen „Atlantikwall". Als am 6. Juni 1944 die Amerikaner in der Normandie, am „Omaha Beach", landeten, gelang es ihnen weder durch ihre Luftwaffe noch durch den Beschuss von See, unsere Abwehr auszuschalten. Unzerstört blieb auch ein Verteidigungsnest mit einem Schützen am MG 42. Die Amerikaner sollten ihn später die „verdammte Bestie von Omaha" nennen. Aus seiner Stellung heraus konnte er einen ganzen Tag lang ungestört und sehr wirkungsvoll agieren. Denn bei den ersten Angriffsformationen liefen die die Landungsboote verlassenden Soldaten völlig ungeschützt in das Feuer seines MGs. Die Verluste lagen bei 95% und waren damit weitaus höher, als ich es je im Ersten Krieg erlebt hatte! Als der Schütze dann schließlich doch den Rückzug antreten musste, hatte er 12 000 Schuss abgegeben, der Lauf des MGs hatte keine Züge mehr, und die Mündung war so heiß, dass sich an ihr das trockene Gras entzündete. Er hatte damit 2 000 Gegner getötet. Wie konnte man, wie konnte *er* damit leben, mit diesem Töten auf Distanz – bei dem er dennoch alles mit seinen Augen und Ohren verfolgen konnte? Ja, das ist die Frage, die im Grunde an jeden Krieger ergeht, wenngleich seine Situation gewiss eine extreme war. Aber hätte er, der MG-Schütze, die „Bestie von Omaha", nicht schießen sollen? War denn der Landungsbefehl zu verantworten? Hätten die Amerikaner, was ihr „Menschenmaterial" anging, nicht anders und damit verantwortungsvoller agieren müssen? Die einfachen US-Soldaten handelten in der Hoffnung und Zuversicht, dass die Verteidigungsstellungen durch die Luftwaffe und die Schiffsgeschütze ausgeschaltet sind, der deutsche MG-Soldat handelte im Glauben, dass er sein Land und Volk verteidige. So kam es zu diesem Gemetzel. Auch im Ersten Krieg dachten wir oft, der Feind wäre durch stunden- und manchmal sogar tagelangen Artilleriebeschuss ausgeschaltet, weggebombt – und waren dann sehr überrascht, dass uns MG- und Karabinerfeuer empfing, als wir den Graben verließen.

Zum „Maschinenkrieg" kam dann noch der „Gaskrieg". Ich habe ihn erlebt. „Es war schlimm" zu sagen verharmlost alles, denn schlimm, mehr als schlimm, war ja alles auch ohne Gas. Der Gaskrieg war die Gespenster-Hölle. Konnte es noch schlimmer kommen? Selbst diese Frage konnten wir nicht verneinen, wie wir sie auch heute noch nicht verneinen können. Man kann sie, solange man lebt, nicht verneinen! Denn es ist ja, solange man lebt, immer noch Schlimmeres denk- und erfahrbar.

Der Gaskrieg war an der Grenze des Erträglichen. Und doch auch wieder Normalzustand. Denn 1918 waren fast ein Drittel aller abgeschossenen Granaten Gasgranaten! Dennoch waren „nur" drei Prozent aller Gefallenen durch Gas ums Leben gekommen. Mittelbar freilich dürften durch Gas mehr gefallen sein. Denn das Gas sammelte sich am tiefsten Punkt, also in den Gräben. Daher musste man den Graben verlassen – und wurde damit der gegnerischen Artillerie und Infanterie eine leichte Beute. Frankreich war es, das will ich betonen, weil hier oft Falsches behauptet wird, das zuerst Gasgranaten, wenn auch „nur" Tränengasgeschosse gegen die deutschen Linien eingesetzt hatte, und zwar bereits im August 1914. Mit dem „richtigen" Gas haben wir begonnen, das ist wahr, und zwar im April 1915 in der zweiten Flandernschlacht bei Ypern. Es war Chlorgas. Phosgen in Reinform, ein besonders heimtückisches und meist tödlich wirkendes Gift, setzte übrigens Frankreich zuerst ein, Deutschland verwendete es vorher nur als fünfprozentige Beimengung zum Chlorgas.

Es gehört zu den, ja, wie soll ich es nennen, es gehört zu den Absurditäten der Geschichte, dass der auf deutscher Seite maßgebliche Wissenschaftler der Gasforschung im Ersten Weltkrieg ein Jude war, nämlich Prof. Fritz Haber. Nach dem Ersten Weltkrieg wurde er von den Alliierten wegen Verstoßes gegen die Haager Landkriegsordnung zeitweilig gesucht. 1933 emigrierte er.

Gegen Gas kann man sich mit Gasmasken schützen. Meint man. Und zunächst traf das auch zu. Aber der menschliche Geist … Er erfand die sogenannten Maskenbrecher. Man verschießt zunächst „Clark", eine arsenhaltige Verbindung, deren sehr feine Staubpartikel den Gasmaskenfilter zu durchdringen vermögen, so dass der Maskenträger in Atemnot gerät und sich der Maske entledigen muss, um nicht zu ersticken. Und in diesem Augenblick wirkt dann der ebenfalls freigesetzte lungenschädigende Stoff, etwa Senfgas. Welche Teufeleien! Wer kommt auf solche Ideen? Die Wissenschaft, der Wissenschaftler? Heiligt der Zweck die Mittel? Totaler Krieg? Auch hier war es Glück, Zufall, dass ich trotz der vielen Gasgranaten, die meine Kompanie abbekam, keine nennenswerten Lungenschäden davontrug. Man musste, wenn „Clark" verwendet wurde, so schnell wie möglich aus der Gaszone herauskommen. Das ist freilich einfacher gesagt als getan. Denn erstens konnte das nur auf Befehl geschehen, und zweitens geschah ja alles unter dem Feuer – Granat- und Maschinengewehrfeuer – des Feindes. Am schlimmsten, vor allem psychisch am schlimmsten zu verkraften war es, wenn das Gas nicht von den Feinden kam, sondern von uns selbst. Dann nämlich, wenn sich ein Windsprung ereignete: wenn sich der Wind schlagartig drehte und damit nun auch das Gas, das für die andere Seite, also unsere Feinde, bestimmt war, zu uns zurücktrug.

Der Zweite Krieg – sonst noch grausamer und brutaler als der Erste – war wenigstens darin „humaner", dass in ihm diese fürchterlichen Stoffe in Europa nicht verwendet wurden – ausgenommen ein Einsatz durch die polnische Armee im September 1939. Es gehört zu den nicht aufzulösenden Rätseln der Geschichte, dass Hitler das gebunkerte Gas auch dann nicht einsetzte, als er den Untergang vor Augen hatte.

Ich erwähnte, wer die wissenschaftliche Leitung der Gasforschung auf deutscher Seite im Ersten Krieg innehatte. Hierzu noch ein Wort, das mir schwerfällt. Und ich tue mir mit diesem Wort keinen Gefallen. Aber in anderer Hinsicht vielleicht doch. Denn ich habe Dir, geneigter Leser, ja versprochen, dass Dich kein Roman erwartet, keine Fiktion, sondern die Wirklichkeit, die Wirklichkeit selbst, wie ich sie erlebt habe, wie ich sie bin. Ich meine die „Judenfrage". Ich gestehe: Ich habe eine Abneigung gegen die Juden, noch heute. Dass ich sie auch „damals" hatte, ist damit klar. Aber warum habe ich sie heute noch, wo sich doch alles beruhigt hat, wenn es auch noch lange nicht befriedet ist? Meine Abneigung ist keine kulturelle oder weltanschaulich-rassistische, wie man vielleicht meinen könnte, es ist eine – physische. Wenn ich sakralen jüdischen Gesang im Radio höre, so kann ich es nicht ertragen, ich kann es physisch nicht ertragen. Es ist beinahe wie eine Folter für mich! So ist meine Natur. Das kann man wohl nicht ändern. Ich habe zwar von meinem Enkel erfahren, dass es auch eine „zweite Natur" gibt, dass also kultürlich Erzeugtes sich so sedimentiert – ablagert und verfestigt – in der Psyche des Menschen, dass dieser meint, es sei Natur, es sei erste Natur. Sei es darum. Jedenfalls habe ich diese Abneigung. „Das auserwählte Volk" – daran denke ich dann noch gar nicht, an diesen Hochmut. Ich habe nie daran geglaubt, dass die Deutschen dieses auserwählte Volk sind. Doch die Juden glauben ja noch heute daran, dass sie es sind. Eine interessante Geschichte brachte mein Enkel mit aus Berlin, wo er Philosophie studierte bei einem jüdischen Philosophen. Dieser sagte, wenn auch im kleinen Kreis, Hitler habe etwas begriffen: Es könne nur ein auserwähltes Volk geben! – Das ist doch arg, oder? Aber nicht primär dies habe ich einzuwenden. Ich kann es – ich wiederhole es, weil es mir wichtig ist und weil ich ja in gewisser Weise selbst daran leide – physisch nicht ertragen, wenn einer jüdisch singt.

Aber sie sind ja im Grunde ein einsames Volk, diese Juden, verstreut über die ganze Welt; und ihr neuer Staat „Israel" wird heftig bekämpft und bekriegt von den Nachbarstaaten. Sie sind einsam, als Volk, fast so einsam, wie wir Deutschen in einer Welt von uns umgebenden Feinden immer waren und vielleicht – allem Anschein entgegen – immer noch sind. Dann wären wir, Juden und Deutsche, also sehr verwandt – auf einer tieferen Ebene sehr verwandt. Und könnte man meine Abneigung gegen die Juden vielleicht damit erklären? Werde ich, wenn ich die jüdische Gesangsstimme im Radio höre, an unsere Einsamkeit und die uns drohende Ortlosigkeit erinnert?

*

Heiliger Dionysius,
auch wir sind oft in Gefahr, in den Strapazen des Alltags den Kopf zu verlieren. Steh uns bei, dass wir uns nicht unterkriegen lassen von unserer Unzulänglichkeit und zeige uns den geraden Weg zu ehrlicher Umkehr, damit wir die Liebe und die Barmherzigkeit Gottes erfahren dürfen.

*

Wir zogen in den Krieg wie in einen Gottesdienst. Aber welchen Gott beteten unsere Gegner an?

*

Leben im Frieden

Wie war mein Leben in Zeiten des Friedens? – Es ging fast immer seinen gleichmäßig-geordneten Gang. Ausnehmen muss ich freilich die zwei schweren Erschütterungen, die mich trafen: den Tod meiner Tochter und die Vermisstenmeldung meines Sohnes, die zwar schon im Krieg erfolgte, aber den Frieden, meinen Frieden, noch lange bestimmte, noch bis heute bestimmte. Ob vor dem Ersten Krieg oder nach dem Zweiten Krieg oder in der Zeit zwischen den Kriegen: Die Veränderungen bei dem, was ich tat, waren nicht gravierend. Ich ging immer meinen zwei Tätigkeiten nach: der Korbmacherei und der Landwirtschaft. Der einzige gravierende Einschnitt in diesem Leben in Friedenszeiten war das Aufgeben der Landwirtschaft im Jahre 1959, der „Bauerei", wie wir die Landwirtschaft nennen. Ich war im siebzigsten Lebensjahr, meine Tochter tot, der Schwiegersohn tendierte zur Wiederverheiratung und damit zum Verlassen meines Hauses, und meine beiden Enkel waren noch viel zu jung, um die Ökonomie übernehmen zu können. Es war ja auch eine Klein- und Kleinstökonomie – und sie zu übernehmen für einen jungen Menschen wohl gar nicht wünschenswert. Natürlich schwankten die ökonomischen und politischen Verhältnisse

Abb. 31 Mein Haus, ererbt und von mir um ein Stockwerk erweitert

auch in meinem Leben, und insgesamt gesehen lebten wir weder „üppig" noch „komfortabel". Immerhin ging ich ja Ende der zwanziger Jahre durch die bislang schlimmste Weltwirtschaftskrise, immerhin habe ich eine galoppierende Inflation und zwei Währungsreformen erlebt. Aber auf dem Lande betreffen einen solche Schwankungen und Einschnitte doch nicht so stark, wie es für Stadtbewohner der Fall sein mag. Denn mit meiner Bauerei war ich ja Selbstversorger. Für den Anbau von Kartoffeln und Getreide und das Mästen eines Schweines ist die Inflationsrate, die die Stadtbewohner hart trifft, kaum oder gar nicht von Belang; mein Weniges an Erspartem war freilich betroffen. Auch kannten wir, anders als in der Stadt, zwischen den Kriegen keine Revolutionswirren oder Straßenkämpfe verfeindeter politischer Gruppierungen.

Gewiss, heute sind die Zeiten in ökonomischer Hinsicht auch für uns auf dem Lande besser, es herrscht keine Not mehr – auch wenn wir nicht in Saus und Braus leben, schon deshalb nicht, weil wir es nicht anstreben. Es gibt genug und abwechslungsreich zu essen und trinken. Und das ist sehr viel, wenn man, wie ich im Krieg, erfahren hat, was Hunger und Durst sein können. Wir sind bescheiden geblieben: Gibt es an Werktagen Fleisch, so kaufen wir beim Metzger nicht mehr als ein halbes Pfund. Bei einem 4-Personen-Haushalt sind das, den Knochen weggerechnet, kaum mehr als 50 Gramm pro Person. Freilich gibt es dann an Fest- oder auch schon an Sonntagen Üppigeres: Rinderrouladen etwa oder einen Hasenbraten aus der eigenen Zucht. An einem Hasen essen wir drei Tage. Am Sonntag gibt es die Spezialität „Hasenpfeffer": Ein Teil des Hasenfleisches wird zunächst ein bis zwei Tage eingelegt, dann gekocht und mit einer dunkelbraunen, fast schwarzen Soße, die ihre Farbe dem eingerührten Blut des Hasen verdankt, angerichtet. Das klingt martialisch, aber richtig zubereitet ist es eine Köstlichkeit. Dazu gibt es „grüne Klöße": fränkische Kartoffelklöse, hergestellt aus einem Teig roher und gekochter Kartoffeln; in der Mitte eines jeden Kloßes befinden sich die „Bröckela", in Butter geröstete Weißbrotwürfelchen. Und jeden Freitag oder Samstag werden ein bis zwei Kuchen für das Wochenende gebacken. Das ist Tradition.

Abb. 32 Bild mit Frau, Tochter, Schwiegersohn und Enkel Max Georg; Hund Bobby hält die Wacht am Heim

Zurückhaltend bin ich auch beim Ausgeben von Geld. Ich könnte mehr ausgeben, könnte mir mehr „leisten", tue es aber nicht. Ganz fern steht mir, mit dem Geldausgeben zu prahlen. Auf diese Weise bin ich zu einigen Ersparnissen gekommen, werde selbst wohl nicht viel „davon haben", wie man so sagt, will es auch gar nicht. Ich vermute oder vielmehr: weiß schon jetzt, dass ich das Geld vererben werde. Auch das ein schönes Gefühl. Und darüber hinaus gibt mir das Geld auch ein wenig Sicherheit. Man weiß, dass man auf etwas zurückgreifen kann in Zeiten der Not. Aber allzu viel Vertrauen in das Geld habe ich nicht mehr, da ich doch mehrmals in meinem Leben erfahren habe, was Geld „eigentlich" wert ist. Ich rede von Inflation und Geldentwertung, aber auch davon, dass Geld wertlos ist, wenn es die Dinge, die man damit kaufen könnte, nicht gibt.

Mit Erstaunen gewahre ich heute, dass man aus Angst vor künftigen Geldentwertungen Gold, physisches Gold, kauft. Als Notgroschen. Dass Gold in Notzeiten wertvoller ist als bedrucktes Papier, leuchtet ein. Noch besser wäre es freilich, man würde sich ein Stück Land kaufen und den Gemüseanbau erlernen! Ich beobachte das bei Gastarbeitern, Italienern vor allem, die in unser Land kommen. Kämen wir nochmals in Krisen, wie ich sie erlebt habe, so wären sie es, die Gastarbeiter, die womöglich als Gewinner aus dieser Krise hervorgingen, da sie die Währung besäßen, auf die in harten Zeiten alles ankommt.

Insgesamt bin ich zufrieden mit meinem Leben, ja ich darf sagen, dass ich – noch immer und trotz allem – im Grunde sogar frohen Mutes bin. Ich habe mir nicht die Freude am Leben nehmen lassen – trotz alledem, was vorgefallen ist, trotz der Geschehnisse, in die ich hineingezogen, trotz des Geschickes, das über mich verhängt wurde. Im Grunde, sage ich, bin ich zufrieden. Von Glück will ich hier nicht reden, das wäre Hochmut. Aber ist, wer zufrieden ist, nicht auch glücklich –

ohne dass er das Wort in den Mund nimmt, ohne dass er je das Glück als Glück angestrebt hätte?

Wenn ich freilich alles sagen soll, und das habe ich ja versprochen, so sind es die kleinen Verhältnisse, in denen wir leben und arbeiten, die mich stören. Oder vielmehr störten. Denn je älter ich werde, desto gelassener bin ich auch in dieser Hinsicht. Ganze drei Hektar – neun „Tagewerk" – Land waren, als ich noch als Bauer tätig war, zu bearbeiten. Zunächst taten wir es mit einem Kuhgespann, dann, seit den fünfziger Jahren, auch mit einem kleinen Traktor, ganze 12 PS stark. Der Traktor, den wir zwei Jahre nach Beendigung der Landwirtschaft, also im Jahre 1961, verkauften, war eine große Erleichterung. Denn mit zwei Kühen, Milchkühen, auf dem Feld zu arbeiten – das war eine Plackerei. Allein schon das Anspannen war schwierig – verlassen die Kühe doch nur äußerst widerwillig ihren Stall. Sie befürchten womöglich etwas Schlimmes. Waren sie dann angespannt, so hatte ich mit ihnen das Dorf zu durchqueren, um auf das Feld zu gelangen. Und auch wenn damals noch nicht die vielen Autos fuhren, die heute fahren, so war das doch immer sehr aufreibend für alle Beteiligten.

Abb. 33 Unser Kuh-Gespann, eine Aufnahme Mitte der fünfziger Jahre; neben mir meine Frau und mein Bruder sowie unser Hund Bobby; von unserem Haus kommend mein Schwiegersohn, von der Kuh halb verdeckt mein Enkel Max Georg

Kräftezehrend war dann das Pflügen selbst. Denn beim Pflügen mit einem Kuhgespann wird der einscharige Pflug von den Kühen nur gezogen. Der Pflüger ist es, der den Pflug zu heben, zu drehen und schließlich auch permanent in die Erde zu drücken hat, damit die Pflugschar die gewünschte Tiefe erreicht. Das ist eine Mühe und Anstrengung, wie man es sich kaum noch vorstellen kann, wenn man nur die maschinelle Bearbeitung kennt.

„Im Schweiße deines Angesichts" – ich weiß, was das bedeutet. Die Feldarbeit war mühsam, das Flechten von Weidenkörben, das zuhause in der Küche erfolgte, eintönig. Und man war bei solcher Betätigung dann zu alledem noch sparsam: Man trank nicht Bier oder gar Wein, wenn man durstig war, man trank die Molke, die bei der Buttergewinnung anfiel. So war man: Man hätte sich das Bier wohl leisten können, aber man trank es nicht, man gönnte es sich nicht, höchstens in Ausnahmefällen. Es kostete Geld, und die Molke hätte man sonst weggeschüttet oder an die Tiere verfüttert. Am Feierabend dann, zur Brotzeit, gab es ein Bier, das ja.

Besondere Ereignisse gab es auch in diesem Leben, das vom Alltag bestimmt war. Das waren alle großen kirchlichen Feste, Ostern und Pfingsten oder auch die Kirchweih, „Kerwa" auf Fränkisch, sowohl des eigenen Dorfes wie der Nachbardörfer. Weihnachten hatte bei uns eine Sonderstellung. Weihnachten ist das Fest der Familie. Und dieses Fest tat und tut noch besonders weh. Denn an Weihnachten merkt man noch eindringlicher, was einem fehlt: die eigenen Kinder.

Abwechslung in den Alltag bringt auch das dörfliche Vereinsleben. Ich bin in mehreren Vereinen Mitglied und aktiv vor allem im Gesangverein und im Kriegerverein, dessen Erster Vorsitzender ich längere Zeit war, zunächst vor dem Zweiten Krieg und während des Zweiten Krieges. Mit Inkrafttreten der Alliierten Kontrollratsproklamation vom 20.9.1945 (die sog. Proklamation Nr. 2) wurden dann aber alle militärischen und quasimilitärischen Organisationen und Vereine, und so auch unser Kriegerverein, aufgelöst und verboten. Erst im November 1953 wurde von einigen Kameraden und mir der Entschluss zur Wiedergründung des Vereins gefasst und in der ersten Mitgliederversammlung im März 1954 ich als Erster Vorsitzender wiedergewählt. Den Vorsitz habe ich mittlerweile an den jüngeren Kameraden Baptist abgegeben. Für meine Verdienste um den Verein erhielt ich mehrere Auszeichnungen, darunter auch das

Verdienstkreuz 1. Klasse des Deutschen Soldaten- und Kriegerbundes in Bayern e. V.

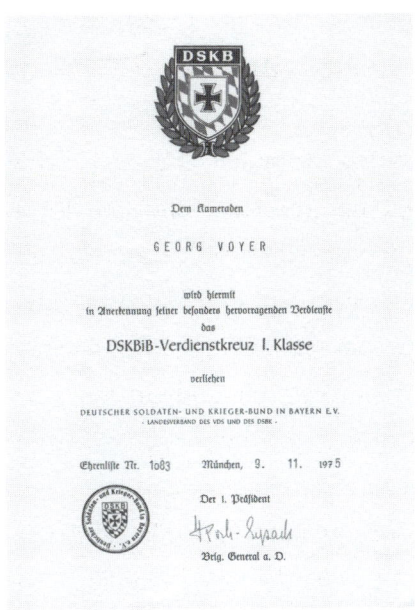

Ein außeralltägliches
Ereignis freudiger Art war
auch das Schlachten eines
Schweines. Der Tag, an
dem man das Schwein
tötete, wurde – welche Assoziationen im Frieden! –
„Schlachttag", das Kesselfleisch und die frischen
Würste, die man noch am
selben Tag zubereitete,
wurden „Schlachtschüssel"
genannt. Das Schwein
wurde von uns selbst auf-
gezogen, gefüttert vor allem mit Abfällen aus unse-

*Abb. 34 Urkunde zum Verdienstkreuz
1. Klasse des Deutschen Soldaten- und
Kriegerbundes in Bayern e. V.*

rer Küche und mit Kleie, die günstig von unserer Dorfmühle zu
beziehen war. Das Schlachten, ausgeführt von einem Metzger,
der mit seinem Werkzeug ins Haus kam, geschah aber höchstens einmal im Jahr. Es war also ein im Jahresablauf herausra-
gendes Ereignis. Und das galt auch für den Fleischkonsum am
Schlachttag und noch einige Tage nach dem Schlachttag: Es
wurde an Fleisch und Wurst nicht gespart, man aß sich mit
Fleisch und Wurst satt. Und das frische Kesselfleisch, mit Salz
und Pfeffer am Tisch gewürzt, ist eine Köstlichkeit. Wie das
Trinken der „Spündsuppen". In ihr werden das Fleisch, der rote

und weiße Pressack sowie die Rot- und Leberwürste gegart. Lange hat man an einem Schwein gegessen, über Wochen und Monate hinweg. Haltbar gemacht wurden Fleisch und Wurst durch das „Einmachen" in Gläsern oder durch Räuchern und kühle Lagerung, die nur im Herbst und Winter möglich war, denn Kühl- oder Gefrierschränke besaßen wir nicht.

Das Schlachten mit seiner ganzen Symbolik rief immer Bilder des Krieges in mir hervor. Zunächst ist da ja die Gewaltsamkeit des Tötens. Man tut sie zwar „nur" einem Tier an. Aber wenn man Jahre mit diesem Tier gelebt hat – im selben Haus gelebt hat, denn Stall und Wohnung sind zusammengebaut –, dann fällt es einem nicht leicht, das Tier zu töten. Es fällt gerade dann nicht leicht – so jedenfalls geht es mir –, wenn man die Greuel des Krieges kennt. Weitaus grauenvoller aber als das häusliche Schlachten scheint mir das industrialisierte Schlachten unserer gegenwärtigen „Kultur" zu sein (zumindest in diesem Zusammenhang setze ich das Wort in Anführungszeichen), das sich der Supermarkteinkäufer nicht bewusst macht, weil das Fleisch sauber und blutlos in der Theke liegt. Hat das industrialisierte Schlachten, wie es in unseren Schlachthäusern heute geschieht, nicht etwas von den großen Schlachten und Schlachtfeldern der beiden Weltkriege? Erinnert es nicht zumindest daran? Diese Mechanisierung des Schlachtens, eine amerikanische Erfindung, ist mir eine Barbarei, ausgelöst durch einen Fleischkonsum, wie er für mich Zeit meines Lebens undenkbar war und auch jetzt noch ist. Denn waren der Schlachttag und die Tage danach vorüber, so ging man sehr sparsam mit Wurst und Fleisch um. Sie wurden aber auch ohne Reue gegessen. Asketische Gesinnung war uns fremd. Man aß dieses Fleisch mit Dankbarkeit, ja vielleicht sogar mit Ehrfurcht.

Ist das Schwein bei der Hausschlachtung mit dem Schussapparat getötet oder doch wenigstens bewusst- und damit empfindungslos – und Religionen und Traditionen, die solches verbieten, sind mir nicht ganz geheuer –, so wird die Halsschlagader durchschnitten und das Blut in ein Gefäß geleitet. Das Blut! Es muss gerührt werden. Es muss ständig gerührt werden, denn sonst würde es gerinnen. Nur wenige Sekunden nicht zu rühren – es hätte katastrophale Konsequenzen für die weiteren Verarbeitungsschritte nach sich gezogen. Man wusste es aus Überlieferung und Erfahrung, nicht etwa durch Lektüre.

*

Heiliger Georg, um 300 gemartert
Gedenktag: 23. April
Attribut: Ritter mit Schwert und Schild, den Drachen zu Füßen
Patronat: Vorbild christlicher Tapferkeit, Patron der Ritter

Heiliger Georg,
du hast in deinem Leben erfahren, dass dienen hart sein kann. Gib uns die Tapferkeit, die wir brauchen, um unsere Kraft und unser Können in den Dienst des Nächsten zu stellen. Gib denen, die über uns herrschen, Ehrlichkeit, Demut und mitmenschliches Verstehen für unsere Sorgen.

*

Wurde er vielleicht in den ersten Tagen verwundet und, als man Verwundete noch mitnahm, auf einem Lastwagen Richtung Pruth mitgenommen? Hatte er starke Schmerzen, wurde er, zumindest notdürftig, versorgt? Aber was geschah, als dem LKW der Betriebsstoff ausging? Ließ man ihn zurück? Was taten die Russen, die Feinde, mit dem Zurückgelassenen?

*

„Grei doch nië, ich sterb doch nië"

So viel Leid und Qual ich im Krieg auch ertragen musste –: Den größten Schmerz meines Lebens habe ich in Friedenszeiten erfahren durch den Tod meiner Tochter im November 1957. Sie war die Erstgeborene. Mein Sohn galt seit dem August 1944 als vermisst, und es bestand kaum noch Hoffnung, dass er heimkehren würde. Es war und ist unsäglich, dann auch noch den Tod der Tochter erleben zu müssen, die Nachricht überbracht zu bekommen, dass sie gestorben sei im Kreiskrankenhaus, sieben Kilometer von meinem Dorf entfernt. Wir standen ohne Kinder da, kaum dass ich mich im Leben wieder etwas eingerichtet, mich wieder zu einem Ja zum Leben durchgerungen hatte – nach all dem, was ich durch die zwei Kriege erdulden musste.

Sie war tot, und sie ist tot. Ihren Tod kann ich nicht fassen. So viele Gefahren habe ich im Krieg überlebt, so oft das Jenseits berührt – und nun stirbt die einzige Tochter, das letzte verbliebene Kind, im Frieden. An einer harmlosen Entzündung, wie es zunächst schien.

Sie hatte seit einigen Tagen über leichte Schmerzen im rechten Unterschenkel geklagt, man sah auch eine kleine Schwellung, schenkte dem aber wenig Aufmerksamkeit. Schmerz und Schwellung nehmen zu, der Hausarzt wird befragt – und der entscheidet, dass sie in das Kreiskrankenhaus eingeliefert werden soll, liegend. Ich habe schon zu diesem Zeitpunkt kein gutes Gefühl. Wenn man dem Tod so oft so nahe war wie ich, dann gibt man viel auf dieses Gefühl, kann es jedenfalls nicht einfach ignorieren, nicht einfach wegwischen. Der Krankenwagen wird bestellt. Und noch kurz vor seiner Ankunft putzt sie die Fenster unseres Hauses. Sie war so fleißig, so arbeitsam. Aus dem Krankenhaus noch lässt sie durch eine sie besuchende Freundin meiner Frau ausrichten, dass für ihr jüngstes Kind Knöpfe an eine Hose zu nähen seien, sie habe dies vor ihrer Einlieferung nicht mehr erledigen können. Sie war ein gutes Kind – oft unter Selbstverleugnung. Doch war diese „Selbstverleugnung" gerade ihre Selbstfindung.

Abb. 35 Meine Tochter

Wir verabschieden uns, und, warum sollte ich es nicht gestehen, mir stehen die Tränen in den Augen. Als sie dies bemerkt, sagt sie im fränkischen Dialekt – und noch heute klingt es mir herzzerreißend im Ohr: „Grei doch nië, ich sterb doch nië." Sie war besorgt um uns, um mich und meine Frau, um ihren Mann und ihre Kinder. Das war zugleich ihre Selbst-Sorge. Sie war ein gutes, ein liebes Kind.

Im Krankenhaus stellt sich dann heraus, dass Sie an einer Venenthrombose leidet. Die Ärzte sind ein wenig ratlos. Genaueres teilen sie mir nicht mit. Im Kreiskrankenhaus Hochstadt findet man wohl auch keine Kapazitäten. Jedenfalls diskutieren sie, soweit ich es mitbekomme, untereinander, was zu tun ist. Einige sind für Operieren, andere nicht. Als man es dann tut, ist es zu spät: Sie stirbt an einer Lungenembolie.

Ich hörte von ihrem Tod durch eine Nachbarin. Sie hatte ein kleines Lebensmittelgeschäft und schon 1957 ein Telefon, eines der wenigen im Ort. Wir hatten die Nummer ihres Anschlusses im Krankenhaus hinterlegt, und sie überbrachte mir die Nachricht. Ich muss fürchterlich geschrien haben, wie sie und eine andere Nachbarin es mir im Nachhinein mitteilten. Sie konnten nicht sagen, was ich geschrien habe, aber es muss ein Schrei aus der Tiefe gewesen sein: ohne Inhalt und daher mit allem Inhalt. Vergleichbar vielleicht, und dies zu sagen empfinde ich nicht als Gotteslästerung, dem Schrei Jesu am Kreuz: „Mein Gott, mein Gott, warum hast Du mich verlassen!" Aber vielleicht habe ich noch grundsätzlicher geschrien, wie ja auch Jesus selbst noch grundsätzlicher geschrien zu haben scheint, nachdem er „Mein Gott, mein Gott, warum hast Du mich verlassen!" gerufen hat: einen Schrei, von dem es im Neuen Testament nur heißt: „Dann aber schrie er noch einmal." Über den Inhalt des Schreis schweigt sich die Stelle aus. Vielleicht war es eine Gotteslästerung. Jedenfalls wurde es nicht überliefert.

Wo lag der Sinn dieses Todes? Es gab keinen. Es gibt keinen. Für mich galt: Es war nur noch Weinen, Greinen. Sie hatte mir beim Abschied gesagt, dass ich nicht greinen solle, weil sie nicht sterben werde. Und nun war sie gestorben. Man hatte mir nichts mehr gelassen – nur noch die Augen zum Weinen. Nur zum Weinen noch hatte man mir die Augen gelassen.

Sie, meine Tochter, unser liebes Kind, hinterließ zwei Söhne, meine beiden Enkel, bei ihrem Tod im November 1957 zweieinhalb und acht Jahre alt. Von beiden bin ich der Taufpate, beide heißen sie mit zweitem Namen Georg, wie ich. Und wären sie nicht gewesen, wer weiß …

Es war nur noch ein Weinen. Ich war sechsundsechzig Jahre. Man hatte mir nichts mehr gelassen – nur noch die Augen zum Weinen.

Und doch konnte man sich nicht gehen lassen.

Tapferkeit hat viele Facetten, und sie zeigt sich nicht allein im Krieg. Das Weinen war ein heilend-reinigender Akt, ein kathartisches Geschehen. Das Weinen legt einen Schleier über die Augen; man nimmt die Welt nur noch selektiv und auch das Selektierte nur noch verschwommen wahr. Das Weinen half. Doch auch das Weinen hat seine Zeit. Ihr hat eine andere zu folgen. So hat es Gott, so hat es die Natur eingerichtet. Als Kind hatte ich das Märchen vom „Tränenkrüglein" gehört. Es kam mir wieder in den Sinn. Und erst jetzt, als Erwachsener, beinahe schon Greis, konnte ich es verstehen. In ihm erscheint das verstorbene Kind seiner Mutter, die ganze drei Tage und Nächte geweint hat. Das Kind trägt ein Krüglein, voll mit Tränen, bei sich und bittet die Mutter, nicht mehr zu weinen.

Denn das Krüglein würde sonst überfließen – und dadurch könne es keine Ruhe finden im Grabe und keine Seligkeit im Himmel.

Das ist rührend. Das ist ein Märchen. Aber bisweilen können nur Märchen das Unfassbare berühren. Übermäßige Trauer stört die Ruhe der Toten. Das ist hilfreich für das Leben der Überlebenden.

Und das, was zum Zeitpunkt des Todes unmöglich schien, geschah doch: Das Leben fand sich wieder. Das Leben fand sich wieder – nicht sofort, aber doch nach und nach. Die Zeit heilt alle Wunden, sagt man. Sie deckt sie zumindest zu, die Wunden. Es bilden sich Grinde. Und das Tränenkrüglein? Es wurde durchlässig, dann gar brüchig. Auch hier fand ich, das zu verstehen, Hilfe bei einem längst toten, aber deshalb nicht weniger bedeutenden Dichter.

Tränenkrüglein

Andere fassen den Wein, andere fassen die Öle
in dem gehöhlten Gewölb, das ihre Wandung umschrieb.
Ich, als ein kleineres Maß und als schlankestes, höhle
mich einem andern Bedarf, stürzenden Tränen zulieb.

Wein wird reicher, und Öl klärt sich noch weiter im Kruge.
Was mit den Tränen geschieht? – Sie machten mich schwer,
machten mich blinder und machten mich schillern am Buge,
machten mich brüchig zuletzt und machten mich leer.

Aber die Zeit füllt die Augen gelegentlich wieder mit Tränen, reißt die verkrusteten Wunden auch wieder auf. So ein Tag war und ist für mich Weihnachten, der Heilige Abend, das Fest der Familie. Dann entsteht ein Gefühl in mir. Nicht bloß das der Leere oder des Fehlens. Es ist vielmehr, als griffe man in einen unendlichen Raum und es finde eine ganz zarte Berührung statt. Aber diese Berührung ist so furchtbar, wie sie zart ist. Will man die Berührung verstärken, das Berührte mehr zu sich ziehen, so weicht es noch weiter zurück, ohne freilich ganz zu entschwinden. Mein Selbst verflüchtigt sich dann in diesen Raum, und alles, was empirisch nah ist, wird, auch wenn es ein Mensch ist, auf eine gewisse Weise unwirklich.

Dann gibt es gelegentlich auch Momente, wo ich ähnlich empfinde, auch wenn nicht Weihnachten ist. Diese Gefühle entstehen vor allem beim Hören von Musik. Oft ist es Volksmusik oder volkstümliche Musik – nicht gerade Musik der höchsten Kategorie, ich weiß. Es ist erstaunlich, dass es vor allem diese Musik ist. Sie streift sogar den Kitsch. Aber es kommt eben auch hier auf die Erfahrungen an, die man gemacht hat. Und kann es nicht gelegentlich so sein, dass der Beinahe-Kitsch eine Sache besser zum Ausdruck bringt als die „hohe" Musik? Beethovens Opus 91 „Wellingtons Sieg oder die Schlacht bei Vittoria" hat etwas Peinliches an sich, nicht zuletzt, weil es die Geschehnisse der Schlacht zu imitieren sucht. Fängt dagegen das den Kitsch doch zumindest berührende Landser-Lied „Lili Marleen" nicht mehr von Militär, Krieg und Tod ein? Diese fern-traurige Fanfare, diese schleppende Melodie, melancholisch und müde, mit der Ahnung des Todes, mit dem dunklen Sinn, verschwimmend und vergehend, unendlich fern und unendlich traurig, so fern und traurig, dass sich Ferne und Trauer über die ganze Welt legen.

Mein „Lili Marleen" ist „La Montanara" und daraus wieder eine bestimmte Textstelle, die mein Empfinden auf die Spitze treibt, so dass ich nur mit äußerster Anstrengung meine Tränen unterdrücken kann.

Hörst du La Montanara
Die Berge, sie grüßen dich
Hörst du mein Echo schallen
Und leise verhallen
Dort wo in blauer Ferne
Die Welten entschwinden
Möcht' ich dich wieder finden
Mein unvergessenes Glück

Blau strahlt das Firmament
Von Ferne rauscht ein Wasserfall
Und durch die grünen Tannen
Bricht silbern das Licht
Doch meine Sehnsucht brennt
Im Klang alter Lieder
Laut hallt mein Echo wieder
Nur du hörst es nicht

Weit sind die Schwalben
Nach Süden geflogen
Über die ewigen Berge und Täler
Und eine Wolke

Kam einsam gezogen
Doch wart' ich immer
Vergeblich auf dich

Da ist es wieder, dieses Gefühl eines unendlichen Raumes, das Entschwinden von etwas, hier „Glück" genannt. Man ruft in diesen Raum hinein, nach einiger Zeit meint man zwar etwas zu hören, aber – es ist nur die eigene Stimme, das Echo. Das Echo als der zurückgeworfene eigene Laut. Kaum kann etwas mehr die Einsamkeit steigern als das Echo, der zurückgeworfene eigene Laut. Und dann die Schwalben, die ziehen, fortziehen. Und das vergebliche Warten. Junge, komm bald wieder. „Ich weiß keinen Unterschied zwischen Tränen und Musik zu machen" – lange bevor ich diesen Satz Nietzsches las, habe ich es erfahren.

Am meisten empfinde ich übrigens, wenn das Lied von unserem heimischen Gesangverein gesungen wird, vielleicht sogar an einem Festtag von mir, z. B. meinem Geburtstag. Die letzte Strophe mit den ziehenden Schwalben wird dann, unter Begleitung des summenden Chores, von einem Tenor *solo* gesungen; dieser Tenor, Rolf, hat eine wunderbare Stimme. Sie ist nicht ausgebildet worden, aber sie ist wunderbar, sonor im eigentlichen Sinne und mit leichtem, vollkommen natürlichem Tremolo. Dann ist es für mich sehr schwer standzuhalten. Es ist ein Moment höchsten Glücks und höchster Trauer – fest und unverbrüchlich vereint. Wer es nicht kennt, dieses Gefühl, das Glück und Trauer zusammenschließt, kann nicht verstehen, was ich hier niederschreibe.

Gibt es ein Wiedersehen nach dem Tode? – Hierauf weiß ich, nach langer Überlegung, nur eine Antwort zu geben: Schön wär's.

Abb. 36   Aufbahrung meiner Tochter in der Leichenhalle des Friedhofes Marktgraitz, photographiert gleichsam mit Tränen in den Augen

*

Heilige Katharina, um 307 enthauptet
Gedenktag: 25. November
Attribut: zerbrochenes Rad, Krone
Patronat: Patronin der Philosophen, der Rechtsgelehrten und aller Wissenschaftler

Heilige Katharina,
lehre uns begreifen, dass die demütige Hingabe an den Willen Gottes wichtiger sein kann als alles Forschen und Wissen in dieser

Welt. Hilf uns, inmitten der vielfältigen Gefahren unserer Zeit stets das Wahre zu erkennen und Gott durch ein überzeugtes Leben aus dem Glauben in Treue zu dienen.

*

Abb. 37 Sterbebild meiner Tochter

*

mEin katholisches Weib

Zu den denkwürdigen und bemerkenswerten Personen, die mir im Leben begegneten, gehört auch meine Frau. Denkwürdig vor allem in Hinsicht auf den Glauben, der uns, zumal auf dem Lande, entscheidend bestimmt. Und unter dem Dach dieses Glaubens war vor allem wieder das Geschlechterverhältnis relevant, also ihre Beziehung zu mir, ihrem Mann. Wir haben im Krieg, 1917, geheiratet. Warum im Krieg, warum nicht später, in ruhigeren Zeiten, nach reiflicherer Überlegung? Es war auch, es war vor allem ein äußerer Grund: Ich erhoffte von ihr eine gute Verwaltung von Haus und Hof. Meine Eltern waren ja schon tot, und bei meiner Schwester, die in meiner Abwesenheit das Anwesen verwaltete, hatte ich nicht das Gefühl, dass ich mich auf sie in dieser Hinsicht verlassen könnte. Im Gegenteil: Die wenigen Goldmark, die ich besaß und die ich mir mühsam zusammengespart hatte, gab sie für Kriegsanleihen her, für deren Zeichnung mit dem Slogan „Gold gab ich für Eisen" Propaganda gemacht wurde. Nicht, dass ich gegen Kriegsanleihen gewesen wäre. Aber sollte ich meine wenigen Mark, eine Notreserve, geben, wo andere hundertmal mehr besaßen und ohne Schmerz hätten geben können?

Wir heirateten also im Krieg. Ich hatte zwar Bedenken, ob es der richtige Schritt sei – schließlich ist nach katholischem Verständnis die Ehe ein ewiger Bund –, aber diese Bedenken waren nicht so stark, dass sie mich von der Heirat hätten abhalten können. Ich war im Sommer 1917 für zwei Wochen auf Heimaturlaub. Richtig „kennenlernen" (ich meine jetzt vor allem die körperliche Liebe) war da nicht möglich. Auch wenn man die damaligen Verhältnisse nicht mit den heutigen libertären Zeiten vergleichen darf: Unsere Beziehung war auch unter damaligen Kriterien in sinnlich-sexueller Hinsicht gehemmt. Freilich dachte ich, dass sich das alles noch geben werde, wenn wir im Frieden mehr Zeit füreinander hätten.

Abb. 38 Hochzeitsbild 1   *Abb. 39 Hochzeitsbild 2*

Ich zeige hier zwei Hochzeitsbilder. Fast typisch für eine Kriegshochzeit auf dem Lande: der Mann, so Soldat, in Uniform, die Frau nicht in Weiß, den Schleier ausgenommen. Vielleicht kannst Du an meinen Augen erkennen, dass sie das Inferno des Krieges bereits über mehrere Jahre hinweg geschaut haben. Ich wusste um den Tod, kannte also das Leben. Jede Romantisierung, jede Ästhetisierung war mir fremd. An ihre Stelle trat eine sentimentale Melancholie – mit der Hoffnung auf den Siegfrieden. Aber vielleicht erkennt man auf dem Bild auch noch etwas von der inneren Welt meiner Frau. Als ich nur wenige Tage nach der Hochzeit wieder an die Front musste, begleitete sie mich, zusammen mit meiner Schwester, nach Redwitz, unseren Nachbarort und nächsten Bahnhof. Aber es war kein schöner Abschied, ich weiß und fühle es noch heute: keine Zärtlichkeit auf dem Weg, noch nicht einmal das Berühren oder gar Halten der Hände. Warum nicht? Es gab keinen konkreten Grund, keinen Grund, der in den letzten Tagen zu finden gewesen wäre – es war schlicht und einfach ihre Einstellung zu mir, aber nicht zu mir als konkretem Individuum, sondern eben zu mir als einem, der dem männlichen Geschlechte angehörte. Beim Abschied, ich habe es beileibe nicht vergessen, hätte sie mir womöglich noch nicht einmal die Hand gegeben, wenn ich nicht die Initiative ergriffen hätte. Zu einem Abschiedskuss kam es nicht, es blieb bei einer Andeutung meinerseits.

Und doch nahm ich ihr Bild und ihr Eheversprechen mit in den Krieg und verwahrte es in meinem Herzen. Es war mir immer gegenwärtig. Besonders ein Geschehnis ist mir noch in Erinnerung: In einer nächtlichen Gefechtspause, als wir uns für etwa zwei Stunden aus der Hauptkampflinie zurückziehen durften, um uns in einem Unterstand etwas zu erholen, fiel ich in einen Halbschlaf und träumte folgende Verse, die sich auf sie und mich, auf uns und unser zukünftiges Kind, die Geburt eines Kindes, bezogen:

An mEine Gebärende

Ich sah Dich in Gesichten
Der blutdurchtränkten Spur
Ich sah Dich im Verrichten
Des Ew'gen der Natur.

Für mich, den träumend Erlebenden, waren in diesem Bild, das
mir erschien und sich verbalisierte, das mich anblickte, Tod und
Leben, Geburt und Sterben eine Einheit. Das Blut der Geburt
und das Blut des Schlachtfeldes – es war eins für mich. Ich sah
den Werdeprozess als Einheit, plötzlich, in einem Augenblick
versammelt, und so war die Geburt Sterben, und der Tod auch
nur eine Art Geburt. Ich sah Unvereinbares vereint: das Blut
und die Erde, den Mann und die Frau, Freund und Feind, den
männlichen deutschen *Krieg* und die weibliche französische
guerre. Ich sah alles vor mir liegen, ich bewertete es nicht: Es
war weder gut noch böse, es war einfach, war einfach da. Es war
das Ganze, das Vollzählige, nicht mehr das Ausgesuchte, Aus-
gewählte, Beliebige. Es ging nicht mehr um Glück und Unglück, um Freud und Leid, ja nicht einmal mehr um Leben und
Tod. Die Verrechnung des einen mit dem anderen, das Aufwiegen und Abwägen war nicht mehr. Ich durchschaute die Gegensätze. Ich durchschaute sie als kalkulierendem Krämergeist ent-
sprungen. Ich begriff. Ich begriff, dass alles nur ein Spiel, ein
höheres Spiel ist: ein Spiel des Unterscheidens und Wiederver-
einigens, ein Spiel, das eins ist mit dem Ernst des Lebens, dem
wahrlich blutigen Ernst. Ich sagte: „Ja!" Ich sagte „ja" zu diesem

doch auch Erschütternden und Schrecklichen. Es war ein freies, ein frei-gehorsames Jasagen zu Welt und Leben, wie ich es noch nie gesagt hatte. Die Leidenschaft des großen Jasagens – sie war am Werk. Das Schreckliche – es lächelte auch! Das Angenehme und Schöne – es zeigte auch seine grässliche Fratze. Und bei alledem konnte ich nur „ja" sagen, konnte ich nur gehorsam sein. Eine Verweigerung war nicht möglich. Ja, so war es.

Eigentlich hätte mich nach diesem metaphysischen Traum im Leben, in diesem sogenannt realen Leben, nichts mehr erschüttern dürfen. Aber es hat mich sehr, sehr vieles noch erschüttert nach diesem Traum. Denn eines ist es, eine Sache gesehen, ein-gesehen zu haben, ein anderes aber, mit diesem Gesehenen eins zu werden, im wirklichen Leben eins zu werden. Denn im wirklichen Leben sind Geburt und Tod ja zwei getrennte Vorgänge, und ich habe nicht schon in der Geburt den Tod, den sterbenden Menschen gesehen; und im sterbenden Menschen habe ich nicht das Geschehen einer Geburt wahrgenommen. Weil ich das nicht im Leben habe realisieren können, hat mich der Tod meiner zwei Kinder so tief getroffen, so tief berührt. Ich habe bei ihrem Tod durchaus nicht an Geburt gedacht, wie auch bei ihrer Geburt nicht schon an ihren Tod. Wer kann das, kann das überhaupt ein Mensch? Jedenfalls war der reale Tod immer noch ein gewaltiger Schlag für mich. Und er stand in einer großen Differenz zum Leben. Aber in diesem merkwürdigen Traum habe ich erkannt – und es schien mir völlig evident, ja die einleuchtendste Sache der Welt –, dass Geburt und Tod verbunden sind, durch eine Blutspur verbunden sind. Aber wie, wie sollen wir leben, wenn wir dies erkannt?

Wenn wir erkannt haben, dass zwischen Geburt und Tod nichts ist – es sei denn, man will die Blutspur als etwas, als etwas Substantielles bezeichnen? Warum denn ließ man uns Männer bei den Geburten nicht zu? Sollten wir nicht bemerken, dass der Ursprung, der Schoß, blutete, wenn er Leben schenkte? Wollte man uns von der Einsicht abhalten, dass wir das Spiel von Leben und Tod schon im Schoß kämpfen?

Damit kein falscher Eindruck entsteht, will ich hier deutlich sagen, dass ich alles in allem nicht unzufrieden bin mit meiner Ehe. Freilich hätte manches besser sein können. Unser Verhältnis ist, nach wie vor, ein zwiespältiges, eben vor allem was die Mann-Frau-Beziehung im engeren, also geschlechtsspezifischen Sinne betrifft. Es ist nicht das vorhanden, was man eine „ungezwungene Beziehung" nennen könnte. Wie sieht eine ungezwungene Beziehung zwischen Mann und Frau aus? Ich hatte einmal ein Schriftstück in der Hand und darin ein, wie ich meine, sprachlich treffend artikuliertes Bild gefunden, ein Bild, das mich sehr beeindruckt hat: Die Beziehung zwischen Mann und Frau sollte sein wie das Rieseln von trockenem Sand durch die leicht geöffneten Finger der geschlossenen Hand. Ist der Sand nicht trocken, so verklebt er – mit der Folge, dass nichts mehr rinnt, nichts mehr „läuft".

Unsere Beziehung war nicht von der Art des trockenrieselnden Sandes. Sie war nicht ungezwungen aufgrund der, aufgrund ihrer katholischen Erziehung. Und hier war schuld vor allem die Verurteilung und Verdammung der Sexualität, die, wenn sie nicht offen geschah, so doch verdeckt und geheim und gleichsam hinter vorgehobener Hand mit erhobenem Zei-

gefinger. So wenigstens suche ich ihr Verhalten mir zu erklären.
Eine bessere Erklärung habe ich nicht.

Ich will hier ein markantes Beispiel katholischer Frauenerziehung geben, ein Beispiel, das mir noch heute zu denken gibt. Nach dem Zweiten Krieg bis Ende der sechziger Jahre gab es in unserer Region (und wohl auch deutschlandweit) die sogenannte Volksmission. Sie fand jedes oder zumindest jedes zweite Jahr statt, währte zwischen einer und zwei Wochen und wurde entweder von einem oder zwei Franziskaner- oder Pallottiner-Patres geleitet, die sich selbst als „Missionäre" bezeichneten. (Wie und warum sie zu dieser österreichischen Form für „Missionar" kamen, ist mir schleierhaft. Fast könnte man meinen, sie hätten die Erinnerung an die verlorengegangene Ostmark bzw. die Donau- und Alpenreichsgaue wachhalten wollen.) An zwei Missionen kann ich mich noch genauer erinnern, nämlich an die vom 3. bis zum 13. Juni 1949 und vom 6. bis zum 20. März 1969.

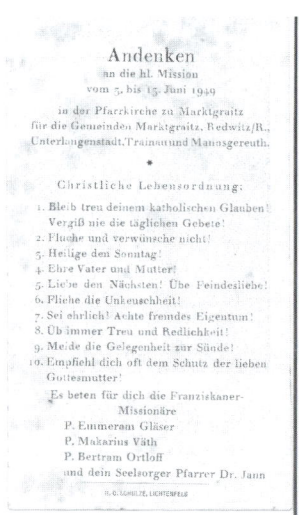

*Abb. 40 und 41   Das Missions-Andachtsbildchen aus dem Jahre 1949,
Vorder- und Rückseite*

An diesen Missionstagen, der Begriff „Mission" ist sprechend genug, sollte der sündige Mensch wieder auf den rechten Weg gebracht werden. Gut. Von mir aus. Während dieser „Missionen" gab es auch gruppenspezifische Veranstaltungen. So wurden gelegentlich nur die verheirateten Frauen zur abendlichen Versammlung geladen. Von solch einer Veranstaltung, an das Jahr kann ich mich nicht mehr erinnern, kehrte meine Frau eines Abends – gewissermaßen geläutert: desillusioniert und doch auch irgendwie zufrieden – mit der geradezu schlagenden Botschaft zurück: „Der Ehestand ist ein Wehestand!" Sie wiederholte es gerne, und so wiederhole auch ich es gerne: „Der Ehestand ist eine Wehestand!" Mit solchen Einsichten und Sinnsprüchen wurde sie mit all den anderen Frauen konfrontiert und traktiert. Was soll ich dazu sagen? Der Ehestand ist ein Wehestand: Das stimmt ja, stimmt wenigstens zum Teil – in allererster Hinsicht deshalb, weil auf Erden, „hienieden", in der Endlichkeit, es ja von allem gilt, dass ihm ein Weh anhaftet, es sich somit in einem Wehe-Stand befindet: *in statu corruptionis*, wie es theologisch und kirchenamtlich heißt (mein Enkel hat es mir so gesagt). Also gilt das auch von der Ehe. Aber eben: Es kommt auf die Betonung und Gewichtung an, darauf, ob man die Ehe *nur* so sieht – oder auch in anderer Hinsicht sieht, sehen *will*. Der Ehestand ist zum Beispiel ja auch, kann es zumindest sein: eine Institution der Liebe und sinnvoll gelebter Sexualität und Sinnlichkeit. Aber das wurde nicht erwähnt bei dieser „Mission" – wie es ja auch nicht oder nur gezwungenerweise erwähnt wird in der amtlich-offiziellen katholischen Doktrin. Der Katholizismus hat sich hier schwer, um es in seiner eigenen Terminologie auszudrücken, schwer versündigt an der Sexualität. Eine Versündigung wider den heiligen Geist der Sexualität, wie ich sagen möchte. Denn was ist natürlicher und somit unschuldiger als die Sexualität? Wobei mir freilich auch der Begriff „Sexualität" nicht gefällt. Er separiert und isoliert, was man nicht separieren und isolieren sollte. Wird sie isoliert, die Sexualität, hat man sie schon verfehlt. Sie ist dann biologisiert. Aber der Mensch lebt seine Sexualität eben nicht bloß biologisch und wie ein Tier. Er lebt sie seelisch und geistig. Deshalb sprach ich von der Sünde wider den heiligen Geist.

Der Katholizismus, dem doch so viel am Geist liegt und der glaubt, viel vom Geist zu verstehen, hätte das wissen müssen. Der Mensch lebt seine Sexualität nicht bloß biologisch. Ich gehe nicht so weit wie Nietzsche, der – auch das weiß ich von meinem Enkel – seinen „Fluch auf das Christentum" aussprach. Dafür bin ich denn doch selbst zu katholisch in mancher Hinsicht. Aber schwere Schuld hat der Katholizismus doch auf sich geladen mit der Separierung, Isolierung und Verurteilung der Sexualität. So wie auch die gegenwärtige Porno-Industrie schwere Schuld auf sich lädt. Es mag zunächst verrückt klingen – aber für mich gehören Katholizismus und Pornoindustrie zusammen: als die zwei Waagschalen an derselben Waage. Vielleicht kann man sogar so weit gehen zu sagen, dass es ohne die christliche Separierung und Verurteilung des Sexuellen niemals zur Pornographie und Porno-Industrie gekommen wäre. Denn die Pornographie verdankt sich der Separierung der Sexualität, setzt allerdings das gegenteilige Vorzeichen als das Christentum. Oder darf man, tiefenpsychologisch, vermuten, dass die Pornoproduzenten vom selben Hass auf das „Fleisch" geleitet werden wie einst die unheilig-heiligen Kirchenmänner? Und bestimmt die Pornoindustrie unsere Medien und unsere gesamte Kultur nicht schon in einer Weise und in einem Umfang, wie früher das Christentum die gesamte Kultur bestimmte?

Ich persönlich litt und leide noch sehr an dieser verqueren Einstellung des Katholizismus zur Sexualität – eben konkret durch meine Frau. Sie war und ist doch stark „infiziert", will ich mal sagen, von dieser Einstellung. Aber das ist nur eine Seite von ihr. Sie hat auch noch eine andere: Dann kann sie – für Minuten, manchmal sogar für Stunden oder einen ganzen Tag – aufbauen, was ich hier ein „gesundes" oder auch „normales" Empfinden bezüglich der Sexualität nennen will. Woher kommt dies? Ich würde am liebsten sagen: Das ist ihre Natur, ihre vom Katholizismus nicht korrumpierte Natur der unschuldigen Sexualität.

Und noch etwas muss ich an dieser Stelle erwähnen: Es ist, wie soll ich sagen, es ist unser Verhältnis zu dem, was man „äußere Härte" und „innere Weichheit" nennen kann. Während ich nach außen den harten Mann gebe, geben muss und auch will, innerlich aber sehr weich und empfindsam, ja sentimental bin, so ist es bei meiner Frau genau umgekehrt: Äußerlich zeigt sie, allein schon weil es das gesellschaftliche Rollenverständnis nicht fordert, keine Härte und erscheint daher weich und empfindsam, doch innerlich … Ich kann es natürlich nicht mit Sicherheit konstatieren, denn niemand kann ins Innere eines Menschen sehen, noch nicht einmal ins Innere seiner Ehefrau; aber ich muss doch sagen, dass ich bei ihr eine Rührung, wie ich sie beim Hören von Musik verspüre, niemals wahrgenommen habe. Sie hat zur Musik ein gleichsam anästhetisches, ein empfindungsloses Verhältnis.

Manchmal denke ich, ihr fehlt eine empfindsame Beziehung zu allen höheren geistigen Mächten, betreffe sie nun die Musik oder die Literatur oder – ja, auch das glaube ich: die Religion, Gott und das Heilige. Denn auch hier ist ihr Verhältnis eher ein äußerlich-rituelles: Kirchgang, nicht nur sonntags, und tägliches Gebet, auch dieses lange Gebet, das wir „Engel des Herrn" nennen, werden eher äußerlich-mechanisch absolviert als mit innerer, bewegter Teilnahme zelebriert – wenngleich es bei diesen Bräuchen und Gebeten auch mir schwerfällt, nicht in ein oberflächlich-rituelles Verhalten zu verfallen. Ich verspüre aber auch nicht in dem Maße den Drang zu diesen quasi rituellen Verrichtungen unseres Glaubens wie meine Frau: sonntags in die Kirche, das ja, das ist auf dem Lande fast Pflicht, Tischgebet selbstverständlich auch, aber keine mechanische Praxis. Und wie bin ich froh, dass das Christentum den Ritus auf ein Minimum reduziert und also etwa auch die rituellen Waschungen, besonders die zur Sexualität gehörenden, abgeschafft hat.

Wir hatten und haben selbstverständlich das, was man heute ein „Sexualleben" nennt. Aber zwei Seelen, vielleicht sage ich es so, obwohl dieses Bild schon stark im Verbleichen begriffen ist, zwei Seelen wohnen, ach, in ihrem Körper. So können wir ja oft ganz ungezwungen miteinander „umgehen": uns berühren, küssen, zärtlich sein, auch am Tage. Aber schon nach kurzem kann sie sich wieder abwenden, abstoßend sein ohne eigentlichen, ohne ersichtlichen Grund. Und ich kann nicht wirklich mit ihr darüber reden und ihr etwa die Frage stellen, warum sie das macht, was denn so „Böses" ist an dem, was wir gerade getan haben. Das ist ja womöglich das Schlimmste an der ganzen Sache: dass wir nicht darüber reden können; dass eine Verständigung nicht möglich ist; dass eine Therapie, wenn wir das Wort gebrauchen wollen, eine Therapie über das Wort nicht gelingt. Ich bin beileibe nicht der Meinung, dass man alles durch Bild und Wort ans Licht zerren soll. Aber in diesem Falle wäre es doch angebracht, sich über einige Aspekte zu verständigen. Es würden dann immer noch viele Geheimnisse bleiben! Ja vielleicht würden die Geheimnisse durch ein solches Gespräch, eine Aussprache, sogar zunehmen. Die Beziehung zwischen Mann und Frau ist so reich, so tief, abgründig fast, dass sie nicht und in keiner Weise auszuloten ist, durch nichts auf der Welt auszuloten ist. Davor hatte man und hat man womöglich Angst – im Katholizismus wie in der Porno-Industrie. Deshalb vielleicht die Isolierung und Separierung des Sexuellen. Separierung heißt Einfriedung, Einfriedung heißt Herrschaft.

Schuld, so mein Glaube, an dieser merkwürdigen Einstellung meiner Frau zur Sexualität hat der Katholizismus, hat das Christentum. Aber ich trage dies alles mit Gelassenheit vor. Ich trage es ja auch mit Gelassenheit. Das Alter, in dem ich mich befinde, lässt nicht nur Fragen solcher, sondern aller Art in einem milderen Lichte erscheinen. Was aber nicht hindert, in diesem Zusammenhang auf die folgenden Fragen zu insistieren: Sprechen wir im katholischen Glaubensbekenntnis nicht von der „Auferstehung des Fleisches"? Und warum empfangen wir in der Kommunion den „Leib Christi", nicht bloß den „Geist Christi"?

*

Heiliger Erasmus,
unser Leben ist wie ein unruhiges Meer. Wir sind bedroht von den Stürmen des Unglaubens, von den Wellen des Egoismus, von den Strudeln der Angst, von der Finsternis der Hoffnungslosigkeit. Geleite du das Schiff unseres Lebens sicher zum Ufer des ewigen Lebens.

*

Zum zweiten Male: Begegnung mit den Amerikanern

Um es sogleich zu sagen: Ich mag sie nicht, die Amerikaner. Ich mochte sie im Ersten Krieg nicht und nicht im Zweiten – und ich mag sie auch heute nicht. Das ist vielleicht nicht korrekt, aber es ist so. Was ich hier schreibe – erwähnte ich es schon? –, ist Denk- und Tatsache, keine Phantasie, kein Roman. Die Amerikaner hatten 1917 ihre Truppen und ihr Material an die Westfront geworfen, als wir schon abgekämpft und müde, sehr müde waren. Es ist keine Kunst, auf einen müden Mann, auf müde Armeen einzuschlagen, mit einer Überlegenheit an Mensch und Material, die man „gewaltig" und „niederschmetternd" nennen muss. „Ritterlich" war das nicht – aber was war schon ritterlich in diesem Krieg?

Ihr Erscheinen auf dem europäischen Kampfplatz hatte darüber hinaus für uns, aber auch für unsere französischen und englischen Gegner, letztlich sogar für die ganze Welt, noch eine andere fatale Folge: Der Infektionsherd der sogenannten Spanischen Grippe lag mitnichten auf der Iberischen Halbinsel, wie der Name suggeriert – der Infektionsherd lag in Amerika. In Kansas infizierten sich Menschen mit Schweine-Influenzavieren des Typs H1N1; diese Viren gelangten in die Rekrutierungs- und Ausbildungslager der Armeen – und von dort mit den amerikanischen Soldaten auf das europäische Festland. Bis zu 50 Millionen starben in der Folge an dieser Krankheit. Ein Unheilszeichen der Beziehung Amerika – Europa für das gesamte 20. Jahrhundert und darüber hinaus? Es war auch diese Grippe, die zu unserer militärischen Niederlage beigetragen hat, zumindest dazu, dass unsere letzte militärische Offensive, die Operation „Hagen" im Jahr 1918, keinen Erfolg hatte: Es gab zu viele grippebedingte Ausfälle.

Heute regieren die Amerikaner die Welt, sie sind die mächtigste Nation – und sind mit uns, den Deutschen, befreundet. Mag sein. Ich wehre mich dagegen nicht. Gewiss hat Deutschland in mancher Hinsicht von dieser „Freundschaft" profitiert. Das darf man nicht geringschätzen. Man muss es sogar achten. Dennoch: Wir sind nicht die Herren unserer Gefühle und Gedanken. Sie kommen zu uns, nicht wir zu ihnen. Und so kann und will ich meine Zu- und Abneigung nicht beherrschen. Wäre es denn nötig? War es mehr als reines Kalkül, politisches Kalkül, dass sich das Verhältnis der Amerikaner zu uns in der Nachkriegszeit änderte? Wohl allein der sich abzeichnende Kalte Krieg veranlasste sie, von ihrer Aushungerungspolitik abzusehen. 1 000 Kalorien pro Kopf und Tag sollten ausreichen; und Hilfslieferungen des Roten Kreuzes an uns wurden ebenso untersagt wie die im Winter 1945/46 von Iren und Schweizern angebotenen Nahrungsmittelspenden. „Leaving them to their fate: the ethics of starvation / Ihrem Schicksal überlassen: Die Ethik der Aushungerung", so nannte der Brite Victor Gollancz sein 1946 erschienenes Buch, das er nach einem Deutschlandbesuch schrieb. Erst 1946 wurden Hilfslieferungen zugelassen. Im Grunde war, was die Politik der Amerikaner und auch der anderen Besatzungsmächte bestimmte, der Geist von Versailles. Man wollte Rache nehmen, wollte vernichten. Man hatte nichts gelernt aus der Geschichte. Wollte man uns so für Menschenrechte und Demokratie gewinnen? Gewiss hat Hitler, haben andere Parteibonzen viele Verbrechen wider die Menschheit begangen. Und die Amerikaner, demokratisch regiert? Als in Nürnberg die Prozesse gegen deutsche KZ-Ärzte stattfanden, finanzierte der offizielle Nationale Gesundheitsdienst der Vereinigten Staaten Versuche unter der Leitung des Arztes John Cutler, bei denen 1 500 überwiegend geistig behinderte Bürger Guatemalas ohne deren Wissen mit Geschlechtskrankheiten infiziert wurden, um die Wirkung des verabreichten Penicillins zu erkunden!

Heute ziehen die Amerikaner in die ganze Welt. Und es ist vor allem der Menschenrechtsgedanke, der sie leitet, zumindest der Ideologie nach leitet. Erlebt habe ich die Amerikaner freilich anders. Das einschneidendste, charakteristischste und am nachdrücklichsten prägende Erlebnis mit ihnen fand aber nicht im

Ersten, sondern im Zweiten Krieg statt. Im Ersten Krieg kam es zu einer direkten Begegnung nur kurz und nur auf Distanz, von Schützengraben zu Schützengraben. In Nahkämpfe mit Amerikanern war ich nie verwickelt – oder nur einmal, und auch das nicht im eigentlichen Sinne: Wir stürmten einen von ihnen besetzten Graben; sie ergriffen die Flucht in dahinter liegende Gräben, die wir nicht nehmen, weil wir ihre gut platzierten Maschinengewehre nicht ausschalten konnten. Das mich nachhaltig prägende Erlebnis, sagte ich, fand im Zweiten Krieg, genauer: gegen Ende des Zweiten Krieges statt. Aber selbstverständlich war dieses Erlebnis geprägt von meinen Erfahrungen im Ersten Krieg. Soviel wenigstens habe ich mittlerweile gelernt: Die Ereignisse von 1945 – wie ich sie wahrnahm und zu verstehen suchte – sah ich durch eine im Ersten Krieg eingefärbte Brille.

Die Amerikaner „eroberten" mein Heimatdorf, in dem ich mich zu dieser Zeit aufhielt – als Volkssturmmann. Es begab sich damit aber so: Es ist Anfang April 1945. Nach allem, was man weiß – Nachrichten erreichen unser Dorf nur spärlich, und das Abhören von „Feindsendern" ist unter Androhung der Todesstrafe verboten –, neigt sich der Krieg seinem Ende zu: Die Alliierten stehen weit in unserem Land, und es sind die Amerikaner, das ist absehbar, mit denen wir es in unserem Dorf zu tun haben werden. Sie haben längst den Rhein überquert, rollen Deutschland auf, und schwenken nun, mit ihren Truppen von Norden kommend – genauer: von der Stadt Eisfeld, am Rande des Thüringer Waldes gelegen –, südöstlich ein und würden so in einigen Tagen auch Marktgraitz erreichen. Die

Lage ist sehr prekär: In unserem Dorf befinden sich nicht allein 15 gefangene französische Soldaten und 20 freiwillige französische Gastarbeiter; auch ein Zug der Wehrmacht, 31 Mann stark und geführt von einem Oberfeldwebel, ist anwesend – abkommandiert zur Verteidigung des Ortes. Zudem patrouilliert schon seit Tagen ein Untersturmführer, also ein SS-Leutnant. Er hat vor allem die Aufgabe, die Desertion von Wehrmachtsangehörigen zu verhindern und den Volkssturm auf die Verteidigung einzuschwören. Er blickt bei seinen Kontrollfahrten recht grimmig drein und erhofft sich, auf diese Weise Wirkung zu erzeugen. Vor dem Ort, kurz vor der Einfahrt ins Dorf aus Richtung Trübenbach, dem Nachbarort, von wo wir die Feinde erwarten, haben wir schon seit Wochen Panzersperren errichtet: bestehend aus einem Graben und schweren Holzbalken. Wohl kein richtiges Hindernis oder allenfalls ein Hindernis, das man auch würde umfahren können. An Waffen haben wir vor allem Infanteriegewehre und Karabiner, erbeutet von den sogenannten Badoglio-Divisionen, also den Divisionen, die gegen Mussolini putschten. Unsere Hauptwaffe aber ist die Panzerfaust. Viele von ihnen sind in unserem Leichenhaus gelagert! Ich habe sie nicht gezählt, aber sie würden wohl für 100 Panzer und mehr reichen.

Abb. 42 Französische Gastarbeiter in Marktgraitz

Dies die Lage. Es kommt der Tag, an dem die Amerikaner über dem Dorf Flugblätter abwerfen – vermutlich aus einem erbeuteten „Fieseler Storch", diesem kleinen Wunder deutscher Ingenieurskunst: 20 Meter reichen zur Landung und bei Gegenwind 50 zum Start! Den Flublättern ist zu entnehmen, dass dem Ort keine Zerstörung droht, wenn (1.) alle Häuser weiß geflaggt werden und (2.) der Ort mit weißer Fahne und also in friedlicher Absicht vom Ortsvorsteher übergeben wird.

Was tun? Den Ort verteidigen oder nicht verteidigen? Aber haben wir überhaupt eine Wahl? Denn es sind ja die Wehrmachtssoldaten im Dorf, die allem Anschein nach zur Verteidigung entschlossen sind! Zudem gibt es auch unter uns Zivilisten und Volkssturmleuten welche, die unbedingt verteidigen wollen, so etwa unser Volksschullehrer, der einige junge Leute auf seine Seite gezogen hat. Und was will ich? Ich habe Kriegserfahrung, wenn ich auch noch nie auf direkte Weise gegen Panzer angetreten bin. Ich weiß, was es heißt, in Kämpfe mit einem Gegner, einem übermächtigen Gegner, verwickelt zu sein. Zudem bin ich Volkssturmmann, also Mitglied in Hitlers jüngstem und letztem militärischen Verband, der zur Verteidigung der Heimat seit Ende 1944 in Aufbau begriffen ist. Sind wir im Einsatz, so sind wir Teil der Wehrmacht – und in Übereinstimmung mit den internationalen Kriegsordnungen tragen wir auch, in Ermangelung geeigneter Uniformen, eine Armbinde mit der Aufschrift „Deutscher Volkssturm – Wehrmacht". Wir wurden bisher zu Bau- und Schanzarbeiten herangezogen, aber auch in Schnellkursen im Umgang mit Sprengmitteln und Panzerfäusten ausgebildet. Eine Maschinengewehr-Ausbildung sollte folgen, fand jedoch nie statt, da weder ein leichtes noch ein schweres Maschinengewehr greifbar war. Ziel des Volkssturmes ist die Verteidigung unserer Heimat, also auch unserer Ortschaft. Und ich ziehe durchaus in Erwägung, das Dorf gegen die Amerikaner zu verteidigen. Mit unseren Panzerfäusten, gut platziert und gut getarnt links und rechts der Anfahrtsstraße, könnte man die ganze Kolonne ausschalten – oder doch wenigstens so viele Fahrzeuge, dass der Rest kehrtmachen würde. Es wäre für mich vielleicht mit einem Gefühl der Genugtuung verbunden, denke ich an meine Erlebnisse im Ersten Krieg. Aber was ist dann die Folge? Das Dorf wird dann entweder aus der Luft oder mit schwerer Artillerie bombardiert – und damit zerstört. Viele Tote wären dann zu beklagen, vor allem Frauen und Kinder. Wenn auch widerwillig, so bin ich dafür, das Dorf zu übergeben. Der Krieg ist verloren, das ist eindeutig. Wir können eine Kolonne der Amerikaner aufhalten, vielleicht sogar vernichten – mehr aber nicht. Bezahlen aber müssten wir es sehr teuer. Wir wollen den Untergang nicht!

Was aber mit den Wehrmachtsangehörigen tun? Wie würden sie entscheiden? Und dann ist ja auch noch der SS-Leutnant! Ich gehe aber davon aus, dass dieser sich am „Tag der Entscheidung" nicht blicken lässt. Nach meiner Einschätzung gehört er zu jenen, die den Heldentod predigen, um ihn nicht selbst sterben zu müssen. Und er kann das vor seinem Gewissen, so vorhanden, ja sogar verantworten: Wer sonst sollte den Heldentod predigen? Das größere Problem also sind die Wehrmachtssoldaten. Sie handeln auf Befehl. Doch auch hier erweist sich das Problem kleiner als gedacht: Wir können sie überreden, das Dorf zu verlassen. Wir können es, und es ist nicht schwierig, denn auch sie haben keine Lust, als Infanteristen gegen eine Übermacht von Panzern, schwerer Artillerie und Flugzeugen einen Kampf zu führen, dessen Ausgang von vornherein feststeht. Wir können sie also dazu bewegen, das Dorf bei Nacht zu verlassen. Es war die letzte Nacht vor dem Einmarsch der Amerikaner! Einzige Bedingung der Soldaten: Sie wollen Fahrräder. Widerwillig geben wir sie ihnen. Wie von mir prognostiziert, hatte sich der SS-Leutnant die letzten 24 Stunden vor der Ankunft der Amerikaner nicht mehr blicken lassen.

Am nächsten Tag, es ist später Vormittag, der 12. April 1945, hören wir die Panzerkolonne vom Nachbarort Trübenbach her sich nähern. Zwei von uns gehen, wie im Flugblatt gefordert, den Amerikanern mit weißer Fahne entgegen – ich bin nicht dabei, das wenigstens bleibt mir erspart. Die Häuser sind bereits weiß geflaggt. Die ungefähr 20 Panzer erreichen ohne Zwischenfälle die Ortschaft, die durchfahren wird. Die Soldaten sind sehr vorsichtig. Es wird deutlich, dass sie Kampfhandlungen befürchten. Das ist wohl auch der maßgebliche Grund dafür, dass sie auf dem ersten Panzer zwei deutsche Kriegsgefangene platziert haben: Sie wollen den Beschuss mit Panzerfäusten verhindern. Das ist verständlich. Sie geben uns damit aber auch ihre Vorstellung kund von Menschenrechten und internationalen Vereinbarungen wie der Genfer Konvention, nach der es ja verboten ist, feindliche Kämpfer als Schutzschild zu missbrauchen.

Die Panzer werden auf einem großen Platz am anderen Ende des Dorfes abgestellt und bewacht. Offiziere und Mannschaft nächtigen in unseren Häusern und verpflegen sich von dem, was sie im Dorf finden. Für eine Hühnersuppe töten sie etliche Hühner.

Am nächsten Tag ziehen sie weiter in Richtung Redwitz, dem anderen Nachbarort von Marktgraitz. Und von Trübenbach her rücken, befördert mit Jeeps, Infanteristen nach. Auch sie bleiben nur kurz, auch sie versorgen sich mit Lebensmitteln, und auch sie sind, wie mir scheint, sehr ängstlich und psychisch gar nicht mehr auf Kampf eingestellt. Eine Episode mag es veranschaulichen: Ein Soldat schert bei der Rast seiner Kompanie aus der Mannschaft aus, um sich etwas zum Essen zu besorgen. Er betritt ein Haus und kann sich auch irgendwie verständlich machen. Der Hausherr ergreift ein Messer, um ihm von seinem

Schinken etwas abzuschneiden, woraufhin der Soldat, obgleich mit Gewehr bewaffnet, in panischer Angst die Flucht ergreift.

*

Vielleicht hat er ja auch den Kessel überlebt, konnte entkommen aus ihm, in einer kleinen Gruppe vielleicht oder allein, wer weiß? Was er dann wohl noch erlebt hat? Hat er den Sereth erreicht? Konnte er ihn überqueren? Schwimmen konnte er ja gut. Aber war er noch kräftig genug? Konnte er sich orientieren? Hat er den Sereth überquert, so musste er es nachts getan haben, denn die Russen standen an beiden Ufern. Da war nicht leicht durchzukommen. Hatte er denn noch genug zu essen? Ohne Essen fehlt die Kraft, fehlt der Mut, ist alles nichts, ich weiß es aus eigener Erfahrung. Konnte er sich von den Feldern etwas besorgen, vielleicht einen Maiskolben, vielleicht Obst oder Kartoffeln?

Wie gerne würde ich mit ihm eine Votivgabe wie die folgende in der Seitenkapelle der Basilika Vierzehnheiligen anbringen!

Abb. 43   Votivgabe in der Seitenkapelle der Basilika Vierzehnheiligen

*

Schlussgesang: „Herr, Du hast mein Fleh'n vernommen"

Die Messe nähert sich dem Ende. Aus vollem Herzen singen
wir das letzte Lied der „Deutschen Messe".

> Herr, Du hast mein Fleh'n vernommen,
> selig pocht's in meiner Brust,
> in die Welt hinaus, in's Leben
> folgt mir nun des Himmels Lust.
> Dort auch bist ja du mir nahe,
> überall und jederzeit,

aller Orten ist Dein Tempel,
wo das Herz sich fromm Dir weiht!
Segne, Herr, mich und die Meinen,
segne unsern Lebensgang!
Alles unser Tun und Wirken
sei ein frommer Lobgesang.

Diese Schubert'sche Musik zu diesem Text! Dieses Melos. Diese Melancholie. Diese Schwermut bei allem Jauchzen, bei aller Entrückung! Religion! Endzeitstimmung! Kunst des Untergangs! Jede wahrhaft bedeutende Musik sei Schwanengesang, habe ich bei Nietzsche gelesen. Er kenne keine fröhliche Musik, soll Schubert selbst gesagt haben. Die Italiener kennen nur fröhliche, nur leichte Musik, auch dort, wo es um den Tod geht. Daher kamen sie mit der ernsten Sache des Krieges nicht zurecht.

Aber was singen wir? Was gehört zu „allem Tun und Wirken"? Gehört der Krieg, gehört das Töten im Krieg auch dazu? Und wenn Gottes Tempel „aller Orten" ist – dann, ja dann muss auch das Schlachtfeld sein Tempel sein. War unser Kampf dann tatsächlich ein Gottesdienst? Einer der wenigen Dichter, die ich schätze (weil er zu den Erfahrenen gehört), sagt doch: „Es gibt im Grunde nur Gebete, so sind die Hände uns geweiht, daß sie nichts schufen, was nicht flehte; ob einer malte oder mähte, schon aus dem Ringen der Geräte entfaltete sich Frömmigkeit." Dann aber war, es tut weh, das zugestehen zu müssen, *auch* das Gewehr, *auch* das Geschütz ein solches Gerät – aufs Ganze betrachtet. Töten, um Gott zu spüren? Getötetwerden, um ihn zu erfahren, ihn zu genießen? Ist das der Grund, warum im Alten Testament so viel vom Krieg erzählt wird? Und das andere grundlegende Buch des Abendlandes, die „Ilias", der Kampf um Troja: Warum hat es den Krieg zum Thema, warum nicht den Frieden?

Irre ich? Bin ich müde und daher verwirrt? Ich muss erkennen: Der Krieg ist konstitutiv gewesen für den Menschen, die Menschwerdung. Ohne Krieg keine Menschheit. Ob es ihr gelingt, in Zukunft ohne Krieg auszukommen? Das wäre ein evolutionär-revolutionärer Sprung ohnegleichen.

Ich fürchte: Hierfür ist die Menschheit noch nicht intelligent genug. Es gibt noch zu viele Bös- und Gut-Menschen. Zu viele Genießer, Gewinnler und Komfort-Menschen, Gleichgültige. Und zu wenig Denker, Musiker, Dichter, kurz: zu wenig Krieger im weiteren, im grundlegenden Sinne!

*

I had a Comrade

Die Messe ist nun zu Ende. Alle Teilnehmer ziehen zum Kriegerdenkmal vor der Kirche. Ein Oberst der Bundeswehr hält eine Rede. Und obgleich größtenteils aus Floskeln und Phrasen zusammengesetzt, ist sie doch irgendwie ergreifend. Nach der Rede spielt die Blaskapelle das Lied vom Guten Kameraden. Jeder kennt den Text, doch keiner singt mit. Es werden die drei Strophen gespielt, und in jede platzt ein gewaltiger Böllerschuss.

Wer ihn nicht gewärtigt, erschrickt zu Tode. Wir legen die Hand an unsere Schirmmützen. Der militärische Gruß. Wir haben ihn nicht vergessen. So grüßen wir die Toten, die Gefallenen. Und wir brauchen uns des Grußes nicht zu schämen. Wir erröten nicht. Wir wissen, was es heißt, die toten Kameraden zu grüßen. Oft genug haben wir gegrüßt. Der Gruß erinnert an das eigene Sterben. Wir schweigen, schweigen, schweigen, während die Melodie des „Ich hatt' einen Kameraden, einen bessern findst du nit" erklingt. „I had a Comrade", sagt der Amerikaner. Und ich verstehe es.

Abb. 44 Vor dem Kriegerdenkmal Vierzehnheiligen. Mortui viventes obligant: Die Toten verpflichten die Lebenden.

I once had a comrade,
you won't find a better one.

The drum was rolling for battle,
he was marching by my side
|: in the same pace and stride. :|

A bullet flew towards us
meant for you or for me?
It did tear him away,
he lies at my feet
|: like he was a part of me. :|

He wants to reach his hand to me,
while I'm just reloading my gun.
„Can't give you my hand for now,
you rest in eternal life
|: My good comrade!" :|

*

Deutsch: tapfer, ernst, einsam

Wir Deutschen sind einsam, als Individuen, aber auch als Volk
unter Völkern. „Auch gegen eine Welt von Feinden", sagte der
Kaiser am 6.8.1914 in seinem „Aufruf an das deutsche Volk"
– und ich habe es nicht vergessen, werde es nie vergessen –,
auch gegen eine Welt von Feinden werden wir den Kampf bestehen. Diese Einsamkeit haben die beiden Kriege – und mehr
noch als der Erste hat es der Zweite Krieg gezeigt. Solange wir
erfolgreich waren, konnten wir ja Verbündete finden: Italiener,

Finnen, Ungarn, Rumänen, Bulgaren … Aber was geschah? Sie fielen ab, übten Verrat, kündigten die Waffenbrüderschaft, als wir auf dem Rückzug waren. Am schlimmsten, für uns als Volk wie für mich als Individuum, war der Abfall Rumäniens. Hätten die Rumänen im August '44 mit uns gekämpft – oder uns doch wenigstens vor dem russischen Angriff mitgeteilt, dass sie es nicht tun werden –, so wäre es nicht zur Katastrophe an der Südfront gekommen, dann wäre vielleicht auch noch mein Sohn am Leben.

Einsam, sage ich, sind wir als Volk unter Völkern, aber auch als Individuen unter unseresgleichen. Wie einsam muss sich der Kaiser im Asyl gefühlt haben! Wie einsam deutsche Philosophen, Dichter und Komponisten! „Fünfzehn Jahre Einsamkeit", so resümiert Nietzsche sein Leben und Schaffen, „fünfzehn Jahre Einsamkeit – was sage ich! – zweiundvierzig Jahre – denn so alt bin ich." Aber war er, der „Führer", nicht noch einsamer? Wen hatte er als Freund, wem hat er vertraut, wem hätte er vertrauen können? Es gab wohl keinen einzigen General, dem Hitler vertraut hat, Keitel vielleicht ausgenommen, den er insgeheim aber wohl verachtete, weil er immer nur ja sagte. Der Führer Hitler war der Einsamste. Dass er Mussolini seinen Freund genannt hat, na ja. Daran geglaubt hat er nicht. Zu oft ist er von diesem „Freund" enttäuscht worden, der zwar ein Schauspieler, eine Künstlernatur war wie er, der aber, im Gegensatz zu ihm, nicht mehr war. Er, Mussolini, der 11 Jahre mehr Zeit gehabt hat als Hitler – und 1941 immer noch nicht fähig war, eine zuverlässige und wirkungsvolle Hilfe im Kampf gegen den Bolschewismus zu sein; er, Mussolini, der Frankreich erst zu dem Zeitpunkt angegriffen hat, als der deutsche Sieg feststand – und militärisch auch jetzt noch versagte; er, Mussolini, der ohne Wissen Hitlers einen Krieg mit Griechenland begann und nach anfänglichen Erfolgen eine empfindliche Niederlage hinnehmen musste; er, Mussolini, der in Afrika gegen die Briten eine schwere Niederlage erlitt und uns zur Eröffnung einer neuen Front und damit zu einer weiteren Verzettelung unserer begrenzten Kräfte verführte –: Man erzähle mir nicht – „Erzähl mir nichts!" –, dass Hitler in Mussolini einen Freund hatte oder auch nur einen Freund gesehen hat. Er hat wohl verzweifelt gesucht! Aber war es nicht eher Verachtung, die Hitler für ihn empfunden hat? *„Wenn* Hitler einen Freund gehabt hätte, dann wäre ich es gewesen", sagte Speer. Ja, *wenn!*

Weißt Du, lieber Leser, was Hitler nach dem Stauffenberg-Attentat zu Generaloberst Frießner, dem Oberbefehlshaber der Heeresgruppe Südukraine und somit auch meines Sohnes, gesagt hat? – „Ich habe dem deutschen Volk die Wehrhoheit wiedergegeben und es damit nach dem unwürdigen Diktat von Versailles wieder zu Ansehen und Macht in der Welt gebracht. Ich habe sein altes Offizierskorps übernommen, wie es war, habe ihm seine Tradition belassen und sie geachtet. Ich habe die Offiziere beruflich und wirtschaftlich gefördert, wie und wo ich nur konnte. Ich habe ihre Leistungen anerkannt und belohnt. Ich habe sie befördert und ausgezeichnet. Ich habe jedem, der sich bei mir gemeldet hat, kameradschaftlich die Hand gedrückt und jetzt – muß ich jeden Offizier bis zum General, der mich aufsucht, im Vorzimmer erst untersuchen lassen, ob er nicht irgendein Mordinstrument in seiner Aktentasche mitbringt, um mich umzubringen, wie dieser Graf Stauffenberg, der nichts Besseres tun konnte, als mir eine Höllenmaschine unter meinen Arbeitstisch zu stellen, um mich und seine anwesenden Kameraden hinterhältig aus der Welt zu schaffen. Aber er hat sich verrechnet, dieser Herr. Die Vorsehung hat anders über mich beschlossen. Ich sehe darin erneut ein Zeichen des Himmels für meine Mission, die ich dem deutschen Volke und der Welt gegenüber zu erfüllen habe."

So redet ein Einsamer, ein im empirischen, metaphysischen und spirituellen Sinne Einsamer, einer, der glaubt, dass ihn die Vorsehung zur Einsamkeit ausersehen hat, weil er nur so seine Mission ganz erfüllen könne. Erst kurz vor seinem Tode, sehr rätselhaft, gestand er sich die Heirat zu. Hat sich schon jemand Gedanken darüber gemacht, warum? Rational betrachtet, war dies doch barer Unsinn!

Nachdem Hitler sich im Bunker das Leben genommen hatte, schrieb der norwegische Literaturnobelpreisträger Knut Hamsun am 7. Mai 1945 in der norwegischen Zeitung „Aftenposten" einen Nachruf. Obgleich ich dem Inhalt nicht, zumindest nicht in jeder Hinsicht, zustimmen kann und obgleich die schweren Fehler und Verbrechen, die Hitler zuzuschreiben sind, unerwähnt bleiben, so zitiere ich den Text doch. Denn Hamsun hat etwas erkannt von der Einsamkeit dieses Menschen: „Ich bin dessen nicht würdig, mit lauter Stimme über Adolf Hitler zu sprechen, und zu sentimentaler Rührung laden sein Leben und seine Taten nicht ein. Er war ein Krieger, ein Krieger für die Menschheit und ein Verkünder des Evangeliums vom Recht aller Nationen. Er war eine reformatorische Gestalt von höchstem Rang, und es war sein historisches Schicksal, in einer Zeit der beispiellosen Rohheit wirken zu müssen, die ihn schließlich gefällt hat. So wird der gewöhnliche Westeuropäer Adolf Hitler sehen, und wir, seine treuen Anhänger, neigen nun unser Haupt angesichts seines Todes."

War Hitler denn über seine Einsamkeit hinaus ein Deutscher, ein typischer Deutscher? Was bedeutet es, ein Deutscher zu sein, was ist Deutschtum? Das ist schwierig zu beantworten, nicht wahr? Ich antworte mit meiner Erfahrung als Krieger. Deutschland hatte die beste Armee im Ersten und Zweiten Krieg, der deutsche Soldat die beste Kampfmoral. Das hat sicher mit deutscher Kultur zu tun. Wer gründlich denkt und tief empfindet, wer die führende Philosophie und Musik in die Welt bringt, der wird auch mit Hingabe und Aufopferung kämpfen, solange er vom Sinn seines Kampfes überzeugt ist. Es einzugestehen bedeutet mir weder Freude noch Kummer, ich stelle es nur fest. Es scheint mir unmöglich, dass ein Volk mit einem so laschen Heer und einer so inferioren Kampfmoral, wie es etwa bei den Italienern und Rumänen der Fall war, Denker wie Kant und Hegel und Komponisten wie Beethoven und Wagner hätte hervorbringen können. Beethoven hat auch, verborgenerweise, vernehmbar aber dem Verständigen, vom deutschen Soldaten gesprochen, als er Rossini zwar für seinen „Barbier" lobte, ihm aber zugleich die Möglichkeit aberkannte, jemals *ernste* Musik, also Musik im eigentlichen Sinne, komponieren zu können. (Man beachte die Beethoven'sche Taktik: Er lobt ihn, lobt ihn *zunächst*, geht mit seiner eigenen Auffassung von Komposition und Musik nicht selbst in die Offensive, wiegt Rossini in Sicherheit, verleitet ihn gar zur Selbstgefälligkeit – um *dann* zum *vernichtenden Schlag* auszuholen. Mit General von Manstein, dem Meister beweglicher Kriegsführung, könnte man diese Taktik „Schlagen aus der Nachhand" nennen.) Dieser *Ernst* geht aufs Ganze, Umgreifende, er steigt ab bis tief in den Grund, das Dunkel der Erde, und hoch bis zum lichten Himmelszelt. Dieser Ernst ist typisch deutsch, gleichgültig, ob er sich im Denken, in der Poesie, der Musik oder im kriegerischen Kampf zeigt – dieser Ernst, diese Umfassung auch dort, wo es um Glück geht. „Ich weiß keinen Unterschied zwischen Tränen und Musik zu machen – ich weiß das Glück, den *Süden* nicht ohne Schauder von Furchtsamkeit zu denken", so Nietzsche kurz vor der Umnachtung und daher gleichsam ein letztes deutsches Wort. Der Deutsche, wenn er denn einmal glücklich ist, trägt *schwer* an seinem Glück. Er trägt die Welt auf seinen Schultern.

Das Deutsche aber ist zugleich eine herausgearbeitete, ja eine vollendete Form des Abendländisch-Europäischen. Ich sage „eine", meine damit also nicht: die einzig mögliche. Das Deutschtum ist in der Grundstruktur des Abendländischen, ist schon im Griechentum angelegt. Das *logon didonai*, das ‚Rechenschaft geben', das Nicht-Loslassen – so lange nicht, bis man eine Sache im Zusammenhang gesehen und vollständig ausgeschöpft, ihren Grund eingesehen, durchdacht und fühlend durchlebt hat –, brach sich in der griechischen Philosophie in Direkt- und also Bewusstheit Bahn und wurde in der deutschen Kultur vollendet, perfektioniert und in gewisser Weise standardisiert. Die militärischen und logistischen Glanzleistungen, die

Reichswehr und Wehrmacht an den Tag legten, haben sehr viel damit zu tun, mehr, als man sich eingestehen mag.

Und unsere Neigung zum Untergang, wenn die Freundschaft ausbleibt und der Sieg nicht vergönnt ist? – Herman Göring verglich das Ausharren in Stalingrad mit dem Ausharren der Griechen bei den Thermopylen. Der militärische Ruhm Spartas gründete in der Thermopylenschlacht – und der deutsche sollte dem nicht nachstehen! Man wich nicht zurück vor dem weit überlegenen Heer der Perser, wie die 6. Armee sich nicht in Stalingrad und die wiederaufgestellte 6. Armee mit meinem Sohn sich nicht im Kessel von Jassy-Kischinew vor der gewaltigen Übermacht der Bolschewisten ergaben. Der Ruhm des spartanischen Soldaten – dass er nicht weichen würde – wurde nach der Thermopylenschlacht geradezu sprichwörtlich. Das strebte auch Hitler an, der forderte, dass der deutsche Soldat freiwillig keinen Quadratmeter erkämpften Boden preisgeben dürfe. Die Devise könne nur heißen: Halten oder Fallen!

Stalingrad wäre zum positiven – statt negativen – Mythos für uns Deutsche geworden, wenn die ganze Sache am Ende, wie bei den Griechen, sich zu unseren Gunsten entschieden hätte. Dann wären auch bei uns Denkmäler errichtet worden, die dem Epigramm des Simonides Entsprechendes verkündet hätten – ein Sinn-Spruch, der schon kurz nach der Schlacht entstanden und verbreitet worden ist:

„O xein' angellein Lakedaimoniois hoti tede
keimetha tois keinon rhemasi peithomenoi."

„Fremder Freund, verkündige den Lakedämoniern, dass wir hier liegen, gefallen, ihren Befehlen gehorchend."

Das Interessante an dieser Sentenz ist ja, dass sie über das Imperium Romanum auf uns Deutsche gekommen ist. Ein geschichtlicher Marathonlauf. Zweifellos galt es und gilt es, eine wichtige Botschaft zu verbreiten. Cicero übersetzt:

„Dic hospes Spartae nos te hic vidisse iacentes,
dum sanctis patriae legibus obsequimur."

„Fremder Freund, in Sparta sage, du sahst uns hier als Gefallene,
da wir den heiligen Gesetzen des Vaterlandes gehorchten."

„Die heiligen Gesetze des Vaterlandes" – das klingt schon sehr nach Deutschland. Freilich hat Schiller es dann – scheinbar – doch nicht so pathetisch übersetzt:

„Wanderer, kommst du nach Sparta, verkündige dorten, du habest uns hier liegen gesehn, wie das Gesetz es befahl."

Schiller redet nicht von Befehlen und Gesetzen, er redet vom Gesetz. Wie das Gesetz es befahl. *Das* Gesetz. Nicht eines, ein von Menschen gemachtes, sondern das ungeschriebene und gerade deshalb das heilige Gesetz. Daher sagte ich „scheinbar". In Wahrheit ist die Schiller'sche Übersetzung die schärfste Fassung, das schärfste Verständnis des in Rede stehenden Sachverhalts. Typisch deutsch.

Die Tugend aber, die aufs Ganze geht, die nichts verschweigt und nichts verdrängt, mit der man nicht wegläuft – vor dem Feind nicht, vor der Wahrheit nicht, mag sie auch bitter, mag der Feind auch in der Überzahl sein –, heißt „Tapferkeit". Tapferkeit ist *die* Tugend des Kriegers und auch *die* Tugend der Sterblichen, denen der Sinn ihres Denkens und Tuns nicht mehr von vornherein evident ist. Und glaubt man wirklich, ein anderer als ein einsamer, ernster und tapferer Komponist hätte im Zustand der Taubheit weiterkomponiert – weitergekämpft und in jeder Hinsicht bedeutende Werke der Welt schenken können?

Deutschland war ernst und einsam, Deutschland ist ernst und einsam. Deutsche als Individuen sind ernst und einsam. Der Führer – es ist wahr – war einer der Einsamsten und in mancher Hinsicht auch Ernstesten. Er hat uns aber auch gezeigt, wohin deutsche Einsamkeit und deutscher Ernst führen können. Und als die Freundschaft ausblieb, als ihm der Sieg nicht vergönnt war, da *wollte* er den Untergang. Wir sind ihm hierin nicht gefolgt – aus Überzeugung, nicht aus Feigheit. Wir wollten den Untergang nicht. Doch Ernst, Einsamkeit und Tapferkeit waren unser Verhängnis. Sie waren und sind über uns verhängt.

*

Wir essen

Nach der Totenehrung am Kriegerdenkmal gehen viele Teilnehmer der Wallfahrt in eines der drei Vierzehnheiliger Gasthäuser, um ein Mittagessen einzunehmen. Wir, die Marktgraitzer Gruppe, wählen den Gasthof „Goldener Hirsch". Dieser Gasthof soll, wie ich dem Wirtshausschild entnehme, bereits seit 1458 bestehen, „allwo ein Herrmann Leicht u. seine Ehefrau Liebin Besitzer dieses Hofes gewest". Der Gasthof hat den Bauernkrieg und den Dreißigjährigen Krieg überstanden. Ob die Amerikaner 1945 bei der Besetzung unserer Heimat hier waren, kann ich nicht sagen; ich werde dem in nächster Zukunft nachforschen.

Es gibt reichlich zu essen und trinken, die Karte ist übervoll mit Gerichten und Getränken. Wie glücklich müsste eine Zeit sein, die solches erreicht hat! Wir essen und trinken, wonach uns ist. Heute wird nicht aufs Geld geschaut! Ich nehme den „Sauerbraten Fränkisch" mit „Blaukraut und Klöße" (es fehlt das „n", Probleme mit dem Dativ – und früher, bevor ich dies niederschrieb, wäre mir das gar nicht aufgefallen) und trinke ein „Nothelfer-Bier hell", 0,5 l, direkt vor Ort gebraut. Möge es helfen! Mein Enkel wählt einen „Kalbsrahmbraten" und ein „Spezi". Ich riet ihm davon ab, vegetarisch zu essen. Heute nicht! Es hätte mich zu sehr an Deutschlands führenden Vegetarier erinnert.

Nach dem Essen begibt sich unser Verein auf den Rückweg zum Bahnhof Lichtenfels über das Seubelsdorfer Kreuz. Zwar gibt es um 14.00 Uhr auch eine offizielle Verabschiedung in der

Kirche, aber wir finden, wie die meisten anderen Vereine auch, dass wir heute schon genug gebetet haben. So schlendern wir, die Vereinsfahne eingerollt, satt und gelöst und irgendwie auch zufrieden, den Berg hinunter. Der Zug wartet.

*

Zum Schluss

In Zeiten der Not ist das Einfache das Verlässliche, das Beste. Sind alle Telefonleitungen durch schwere Geschosse zerrissen, ist der Funkverkehr gestört, so tut die Brieftaube noch ihren Dienst, um zu künden, wie es um das belagerte Fort, die belagerte Stellung steht. Doch eines Tages ist es soweit. Dann kommt sie an, die Taube mit der neuen Botschaft, deren letzter Satz lautet: Dies ist unsere letzte Taube!

*

Wir haben nun den Zug erreicht. Wir steigen ein. Er setzt sich in Bewegung. Lange Zeit stand er still.

Bis zum nächsten Jahr am ersten Sonntag im Mai. So Gott will. Wir treffen uns am Seubelsdorfer Kreuz, viertel neun. Bist Du dabei, lieber Leser? Viel noch gibt es zu bedenken. Wir werden, wir dürfen den Krieg nicht vergessen.

Finis operis / Amen

Der Autor: Georg Enzor Vojer (bürgerlich: Prof. Dr. phil. habil. Günter Seubold, geb. 1955) ist der Enkel von Georg Vojer (1890–1984). Der Autor schreibt aus der Perspektive von Georg Vojer das Buch, das dieser, oftmals bekundet, selbst schreiben wollte, aber nie geschrieben hat. Nach dem frühen Tod der Mutter wuchs Günter Seubold im Hause seines Großvaters auf.

Neben den erzählten und niedergeschriebenen Erinnerungen Georg Vojers, neben Erinnerungen von Bürgern der Marktgemeinde Marktgraitz sowie zahlreichen Georg Vojer betreffenden historischen Dokumenten aus diversen Archiven wurden insbesondere folgende Publikationen zu Rate gezogen:

Christine Beil u.a.: Der Erste Weltkrieg, Reinbek bei Hamburg 2006.

Alex Buchner: Im Kessel von Kishinew, Rastatt 1988.

Hans Frießner: Verratene Schlachten. Die Tragödie der deutschen Wehrmacht in Rumänien und Ungarn, Hamburg 1956.

Peter Gosztony: Deutschlands Waffengefährten an der Ostfront 1941-1945, Stuttgart 1981.

Heinz Guderian: Erinnerungen eines Soldaten, Stuttgart 2003.

Axel Hindemith: Bessarabien im 2. Weltkrieg, in: Jahrbuch der Deutschen aus Bessarabien 2004, 155-164.

Ernst Jünger: In Stahlgewittern, Stuttgart 2008.

Kirche unterwegs: Vierzehnheiligen, hrsg. vom Franziskanerkloster Vierzehnheiligen, Bamberg 1995.

Hans Kissel: Die Katastrophe in Rumänien 1944, Darmstadt 1964.

Jacques-Henri Lefebvre: Die Hölle von Verdun. Nach den Berichten von Frontkämpfern, Paris 1969.

Erich v. Manstein: Verlorene Siege, Bonn 2009.

Walter Rehm: Jassy. Schicksal einer Division oder einer Armee? Neckargemünd 1959.

Kurt Schiebold: Opfergang in Rumänien, Tübingen 1952.

Photos: Georg Enzor Vojer; historische Aufnahmen.

Der Urheber der Verse „Leben – niederer Wahn! …" ist Gottfried Benn. Das Gedicht „Einem jungen Führer im Ersten Weltkrieg" stammt von Stefan George, das Zitat „Wert und Würde eines Mannes …" findet sich in den „Essais" Michel des Montaignes, „Morgenrot, Morgenrot …" ist der Beginn eines Gedichtes von Wilhelm Hauff; „Des Morgens zwischen dreyn und vieren …" sowie die in diesem Kapitel folgenden Verse sind der Sammlung „Des Knaben Wunderhorn" (hg. von Clemens Brentano und Achim von Arnim) entnommen; „Schlaf ist mir lieb …" ist Rainer Maria Rilkes Übersetzung von Versen Michelangelo Buonarottis, und Rilke ist auch der Autor des Gedichts „Tränenkrüglein" sowie der Verse „Es erhält sich der Held …" und „Es gibt im Grunde nur Gebete …".

*

„Kriegerwallfahrt nach Vierzehnheiligen" ist Teil I einer Trilogie mit dem Titel „Aufstieg zum Selbst". Teil II (voraussichtlicher Erscheinungstermin 2016) handelt vom Leben eines „Jungen" aus der Enkelgeneration Georg Vojers. Teil III (voraussichtlicher Erscheinungstermin 2019) thematisiert den Aufstieg Adolf Hitlers.